U0873535

证券投资顾问专业能力水平评价测试辅导教材

证券投资顾问业务

（第3版）

主编：圣才学习网
www. 100xuexi. com

中国石化出版社

内 容 提 要

本书是证券投资顾问专业能力水平评价测试的辅导教材，适用于《证券投资顾问业务》科目。本书遵循证券投资顾问专业能力水平评价测试大纲的章目编排，包括4部分，共分7章，每章包括以下内容：①知识结构，清晰勾勒出每章知识脉络，使考生明确本章知识点分布，准确把握复习主线；②大纲要求，标明了考试大纲规定需要掌握的知识内容；③要点详解，根据考试相关教材及相关法律、法规和规范性文件对考试大纲的考点进行了讲解，特别是针对一些难点和重点进行了详细的分析和说明。

圣才学习网(www.100xuexi.com)提供证券投资顾问专业能力水平评价测试辅导方案【视频课程、电子书、题库等】。购书即可享受大礼包增值服务【本书电子书(手机版、电脑版)】。手机扫码(本书封底)领取本书大礼包。

图书在版编目(CIP)数据

证券投资顾问业务/圣才学习网主编．—3版．—北京：中国石化出版社,2023.4

ISBN 978－7－5114－7068－3

Ⅰ.①证… Ⅱ.①圣… Ⅲ.①证券投资－投资分析－资格考试－自学参考资料 Ⅳ.①F830.91

中国国家版本馆CIP数据核字(2023)第075062号

未经本社书面授权,本书任何部分不得被复制、抄袭,或者以任何形式或任何方式传播。版权所有,侵权必究。

中国石化出版社出版发行

地址:北京市东城区安定门外大街58号

邮编:100011　电话:(010)57512500

发行部电话:(010)57512575

http://www.sinopec-press.com

E-mail:press@sinopec.com

武汉市盛宏源印务有限公司印刷

全国各地新华书店经销

*

787×1092毫米16开本15.5印张389千字

2023年5月第3版　2023年5月第1次印刷

定价:48.00元

序　言

为了帮助考生顺利通过证券投资顾问专业能力水平评价测试，我们根据考试大纲和相关法律、法规和规范性文件精心编写了证券投资顾问专业能力水平评价测试辅导教材。

本书是证券投资顾问专业能力水平评价测试的辅导教材，适用于《证券投资顾问业务》科目。本书遵循证券投资顾问专业能力水平评价测试大纲的章目编排，包括4部分，共分7章，每章包括以下内容。

【知识结构】清晰勾勒出每章知识脉络，使考生明确本章知识点分布，准确把握复习主线。

【大纲要求】标明了考试大纲规定需要掌握的知识内容。

【要点详解】根据考试相关教材及相关法律、法规和规范性文件对考试大纲的考点进行了讲解，特别是针对一些难点和重点进行了详细的分析和说明。

购书即可享受大礼包增值服务。手机扫码(本书封底)领取本书大礼包，具体包括：本书电子书(手机版、电脑版)。

需要特别说明的是：考试大纲要求的考查范围包括中国证监会、证券交易所出台并持续有效的与证券市场和证券公司业务相关的法律、法规、规章和规范性文件等，如有修订，我们会及时根据最新版本对本教材进行修订，读者可以通过升级本书电子书进行更新。本书参考了众多的配套资料和相关参考书，书中错误、遗漏不可避免，敬请指正和提出建议。

与本书相配套，圣才学习网提供证券投资顾问专业能力水平评价测试视频课程、电子书、题库。

圣才学习网(www.100xuexi.com)是一家为全国各类考试和专业课学习提供名师视频课程、电子书、题库等全方位教育服务的综合性学习型视频学习网站，拥有近100种考试(含418个考试科目)、194种经典教材(含英语、经济、管理、证券、金融等共16大类)，合计近万小时的面授班、网授班课程。

资格考试：www.100xuexi.com(圣才学习网)
考研辅导：kaoyan.100xuexi.com(圣才考研网)

圣才学习网编辑部

目　录

第一部分　业务监管

第二部分　专业基础

第三部分　专业技能

第四部分　专项业务

第一部分　业务监管

第一章　证券投资顾问业务监管

【知识结构】

- 证券投资顾问业务监管
  - 执业管理
    - 执业登记的要求
    - 监管、自律管理和机构管理要求
    - 持续培训的要求
    - 证券投资顾问与证券分析师的区别
  - 主要职责
    - 提供品种选择投资建议服务的职责
    - 提供投资组合投资建议服务的职责
    - 提供资产配置投资建议服务的职责
    - 国内外证券投资顾问业务的发展概况
  - 工作规程
  - 法律责任

第一节　执业管理

【大纲要求】

掌握证券投资顾问执业登记的要求；掌握证券投资顾问的监管、自律管理和机构管理要求；了解证券投资顾问持续培训的要求；了解证券投资顾问与证券分析师的区别。

【要点详解】

一、证券投资顾问执业登记的要求

1．一般规定

《证券投资顾问业务暂行规定》第七条规定，向客户提供证券投资顾问服务的人员，应当具有证券投资咨询执业资格，并在中国证券业协会注册登记为证券投资顾问。证券投资顾问不得同时注册为证券分析师。

《证券、期货投资咨询管理暂行办法》第十二条规定，从事证券、期货投资咨询业务的人员，必须取得证券、期货投资咨询从业资格并加入一家有从业资格的证券、期货投资咨询机构后，方可从事证券、期货投资咨询业务。任何人未取得证券、期货投资咨询从业资格的，或者取得证券、期货投资咨询从业资格，但是未在证券、期货投资咨询机构工作的，不得从事证券、期货投资咨询业务。

《证券、期货投资咨询管理暂行办法》第十三条规定，证券、期货投资咨询人员申请取得证券、期货投资咨询从业资格，必须具备下列条件：①具有中华人民共和国国籍；②具有完全民事行为能力；③品行良好、正直诚实，具有良好的职业道德；④未受过刑事处罚或者与证券、期货业务有关的严重行政处罚；⑤具有大学本科以上学历；⑥证券投资咨询人员具有从事证券业务 2 年以上的经历，期货投资咨询人员具有从事期货业务 2 年以上的经历；⑦通过中国证监会统一组织的证券、期货从业人员资格考试；⑧中国证监会规定的其他条件。

2. 执业要求

《证券公司董事、监事、高级管理人员及从业人员管理规则》第五条规定，证券公司董事、监事、高级管理人员及从业人员应当符合《证券基金经营机构董事、监事、高级管理人员及从业人员监督管理办法》规定的任职条件、从业条件和法律法规、监管规定、自律规则、业务规范等要求，品行良好，具备相应的专业能力。

证券经纪人、证券投资顾问、证券分析师、保荐代表人及法律法规和中国证监会规定的其他人员，还应当符合相应的规定要求和从业条件。

《证券公司董事、监事、高级管理人员及从业人员管理规则》第六条规定，证券公司董事、监事、高级管理人员及从业人员应当品行良好。证券公司为存在效力期限内违法失信信息或者其他负面执业声誉信息的人员进行登记时，应当提供道德品行情况说明，说明其符合品行良好要求及针对其违法失信信息或者其他负面执业声誉信息有关情况加强监督管理的具体措施。

《证券公司董事、监事、高级管理人员及从业人员管理规则》第七条规定，证券公司董事、监事、高级管理人员及从业人员应当熟练掌握证券业务专业知识，具备相应的专业能力。

董事长、从事业务管理工作的其他董事和监事、高级管理人员及从业人员应当熟练掌握证券市场基本法律法规和金融市场基础知识等。证券投资顾问还应当熟练掌握证券投资顾问业务相关的法律、财务管理、证券投资等专业知识；证券分析师还应当熟练掌握发布证券研究报告业务相关的法律、会计、财务管理、证券估值等专业知识；保荐代表人还应当熟练掌握保荐业务相关的法律、会计、财务管理、税务、审计等专业知识；法律法规和中国证监会规定的其他人员还应当熟练掌握有关规定要求的专业知识。

3. 登记管理

《证券公司董事、监事、高级管理人员及从业人员管理规则》对证券公司董事、监事、高级管理人员及从业人员的登记管理作了如下要求：

第十四条　证券公司董事长、从事业务管理工作的其他董事和监事、高级管理人员及从业人员，应当由所在证券公司按照规定向协会进行登记。

第十五条　登记类别包括一般证券业务、证券经纪人、证券投资咨询(证券投资顾问)、证券投资咨询(证券分析师)、保荐代表人等。

证券公司应当根据人员实际岗位、从事的业务类别和相应要求进行登记，同一人员只能登记为一个类别。

第十六条　登记信息包括基本信息、专业能力水平评价情况、从业经历及相关情况、诚信情况及其他执业声誉情况等。

第十七条　证券公司应当自相关人员从事证券业务之日起5个工作日内，通过协会从业人员管理平台，将经公司审核合格的登记信息提交至协会进行登记。登记信息完备且符合规定的，协会于5个工作日内办结登记并生成唯一登记编号。登记信息不完备或者不符合规定的，证券公司及相关人员应当按照要求及时补正。

第十八条　登记人员从事的业务类别发生变化的，证券公司应当自发生变化之日起5个工作日内为其办理变更登记。

第十九条　登记人员离职的，证券公司应当自劳动关系或者委托代理关系解除之日起5

个工作日内为其办理注销登记。

登记人员受到刑事处罚、被采取证券市场禁入措施、被认定为不适当人选、受到不适合从事相关业务相当的纪律处分等不再符合从业条件的，证券公司应当自上述情形发生之日起5个工作日内为其办理注销登记。证券公司未按规定办理注销登记的，协会可以直接注销登记。

第二十条　协会对证券公司董事、监事、高级管理人员及从业人员执业过程进行动态管理，持续记录其执业情况、培训情况、违法违规行为、违反职业道德行为、处罚处分措施情况、诚信情况、内部惩戒情况、履行社会责任情况及其他执业声誉情况等，并予以公示。有关信息可来源于中国证监会、行业自律组织、证券公司，以及执业检查、举报投诉等渠道。

4. 执业证书申请

根据相关规定，证券从业资格证书不能由个人自己申请，必须由所在机构向协会申请。具体流程如下：

(1)由机构资格管理员在执业证书管理系统中为申请人分配登录号；

(2)申请人登录协会执业证书管理系统，填写执业证书申请表，连同打印的书面申请表及身份证复印件、学历证明复印件、2寸彩色证件照一张等材料提交所在机构；

(3)机构资格管理员对执业证书申请表进行初审、复审并确认，书面申请表由机构保管备查，电子申请表提交协会；

(4)协会对机构提交的执业证书申请表进行审核，必要时可要求机构提交书面申请表及有关证明材料；

(5)对于符合条件的申请，协会予以通过，生成电子版执业证书，并在协会网站公告。对不予颁发执业证书的人员，协会以书面方式通知所在机构并说明原因。

二、证券投资顾问的监管、自律管理和机构管理要求

1. 证券投资顾问业务的监管和自律管理

中国证监会及其派出机构依法对证券公司、证券投资咨询机构从事证券投资顾问业务实行监督管理。中国证券业协会对证券公司、证券投资咨询机构从事证券投资顾问业务实行自律管理，并依据有关法律、行政法规和相关规定，制定相关执业规范和行为准则。

【真题1.1】对证券公司、证券投资咨询机构从事证券投资顾问业务实行自律管理，并依据有关法律、行政法规和相关规定，制定相关执业规范和行为准则的是(　　)。

A. 中国证券业协会　　B. 中国证监会

C. 证监会派出机构　　D. 地方金融办公室

【答案】A

【解析】《证券投资顾问业务暂行规定》第六条规定，中国证券业协会对证券公司、证券投资咨询机构从事证券投资顾问业务实行自律管理，并依据有关法律、行政法规和《证券投资顾问业务暂行规定》，制定相关执业规范和行为准则。

2. 证券投资顾问的机构管理

根据《证券、期货投资咨询管理暂行办法》第六条，申请证券、期货投资咨询从业资格的机构，应当具备下列条件：

(1)分别从事证券或者期货投资咨询业务的机构，有五名以上取得证券、期货投资咨询从业资格的专职人员；同时从事证券和期货投资咨询业务的机构，有十名以上取得证券、期

货投资咨询从业资格的专职人员；其高级管理人员中，至少有一名取得证券或者期货投资咨询从业资格；

(2)有100万元人民币以上的注册资本；

(3)有固定的业务场所和与业务相适应的通讯及其他信息传递设施；

(4)有公司章程；

(5)有健全的内部管理制度；

(6)具备中国证监会要求的其他条件。

根据《发布证券研究报告暂行规定》第十四条，证券公司、证券投资咨询机构应当严格执行发布证券研究报告与其他证券业务之间的隔离墙制度，防止存在利益冲突的部门及人员利用发布证券研究报告谋取不当利益。

《证券投资顾问业务暂行规定》对证券公司、证券投资咨询机构从事证券投资顾问业务作出的具体规范要求：

第三条　证券公司、证券投资咨询机构从事证券投资顾问业务，应当遵守法律、行政法规和本规定，加强合规管理，健全内部控制，防范利益冲突，切实维护客户合法权益。

第四条　证券公司、证券投资咨询机构及其人员应当遵循诚实信用原则，勤勉、审慎地为客户提供证券投资顾问服务。

第五条　证券公司、证券投资咨询机构及其人员提供证券投资顾问服务，应当忠实客户利益，不得为公司及其关联方的利益损害客户利益；不得为证券投资顾问人员及其利益相关者的利益损害客户利益；不得为特定客户利益损害其他客户利益。

第十一条　证券公司、证券投资咨询机构向客户提供证券投资顾问服务，应当按照公司制定的程序和要求，了解客户的身份、财产与收入状况、证券投资经验、投资需求与风险偏好，评估客户的风险承受能力，并以书面或者电子文件形式予以记载、保存。

【真题1.2】证券公司、证券投资咨询机构向客户提供证券投资顾问服务，应当按照公司制定的程序和要求，了解客户的(　　)。

A. 身份　　B. 财产与收入状况

C. 投资需求　　D. 风险偏好

【答案】ABCD

第十四条　证券公司、证券投资咨询机构提供证券投资顾问服务，应当与客户签订证券投资顾问服务协议，并对协议实行编号管理。协议应当包括下列内容：①当事人的权利义务；②证券投资顾问服务的内容和方式；③证券投资顾问的职责和禁止行为；④收费标准和支付方式；⑤争议或者纠纷解决方式；⑥终止或者解除协议的条件和方式。

证券投资顾问服务协议应当约定，自签订协议之日起5个工作日内，客户可以书面通知方式提出解除协议。证券公司、证券投资咨询机构收到客户解除协议书面通知时，证券投资顾问服务协议解除。

第十七条　证券公司、证券投资咨询机构应当为证券投资顾问服务提供必要的研究支持。证券公司、证券投资咨询机构的证券研究不足以支持证券投资顾问服务需要的，应当向其他具有证券投资咨询业务资格的证券公司或者证券投资咨询机构购买证券研究报告，提升证券投资顾问服务能力。

第二十一条　证券公司、证券投资咨询机构从事证券投资顾问业务，应当建立客户回访机制，明确客户回访的程序、内容和要求，并指定专门人员独立实施。

第二十二条　证券公司、证券投资咨询机构从事证券投资顾问业务，应当建立客户投诉处理机制，及时、妥善处理客户投诉事项。

第二十三条　证券公司、证券投资咨询机构应当按照公平、合理、自愿的原则，与客户协商并书面约定收取证券投资顾问服务费用的安排，可以按照服务期限、客户资产规模收取服务费用，也可以采用差别佣金等其他方式收取服务费用。

证券投资顾问服务费用应当以公司账户收取。禁止证券公司、证券投资咨询机构及其人员以个人名义向客户收取证券投资顾问服务费用。

【真题1.3】证券公司可以按照下列(　　)方式收取服务费用。

A. 服务期限　　B. 客户资产规模　　C. 投资业绩　　D. 差别佣金

【答案】ABD

第二十八条　证券公司、证券投资咨询机构应当对证券投资顾问业务推广、协议签订、服务提供、客户回访、投诉处理等环节实行留痕管理。向客户提供投资建议的时间、内容、方式和依据等信息，应当以书面或者电子文件形式予以记录留存。

证券投资顾问业务档案的保存期限自协议终止之日起不得少于5年。

第二十九条　证券公司、证券投资咨询机构应当加强人员培训，提升证券投资顾问的职业操守、合规意识和专业服务能力。

第三十条　证券公司、证券投资咨询机构以合作方式向客户提供证券投资顾问服务，应当对服务方式、报酬支付、投诉处理等作出约定，明确当事人的权利和义务。

第三十四条　证券公司从事证券经纪业务，附带向客户提供证券及证券相关产品投资建议服务，不就该项服务与客户单独作出协议约定、单独收取证券投资顾问服务费用的，其投资建议服务行为参照执行本规定有关要求。

《关于规范面向公众开展的证券投资咨询业务行为若干问题的通知》对证券投资顾问的机构管理规定如下：

(1)任何机构或个人就证券市场、证券品种的走势，投资证券的可行性，以口头、书面、电脑网络或者中国证券监督管理委员会认定的其他形式向公众提供分析、预测或建议的业务，必须先行取得中国证监会授予的证券投资咨询业务资格证书或者经取得中国证监会授予的证券投资咨询业务资格证书的机构聘任并符合相关从业要求。

(2)证券投资咨询机构及其从业人员从事证券投资咨询活动必须客观公正、诚实信用，不得以虚假信息、内幕信息或者市场传言为依据向客户或投资者提供分析、预测或建议；预测证券市场、证券品种的走势或者就投资证券的可行性进行建议时需有充分的理由和依据，不得主观臆断；证券投资分析报告、投资分析文章等形式的咨询服务产品不得有建议投资者在具体证券品种上进行具体价位买卖等方面的内容。

(3)证券投资咨询机构及其从业人员不得参加媒体等机构举办的荐股“擂台赛”、模拟证券投资大赛或类似的栏目或节目；证券投资咨询机构及其从业人员有权拒绝媒体对其所提供的稿件进行断章取义、做有损原意的删节和修改，并自提供之日起将其稿件以书面形式保存三年。

(4)证券投资咨询机构或其从业人员在预测证券品种的走势或对投资证券的可行性提出建议时，应当按要求进行相应的信息披露，明确表示在自己所知情的范围内本机构、本人以及财产上的利害关系人与所评价或推荐的证券是否有利害关系。

三、证券投资顾问持续培训的要求

根据《证券投资顾问业务暂行规定》第二十九条，证券公司、证券投资咨询机构应当加强人员培训，提升证券投资顾问的职业操守、合规意识和专业服务能力。

1.《证券公司从业人员业务培训大纲(2022)》的要求

中国证券业协会根据近年资本市场相关法律法规变化和新产品、新业务发展等情况，结合从业人员职业道德建设等要求，在总结、完善以往培训大纲的基础上，制定了《证券公司从业人员业务培训大纲》(以下简称《大纲》)。

《大纲》内容包括法律法规、宏观政策、职业道德及与所从事证券业务相关的理论、专业技能等，从业人员可以根据《证券公司从业人员业务培训细则》要求选择培训内容。建议法律法规培训引用权威、专业的解读内容，相关法律法规如有修订，以修订版为准。

根据《证券公司从业人员业务培训细则》规定，培训学时根据相关人员执业情况、专业能力水平评价情况、处罚处分措施情况、诚信情况、其他执业声誉情况及为行业发展、履行社会责任作出贡献情况等实行差异化管理。协会根据《大纲》组织的培训课程，供从业人员选择学习。从业人员所在证券公司可以根据《大纲》内容，结合业务发展和人才培养实际需求，组织本公司从业人员进行业务培训。

2.《关于使用中国证券业协会远程培训系统开展证券从业人员后续职业培训及相关问题的通知》的要求

自 2008 年起，中国证券业协会(以下简称"协会")调整证券从业人员后续职业培训的相关要求，并使用远程培训系统开展证券从业人员后续职业培训，具体要求如下：

(1)各会员公司、地方证券业协会可按照《证券公司从业人员业务培训大纲(2022)》的要求组织本公司或本地区从业人员后续职业培训。

(2)会员公司、地方证券业协会组织的后续职业培训完成后，应当按照《证券从业人员后续职业培训信息管理暂行办法》的规定报送培训信息。

(3)证券公司高级管理人员、基金行业高级管理人员、证券投资咨询公司高级管理人员、保荐代表人及其他中国证监会认定的证券经营机构人员的后续职业培训，由协会按照相关规定或监管部门的要求专门组织，所获得的培训学时计入后续职业培训学时。

(4)证券从业人员使用协会远程培训系统，应当遵守《中国证券业协会远程培训系统管理暂行规定》。协会将定期在网站公示各会员公司证券从业人员参加后续职业培训情况。

3.《证券从业人员后续职业培训信息管理暂行办法》的要求

(1)培训信息应以电子文本的形式通过协会培训信息管理系统报送。

(2)培训信息报送的主要内容为：①年度培训计划；②培训班信息；③培训师资信息；④培训学员信息；⑤工作信息；⑥其他需要报送的事项。

(3)培训信息由从业人员后续职业培训主办单位报送。由两家及两家以上单位合作举办培训的，应首先确定培训信息报送单位，不得重复报送。

(4)培训组织单位应落实培训信息报送的具体承办人并报协会备案。

(5)各培训组织单位应在培训结束后 15 个工作日内报送培训信息。超过报送时限的，将视为无效报送。

(6)协会教育培训工作委员会定期审核各单位报送的培训信息。

①培训信息符合本规定要求的，经审核通过后，记入协会培训信息管理系统，相应的培训学时用于从业人员年检；

②培训信息不符合本规定要求的，培训信息将退回报送单位并出具审核意见，报送单位应根据审核意见及时更正，并于信息退回后5个工作日内再行上报；

③不属于后续职业培训信息的，协会将不予审核，并退回报送单位。

(7)已通过审核的培训信息发现有误的，培训信息报送单位应告知协会，经协会同意后进行修改。

(8)协会可通过回访、抽查等形式对各单位报送的培训信息的真实性进行核查。发现存在虚报信息的，协会将取消其报送的虚假培训信息，并记入协会诚信信息库。

(9)会员单位可通过协会培训信息管理系统查询已报送的培训信息。

(10)协会将定期在网站公示从业人员后续职业培训信息。

四、证券投资顾问与证券分析师的区别和联系

1. 证券投资顾问与证券分析师的含义

(1)根据《证券投资顾问业务暂行规定》第七条，向客户提供证券投资顾问服务的人员，应当具有证券投资咨询执业资格，并在中国证券业协会注册登记为证券投资顾问。证券投资顾问不得同时注册为证券分析师。因此，证券投资顾问可被定义为取得中国证券业协会颁发的证券投资咨询执业资格、并在中国证监会批准的证券投资咨询机构从事向客户提供证券投资顾问服务业务的人员。

(2)根据《发布证券研究报告暂行规定》第五条，在发布的证券研究报告上署名的人员，应当具有证券投资咨询执业资格，并在中国证券业协会注册登记为证券分析师。证券分析师不得同时注册为证券投资顾问。因此，证券分析师可被定义为取得中国证券业协会颁发的证券投资咨询执业资格、并在中国证监会批准的证券投资咨询机构从事发布证券研究报告业务的人员。

根据上述定义，证券投资顾问提供证券投资顾问服务和证券分析师发布证券研究报告是证券投资咨询业务的两种基本形式，也是证券经营机构服务客户的重要手段。两者既具有显著区别，又密切联系。

2. 证券投资顾问与证券分析师的区别

(1)立场不同

证券投资顾问基于特定客户的立场，遵循忠实客户利益原则，向客户提供适当的证券投资建议；证券分析师基于独立、客观的立场，对证券及证券相关产品的价值进行研究分析，撰写发布研究报告。

(2)服务方式和内容不同

证券投资顾问在了解客户的基础上，依据合同约定，向特定客户提供适当的、有针对性的操作性投资建议，关注品种选择、组合管理建议以及买卖时机等；证券研究报告向不特定的客户发布，提供证券估值、价值分析、投资评级意见等研究成果，关注证券定价，不关注买卖时机选择等具体的操作性投资建议。

(3)服务对象不同

证券投资顾问一般服务于普通投资者，强调针对客户类型、风险偏好等提供适当的服务；证券研究报告一般服务于基金、QFII等能够理解研究报告和有效处理有关信息的专业机构投资者，强调公平对待证券研究报告接收人。

(4)市场影响不同

证券投资顾问服务与特定客户的证券投资及其利益密切相关，但通常不会显著影响证券定价；证券研究报告向多个机构客户同时发布，对证券价格可能产生较大影响。

3. 证券投资顾问服务与发布证券研究报告的联系

（1）在服务流程上，证券研究报告一般是证券投资顾问服务的重要基础，证券投资顾问团队依据证券研究报告以及其他公开证券信息，整合形成有针对性的证券投资顾问建议，再按照协议约定向客户提供。

（2）在制度规范要求上，《证券投资顾问业务暂行规定》第十六条规定，证券投资顾问向客户提供投资建议，应当具有合理的依据；投资建议的依据包括证券研究报告或者基于证券研究报告、理论模型以及分析方法形成的投资分析意见等。第十七条要求，证券公司、证券投资咨询机构应当为证券投资顾问服务提供必要的研究支持。

第二节　主要职责

【大纲要求】

掌握证券公司、证券投资咨询机构及证券投资顾问提供品种选择投资建议服务的职责；掌握证券公司、证券投资咨询机构及证券投资顾问提供投资组合投资建议服务的职责；掌握证券公司、证券投资咨询机构及证券投资顾问提供资产配置投资建议服务的职责。

了解国内外证券投资顾问业务的发展概况。

【要点详解】

一、证券公司、证券投资咨询机构及证券投资顾问提供品种选择投资建议服务的职责

证券投资顾问向客户提供的投资建议服务内容包括投资的品种选择、投资组合以及理财规划建议等。根据《证券投资顾问业务暂行规定》，证券公司、证券投资咨询机构及证券投资顾问提供品种选择投资建议服务的主要职责如下：

（1）证券投资顾问应当根据了解的客户情况，在评估客户风险承受能力和服务需求的基础上，向客户提供适当的投资建议服务。

（2）证券投资顾问向客户提供投资建议，应当具有合理的依据。投资建议的依据包括证券研究报告或者基于证券研究报告、理论模型以及分析方法形成的投资分析意见等。

（3）证券投资顾问依据本公司或者其他证券公司、证券投资咨询机构的证券研究报告作出投资建议的，应当向客户说明证券研究报告的发布人、发布日期。

（4）证券投资顾问向客户提供投资建议，应当提示潜在的投资风险，禁止以任何方式向客户承诺或者保证投资收益。鼓励证券投资顾问向客户说明与其投资建议不一致的观点，作为辅助客户评估投资风险的参考。

（5）证券投资顾问向客户提供投资建议，知悉客户作出具体投资决策计划的，不得向他人泄露该客户的投资决策计划信息。

（6）以软件工具、终端设备等为载体，向客户提供投资建议或者类似功能服务的，应当执行本规定。

（7）证券投资顾问服务费用应当以公司账户收取。禁止证券公司、证券投资咨询机构及其人员以个人名义向客户收取证券投资顾问服务费用。

（8）证券投资顾问不得通过广播、电视、网络、报刊等公众媒体，作出买入、卖出或者持有具体证券的投资建议。

（9）证券公司从事证券经纪业务，附带向客户提供证券及证券相关产品投资建议服务，不就该项服务与客户单独作出协议约定、单独收取证券投资顾问服务费用的，其投资建议服务行为参照执行本规定有关要求。

【真题 1.4】证券投资顾问禁止对客户的投资收益作出(　　)的承诺或保证。

A. 投资保本　　B. 亏损有限　　C. 收益保底　　D. 稳定盈利

【答案】ABCD

【解析】根据《证券投资顾问业务暂行规定》第十九条，证券投资顾问向客户提供投资建议，应当提示潜在的投资风险，禁止以任何方式向客户承诺或者保证投资收益。鼓励证券投资顾问向客户说明与其投资建议不一致的观点，作为辅助客户评估投资风险的参考。

二、证券公司、证券投资咨询机构及证券投资顾问提供投资组合投资建议服务的职责

证券投资组合管理通常包括下列五个步骤：

1. 确定证券投资政策

证券投资政策是投资者为了实现投资目标应遵循的基本方针和基本准则，包括确定投资目标、投资规模、投资对象以及为实现目标应采取的投资策略和措施等。

2. 进行证券投资分析

证券投资分析，是指对证券组合管理第一步所确定的金融资产类型中个别证券或证券组合的具体特征进行的考察分析。

3. 构建证券投资组合

这一步主要是确定具体的证券投资品种和在各证券上的投资比例。

4. 投资组合的修正

通过对上一步骤进行定期评估，调整得出一个新的最佳组合。

5. 投资组合业绩评估

通过定期对投资组合的业绩进行评估，来评价投资组合的表现。

注：该部分内容将在本书第七章第一节“基本方法”中详细介绍，此处只作简要说明。

三、证券公司、证券投资咨询机构及证券投资顾问提供资产配置投资建议服务的职责

证券公司、证券投资咨询机构及证券投资顾问提供资产配置投资建议服务，首先需要了解客户。通过客户资料的收集、整理、分析和判断，确定客户的需求，为客户制定满足其理财需要和承受能力的、合理的综合理财方案。

根据理财规划的需求，客户信息一般可分为基本信息、财务信息、个人兴趣及人生规划和目标三个方面。

1. 基本信息

客户的基本信息大体包括客户的姓名、年龄、联系方式、工作单位和职务、国籍、婚姻状况、健康状况，以及重要的家庭、社会关系信息(包括需要供养的父母、子女信息)。详细、准确的基本信息是深入了解客户、建立长期良好的客户关系，包括进一步了解、分析客户的家庭财务状况、需求和提供有针对性的投资理财建议的基础和保证。

2. 财务信息

财务信息主要指客户家庭的收支与资产负债状况，以及相关的财务安排(包括储蓄、投资、保险账户情况等)。作为理财规划师为客户制定个人财务规划的基本依据，财务信息决定了客户的目标、期望是否合理，以及实现客户各项理财目标、人生规划的可能性和需要采

取的相关措施。具体来说，财务信息深刻影响着客户的理财方案和理财工具的选择。

3. 个人兴趣及人生规划和目标

个人兴趣及人生规划和目标主要包括职业和职业生涯发展，客户性格特征、风险属性、个人兴趣爱好和志向，客户的生活品质及要求，受教育程度和投资经验，人生观、财富观等。根据时间长短，可以分为短期、中期、长期的理财目标。

四、国内外证券投资顾问业务的发展概况

1. 国内证券投资顾问业务发展概况

(1)市场源起

我国证券市场成立初期，证券咨询相对匮乏，相关研究人员不足，以股评家的发言构成证券投资咨询业务的最初形式，总体市场规模很小。

1998 年 4 月 1 日，《证券、期货投资咨询管理暂行办法》开始施行，推行准入制度。一些研究实力较强的证券投资咨询机构开始向基金、券商提供研究报告，有些则为上市公司提供顾问服务，但此时证券投资咨询的业务模式仍比较含糊。

(2)转型探索

从早期的工作室，到会员制业务，再到荐股软件，各种带盈利模式的投资顾问业务层出不穷。券商逐渐意识到要“拼投顾，比服务”，于是纷纷推出自己的投资顾问产品，开始了对投资顾问业务模式的探索。

2011 年 1 月 1 日，《证券投资顾问业务暂行规定》开始施行，明确提出了证券投资顾问协议应当包括“收费标准和支付方式”，“证券公司、证券投资咨询机构应当按照公平、合理、自愿的原则，与客户协商并书面约定收取证券投资顾问服务费用的安排，可以按照服务期限、客户资产规模收取服务费用，也可以采用差别佣金等其他方式收取服务费用。”这意味着原本只能通过收取佣金实现价值的证券投资顾问业务，将获得独立的收费渠道，这一规定也因而具有里程碑意义。

在投资顾问业务运作模式和创新服务的探索中，资金门槛模式、差别佣金模式和服务收费模式等相继出现。

(3)逐步成型

根据《证券法》(2019 年版)，投资咨询业务与证券经纪、证券交易、证券投资活动有关的财务顾问、证券承销与保荐、证券融资融券、证券做市交易、证券自营等业务并列为券商持牌业务之一。

(4)发展现状

近年来，总部主导营业部协同组织管理体系已经初步确立；多层次投资顾问团队初具规模；以合规为基础，标准化为核心的投资顾问业务操作规程已经明晰；以利润为核心的薪酬考核机制开始形成，投资顾问服务绩效生成以及和现有的业务部薪酬考核制度体系实现了有机衔接；高效便捷的投资顾问信息支持系统，使得工作效率和质量大大提高。

但投资顾问业务的发展仍面临着诸多发展困境，如同业竞争威胁、投资顾问团队专业人才缺乏、业务能力水平有待提升、线上体验感不足等等。

根据中国证券业协会发布的《中国证券业发展报告(2022)》，2021 年全年证券公司投资顾问业务延续 2020 年的“四化”特征(一体化、线上化、智能化、专业化)，并有所深化。我国投资顾问业务的发展现状和趋势体现为以下三点：①“四化”特征延续深化；②研究方法

持续创新；③证券投资咨询公司员工数量逐步增长。

2．国外证券投资顾问业务发展概况

(1)国外证券投资顾问业务的起源

证券投资顾问业务的前身是传统的私人银行业务中的理财业务。私人银行业务在欧美等西方国家已有上百年历史，其客户一般是拥有巨额财富的富贾豪商、达官贵族等为数不多的极端富有人群。最初是瑞士的银行业向极端富有的客户提供一对一、属于私人客户专享的服务。

20世纪最后几十年里，受混业经营的影响，国外银行等金融机构不再满足于经营传统的私人银行业务。经济的持续增长催生出大众富裕阶层这一重要群体，以互联网为代表的信息技术开始广泛应用，种种条件为金融机构创造出空前巨大的市场，银行、投资银行等金融机构纷纷开始发展面向大众富裕阶层的贵宾理财业务。随着混业经营和金融创新的快速发展，投资顾问业务由以往只专注于证券产品逐渐向全面理财业务拓展。

(2)国外证券投资顾问业务的变迁

海外证券市场投资顾问业务的发展与该地区经济发展水平、金融深化程度等方面紧密联系。在业务发展的初期，属于摸索阶段，各种形式的投资顾问业务不断涌现，但利益输送、关联交易，甚至是违法行为也屡屡发生。针对这一现象，美国的《投资顾问法》(1940)、日本的《有价证券投资顾问法》(1986年制定，1998年修正)等专门立法应运而生，辅之以其他多层次的规范，逐渐形成了以专门立法为核心的规范群。

金融环境的变化也深刻影响着投资顾问业务的变迁。20世纪末，英国"金融大爆炸"引起了全球范围的金融混业经营潮流，各主要发达国家纷纷开始实施混业经营改革。美国1999年的《金融服务现代化法案》打破了证券、银行、保险三业分离的局面，投资顾问业务范围空前广阔，大量私人银行的证券经纪人和客户经理纷纷兼职成为注册投资顾问，创立了现代投资顾问业务的雏形。

(3)国外证券投资顾问业务现状及主要特点(以美国为例)

①行业概况：规模、机构数量双增长，头部集中优势明显；

②客户群体：高净值人群和基金是重点；

③雇员规模：从业人员规模庞大，是中国的10倍以上(以2021年数据为参照)；

④报酬模式：按资产规模收费，模式多元化；

⑤历史发展：更新换代快，但头部机构历史积淀深厚。

第三节 工作规程

【大纲要求】

熟悉证券投资顾问业务的原则；掌握证券投资顾问业务管理制度；掌握证券投资顾问业务合规管理和风险控制机制；熟悉证券投资顾问业务推广、协议签订、服务提供、客户回访和投诉处理等业务环节；熟悉证券投资顾问业务的要求；掌握证券投资顾问业务的流程；熟悉证券投资顾问业务风险揭示书的要求；熟悉证券投资顾问服务协议的要求；掌握证券投资顾问向客户提供投资建议的相关依据；掌握证券投资顾问业务投资者适当性管理的要求；熟悉证券投资顾问业务客户回访机制；熟悉证券投资顾问业务客户投诉处理机制；熟悉对证券投资顾问业务各环节留痕管理的要求；掌握证券投资顾问的禁止性行为的要求；掌握证券投资顾问应具备的职业操守；熟悉证券投资顾问按照证券信息传播的有关规定，通过公众媒体开展业务的要求。

【要点详解】

一、证券投资咨询业务界定

1997 年 12 月 25 日国务院证券委员会发布的《证券、期货投资咨询管理暂行办法》规定，证券、期货投资咨询是指从事证券、期货投资咨询业务的机构及其投资咨询人员为证券、期货投资人或者客户提供证券、期货投资分析、预测或者建议等直接或者间接有偿咨询服务的活动。

2010 年 10 月 12 日，中国证监会同时颁布了《证券投资顾问业务暂行规定》和《发布证券研究报告暂行规定》，明确了证券投资顾问和发布证券研究报告业务是证券投资咨询业务的两类基本形式。这两个规定自 2011 年 1 月 1 日起施行。这是规范证券公司、证券投资咨询机构从事证券投资顾问、发布证券研究报告业务行为，保护投资者合法权益，维护证券市场秩序的又一次重要举措。

1. 发布证券研究报告业务

发布证券研究报告，是指证券公司、证券投资咨询机构对证券及证券相关产品的价值、市场走势或者相关影响因素进行分析，形成证券估值、投资评级等投资分析意见，制作证券研究报告，并向客户发布的行为。证券研究报告主要包括涉及证券及证券相关产品的价值分析报告、行业研究报告、投资策略报告等。证券研究报告可以采用书面或者电子文件形式。

2. 证券投资顾问业务

证券投资顾问业务，是指证券公司、证券投资咨询机构接受客户委托，按照约定，向客户提供涉及证券及证券相关产品的投资建议服务，辅助客户作出投资决策，并直接或者间接获取经济利益的经营活动。投资建议服务内容包括投资的品种选择、投资组合以及理财规划建议等。

二、证券投资顾问业务的原则

从事证券投资顾问业务，应当遵循的基本原则为：依法合规、诚实信用、公平维护客户利益。

1. 依法合规

证券公司、证券投资咨询机构从事证券投资顾问业务，应当遵守法律、行政法规和《证券投资顾问业务暂行规定》，加强合规管理，健全内部控制，防范利益冲突，切实维护客户合法权益。

2. 诚实信用

证券公司、证券投资咨询机构及其人员应当遵循诚实信用原则，勤勉、审慎地为客户提供证券投资顾问服务。

3. 公平维护客户利益

证券公司、证券投资咨询机构及其人员提供证券投资顾问服务，应当忠实客户利益，不得为公司及其关联方的利益损害客户利益；不得为证券投资顾问人员及其利益相关者的利益损害客户利益；不得为特定客户利益损害其他客户利益。

三、证券投资顾问业务管理制度

1. 证券投资顾问业务的定义

证券投资顾问业务，是证券投资咨询业务的一种基本形式，是指证券公司、证券投资咨询机构接受客户委托，按照约定，向客户提供涉及证券及证券相关产品的投资建议服务，辅助客户作出投资决策，并直接或者间接获取经济利益的经营活动。投资建议服务内容包括投资的品种选择、投资组合以及理财规划建议等。

2. 管理制度

根据《证券投资顾问业务暂行规定》，证券投资顾问业务的管理制度主要包括但不限于下列几个方面：

(1)中国证监会及其派出机构依法对证券公司、证券投资咨询机构从事证券投资顾问业务实行监督管理。中国证券业协会对证券公司、证券投资咨询机构从事证券投资顾问业务实行自律管理，并依据有关法律、行政法规和本规定，制定相关执业规范和行为准则。

(2)向客户提供证券投资顾问服务的人员，应当具有证券投资咨询执业资格，并在中国证券业协会注册登记为证券投资顾问。证券投资顾问不得同时注册为证券分析师。

(3)证券公司、证券投资咨询机构向客户提供证券投资顾问服务，应当告知客户下列基本信息：

①公司名称、地址、联系方式、投诉电话、证券投资咨询业务资格等；

②证券投资顾问的姓名及其证券投资咨询执业资格编码；

③证券投资顾问服务的内容和方式；

④投资决策由客户作出，投资风险由客户承担；

⑤证券投资顾问不得代客户作出投资决策。

证券公司、证券投资咨询机构应当通过营业场所、中国证券业协会和公司网站，公示前款第①、②项信息，方便投资者查询、监督。

【真题 1.5】证券公司、证券投资咨询机构向客户提供证券投资顾问服务，应当告知客户(　　)。

A. 公司名称、地址、联系方式、投诉电话等

B. 证券投资顾问服务的内容和方式

C. 投资决策由客户作出，投资风险由客户承担

D. 证券投资顾问的姓名及其证券投资咨询执业资格编码

【答案】ABCD

四、证券投资顾问业务合规管理

根据《证券公司和证券投资基金管理公司合规管理办法》，合规管理，是指证券基金经营机构制定和执行合规管理制度，建立合规管理机制，防范合规风险的行为。合规风险，是指因证券基金经营机构或其工作人员的经营管理或执业行为违反法律法规和准则而使证券基金经营机构被依法追究法律责任、采取监管措施、给予纪律处分、出现财产损失或商业信誉损失的风险。

1.《证券公司和证券投资基金管理公司合规管理办法》对证券投资顾问业务合规管理作出的规定

(1)证券基金经营机构开展各项业务，应当合规经营、勤勉尽责，坚持客户利益至上原则，并遵守下列基本要求：

①充分了解客户的基本信息、财务状况、投资经验、投资目标、风险偏好、诚信记录等信息并及时更新；

②合理划分客户类别和产品、服务风险等级，确保将适当的产品、服务提供给适合的客

户，不得欺诈客户；

③持续督促客户规范证券发行行为，动态监控客户交易活动，及时报告、依法处置重大异常行为，不得为客户违规从事证券发行、交易活动提供便利；

④严格规范工作人员执业行为，督促工作人员勤勉尽责，防范其利用职务便利从事违法违规、超越权限或者其他损害客户合法权益的行为；

⑤有效管理内幕信息和未公开信息，防范公司及其工作人员利用该信息买卖证券、建议他人买卖证券，或者泄露该信息；

⑥及时识别、妥善处理公司与客户之间、不同客户之间、公司不同业务之间的利益冲突，切实维护客户利益，公平对待客户；

⑦依法履行关联交易审议程序和信息披露义务，保证关联交易的公允性，防止不正当关联交易和利益输送；

⑧审慎评估公司经营管理行为对证券市场的影响，采取有效措施，防止扰乱市场秩序。

(2)证券投资顾问业务所在部门应当配备足够的、具备与履行合规管理职责相适应的专业知识和技能的合规管理人员。

2.《证券投资顾问业务暂行规定》对证券投资顾问业务合规管理作出的规定

(1)证券公司、证券投资咨询机构从事证券投资顾问业务，应当遵守法律、行政法规和本规定，加强合规管理，健全内部控制，防范利益冲突，切实维护客户合法权益。

(2)证券公司、证券投资咨询机构应当建立健全证券投资顾问业务管理制度、合规管理和风险控制机制，覆盖业务推广、协议签订、服务提供、客户回访、投诉处理等业务环节。

(3)证券公司、证券投资咨询机构从事证券投资顾问业务，应当保证证券投资顾问人员数量、业务能力、合规管理和风险控制与服务方式、业务规模相适应。

3. 证券投资顾问业务合规管理相关机制

(1)证券投资顾问业务的信息隔离机制

①公司高管层的隔离；

②公司各业务板块或部门之间的隔离；

③证券投资顾问与证券分析师之间的隔离。

(2)信息隔离之外的补充机制

①信息披露

投资顾问应当公开其自身的基本信息，以供投资者决策判断，公开信息的具体内容包括：

a. 投资顾问的执业资格及基本经历；

b. 其所推荐产品的基本特征和风险性质；

c. 投资顾问与其推荐的产品有无关联关系等；

d. 在境外，投资顾问尚需披露其自身及其所在公司持有或投资相关股票的情况。

②业务限制

a. 静默期：投资顾问在参与投资银行等跨墙业务后一段时间内，对于相关证券不得对外发表任何咨询意见或报告；

b. 限制清单：投资顾问对外推荐的证券品种，在一定期限(一般为一至三天)内，限制公司自营业务或资产管理业务进行反向交易；对于公司自营重仓买入或卖出的股票，主动列入限制清单，在一定期限内限制对外发表咨询意见或报告。

③合规管理机制

a. 内部控制；

b. 业务流程；

c. 业务审核与备案；

d. 检查和问责等。

五、证券投资顾问业务风险控制机制

1. 风险类型

证券投资顾问业务的风险可大致分为系统性风险和非系统性风险。系统性风险是指由于全局性事件引起的投资收益变动的不确定性，不可回避或者分散；非系统性风险是指由于非全局事件引起的投资收益变动的不确定性，是一种可以抵消、回避的风险。

2.《证券投资顾问业务暂行规定》对证券投资顾问业务风险控制机制作出的规定

(1)证券公司、证券投资咨询机构应当向客户提供风险揭示书，并由客户签收确认。风险揭示书内容与格式要求由中国证券业协会制定。

(2)证券投资顾问应当根据了解的客户情况，在评估客户风险承受能力和服务需求的基础上，向客户提供适当的投资建议服务。

(3)证券投资顾问向客户提供投资建议，应当提示潜在的投资风险，禁止以任何方式向客户承诺或者保证投资收益。

3. 风险控制目标

(1)风险管理战略和策略符合经营目标的要求；

(2)所采取的具体措施符合风险管理战略的要求，并在成本/收益的基础上保持有效性；

(3)通过对风险诱因的分析，发现管理中存在的问题，以完善风险管理程序。

4. 风险控制措施

证券公司、证券投资咨询机构开展投资顾问业务时应制定相关风险控制措施，包括但不限于以下内容：

(1)根据投资顾问建议的不同，分别制定审核流程；

(2)定期进行风险评估、投资顾问绩效评估，检查服务流程的有效性和合规性；

(3)证券投资顾问对服务客户的资产组合进行账户跟踪服务，结合客户的风险承受能力，对客户做出风险提示等。

六、证券投资顾问业务推广、协议签订、服务提供、客户回访和投诉处理等业务环节

证券公司、证券投资咨询机构应当对证券投资顾问业务推广、协议签订、服务提供、客户回访、投诉处理等环节实行留痕管理。

1. 业务推广

(1)证券公司、证券投资咨询机构应当规范证券投资顾问业务推广和客户招揽行为，禁止对服务能力和过往业绩进行虚假、不实、误导性的营销宣传，禁止以任何方式承诺或者保证投资收益。

(2)证券公司、证券投资咨询机构通过广播、电视、网络、报刊等公众媒体对证券投资顾问业务进行广告宣传，应当遵守《中华人民共和国广告法》和证券信息传播的有关规定，

广告宣传内容不得存在虚假、不实、误导性信息以及其他违法违规情形。证券公司、证券投资咨询机构应当提前5个工作日将广告宣传方案和时间安排向公司住所地证监局、媒体所在地证监局报备。

(3)证券公司、证券投资咨询机构通过举办讲座、报告会、分析会等形式，进行证券投资顾问业务推广和客户招揽的，应当提前5个工作日向举办地证监局报备。

2. 协议签订

(1)证券公司、证券投资咨询机构提供证券投资顾问服务，应当与客户签订证券投资顾问服务协议，并对协议实行编号管理。协议应当包括下列内容：

①当事人的权利义务；

②证券投资顾问服务的内容和方式；

③证券投资顾问的职责和禁止行为；

④收费标准和支付方式；

⑤争议或者纠纷解决方式；

⑥终止或者解除协议的条件和方式。

证券投资顾问服务协议应当约定，自签订协议之日起5个工作日内，客户可以书面通知方式提出解除协议。证券公司、证券投资咨询机构收到客户解除协议书面通知时，证券投资顾问服务协议解除。

(2)证券公司、证券投资咨询机构应当对证券投资顾问业务推广、协议签订、服务提供、客户回访、投诉处理等环节实行留痕管理。向客户提供投资建议的时间、内容、方式和依据等信息，应当以书面或者电子文件形式予以记录留存。证券投资顾问业务档案的保存期限自协议终止之日起不得少于5年。

3. 服务提供

鼓励证券公司、证券投资咨询机构组织安排证券投资顾问人员，按照证券信息传播的有关规定，通过广播、电视、网络、报刊等公众媒体，客观、专业、审慎地对宏观经济、行业状况、证券市场变动情况发表评论意见，为公众投资者提供证券资讯服务，传播证券知识，揭示投资风险，引导理性投资。

4. 客户回访和投诉处理

(1)证券公司、证券投资咨询机构从事证券投资顾问业务，应当建立客户回访机制，明确客户回访的程序、内容和要求，并指定专门人员独立实施。

(2)证券公司、证券投资咨询机构从事证券投资顾问业务，应当建立客户投诉处理机制，及时、妥善处理客户投诉事项。

(3)证券投资顾问业务的客户回访应注意以下几点：

①另设回访机制；

②全面回访；

③回访留痕或参照。

【真题1.6】证券投资顾问禁止对服务能力和过往业绩进行(　　)的营销宣传。

A. 虚假　　B. 不实　　C. 误导性　　D. 审慎性

【答案】ABC

【解析】根据《证券投资顾问业务暂行规定》第二十四条，证券公司、证券投资咨询机构应当规范证券投资顾问业务推广和客户招揽行为，禁止对服务能力和过往业绩进行虚假、不实、误导性的营销宣传，禁止以任何方式承诺或者保证投资收益。

七、证券投资顾问业务的要求

证券投资顾问业务管理的基本要求如下：

1. 人员执业资格

向客户提供证券投资顾问服务的人员，应当具有证券投资咨询执业资格，并在中国证券业协会注册登记为证券投资顾问。证券投资顾问不得同时注册为证券分析师。

2. 管理制度建设

(1)证券公司、证券投资咨询机构应当制定证券投资顾问人员管理制度，加强对证券投资顾问人员注册登记、岗位职责、执业行为的管理；

(2)证券公司、证券投资咨询机构应当建立健全证券投资顾问业务管理制度、合规管理和风险控制机制，覆盖业务推广、协议签订、服务提供、客户回访、投诉处理等业务环节；

(3)证券公司、证券投资咨询机构从事证券投资顾问业务，应当保证证券投资顾问人员数量、业务能力、合规管理和风险控制与服务方式、业务规模相适应。

3. 投资顾问业务的适当性管理

(1)证券公司、证券投资咨询机构向客户提供证券投资顾问服务，应当按照公司制定的程序和要求，了解客户的身份、财产与收入状况、证券投资经验、投资需求与风险偏好，评估客户的风险承受能力，并以书面或者电子文件形式予以记载、保存。

(2)证券投资顾问应当根据了解的客户情况，在评估客户风险承受能力和服务需求的基础上，向客户提供适当的投资建议服务。

4. 告知义务

证券公司、证券投资咨询机构向客户提供证券投资顾问服务，应当告知客户下列基本信息：

(1)公司名称、地址、联系方式、投诉电话、证券投资咨询业务资格等；

(2)证券投资顾问的姓名及其证券投资咨询执业资格编码；

(3)证券投资顾问服务的内容和方式；

(4)投资决策由客户作出，投资风险由客户承担；

(5)证券投资顾问不得代客户作出投资决策。

5. 风险揭示

证券公司、证券投资咨询机构应当向客户提供风险揭示书，并由客户签收确认。风险揭示书内容与格式要求由中国证券业协会制定。

6. 投资顾问服务协议

证券公司、证券投资咨询机构提供证券投资顾问服务，应当与客户签订证券投资顾问服务协议，并对协议实行编号管理。

7. 证券投资建议、客户回访及投诉处理

(1)证券投资顾问向客户提供投资建议，应当提示潜在的投资风险，禁止以任何方式向客户承诺或者保证投资收益。

鼓励证券投资顾问向客户说明与其投资建议不一致的观点，作为辅助客户评估投资风险

的参考。

(2)证券投资顾问向客户提供投资建议，知悉客户作出具体投资决策计划的，不得向他人泄露该客户的投资决策计划信息。

(3)证券投资顾问不得通过广播、电视、网络、报刊等公众媒体，作出买入、卖出或者持有具体证券的投资建议。

(4)证券公司、证券投资咨询机构从事证券投资顾问业务，应当建立客户回访机制，明确客户回访的程序、内容和要求，并指定专门人员独立实施。

(5)证券公司、证券投资咨询机构从事证券投资顾问业务，应当建立客户投诉处理机制，及时、妥善处理客户投诉事项。

8. 服务收费

证券公司、证券投资咨询机构应当按照公平、合理、自愿的原则，与客户协商并书面约定收取证券投资顾问服务费用的安排，可以按照服务期限、客户资产规模收取服务费用，也可以采用差别佣金等其他方式收取服务费用。

证券投资顾问服务费用应当以公司账户收取。禁止证券公司、证券投资咨询机构及其人员以个人名义向客户收取证券投资顾问服务费用。

八、证券投资顾问业务的流程

1. 服务模式的选择和设计

根据客户的需求和特征，选择和设计个性化或者标准化的顾问服务模式。

2. 客户签约

了解客户情况，评估客户的风险承受能力，为客户选择适当的投资顾问服务或产品，告知客户服务内容、方式、收费以及风险情况，由客户自主选择是否签约。

目前，投资顾问服务协议体现为多种形式，如客户提交书面“服务申请表”开通服务、客户在网上交易平台申请开通服务、与公司总部签订《投资顾问服务协议》等。

3. 形成服务产品

公司总部或者证券营业部的投资顾问团队根据证券研究报告以及其他公开证券信息，分析证券投资品种、理财产品的风险特征，形成具体的投资建议或者标准化顾问服务产品，提供给直接面对客户的投资顾问服务人员。

4. 服务提供

投资顾问服务人员通过面对面交流、电话、短信、电子邮件等方式向客户提供投资建议服务。证券公司通过适当的技术手段，记录、监督投资顾问服务人员与客户的沟通过程，实现过程留痕。

实践中，证券公司正在探索形成多种证券投资顾问服务收费模式，如按照服务期限收取固定顾问服务费用，在服务期内按客户资产规模的一定比例收取顾问服务费用，以及以差别佣金方式收取顾问服务费用等。

九、证券投资顾问业务风险揭示书的要求

为了使投资者充分了解证券投资顾问业务的风险，依据《证券投资顾问业务暂行规定》，开展证券投资顾问业务的证券公司、证券投资咨询机构应向投资者提供《证券投资顾问业务风险揭示书》，充分揭示接受证券投资顾问服务中存在的风险。

根据《证券投资顾问业务暂行规定》，证券公司、证券投资咨询机构应当向客户提供风险揭示书，并由客户签收确认。风险揭示书内容与格式要求由中国证券业协会制定。

根据中国证券业协会制定的《证券投资顾问业务风险揭示书必备条款》，《证券投资顾问业务风险揭示书》应以书面或者电子文件形式，由投资者签收确认，并由证券公司、证券投资咨询机构归入证券投资顾问业务档案保存。《证券投资顾问业务风险揭示书》至少应包含下列内容：

(1)提示投资者在接受证券投资顾问服务前，必须了解提供服务的证券公司、证券投资咨询机构是否具备证券投资咨询业务资格，证券公司、证券投资咨询机构提供服务的人员是否符合证券投资咨询相关从业条件并已经登记为证券投资顾问。

(2)提示投资者在接受证券投资顾问服务前，必须了解证券投资顾问业务的含义，理解投资者接受证券投资顾问服务后需自主作出投资决策并独立承担投资风险。

(3)提示投资者在接受证券投资顾问服务前，必须了解证券公司、证券投资咨询机构及其人员提供的证券投资顾问服务不能确保投资者获得盈利或本金不受损失。

(4)提示投资者在接受证券投资顾问服务前，必须了解证券公司、证券投资咨询机构及其人员提供的投资建议具有针对性和时效性，不能在任何市场环境下长期有效。

(5)提示投资者在接受证券投资顾问服务前，必须了解作为投资建议依据的证券研究报告和投资分析意见等，可能存在不准确、不全面或者被误读的风险，投资者可以向证券投资顾问了解证券研究报告的发布人和发布时间以及投资分析意见的来源，以便在进行投资决策时作出理性判断。

(6)提示投资者在接受证券投资顾问服务前，必须了解所在的证券公司、证券投资咨询机构证券投资顾问服务的收费标准和方式，按照公平、合理、自愿的原则与证券公司、证券投资咨询机构协商并书面约定收取证券投资顾问服务费用的安排。证券投资顾问服务收费应向公司账户支付，不得向证券投资顾问人员或其他个人账户支付。

(7)提示投资者在接受证券投资顾问服务前，必须了解证券公司、证券投资咨询机构及其人员可能存在道德风险，如投资者发现投资顾问存在违法违规行为或利益冲突情形，如泄露客户投资决策计划、传播虚假信息、进行关联交易等，投资者可以向证券公司、证券投资咨询机构投诉或向有关部门举报。

(8)提示投资者在接受证券投资顾问服务前，必须了解证券公司、证券投资咨询机构存在因停业、解散、撤销、破产，或者被中国证监会撤销相关业务许可、责令停业整顿等原因导致不能履行职责的风险。

(9)提示投资者在接受证券投资顾问服务前，必须了解证券公司、证券投资咨询机构的投资顾问人员存在因离职、离岗等原因导致更换投资顾问服务人员并影响服务连续性的风险。

(10)提示投资者在接受证券投资顾问服务前，应向证券公司、证券投资咨询机构说明自身资产与收入状况、投资经验、投资需求和风险偏好等情况并接受评估，以便于证券公司、证券投资咨询机构根据投资者的风险承受能力和服务需求，向投资者提供适当的证券投资顾问服务。

(11)提示投资者在接受证券投资顾问服务前，应向证券公司、证券投资咨询机构提供有效的联系方式和服务获取方式，如有变动须及时向所在的证券公司、证券投资咨询机构进行说明，如因投资者自身原因或不可抗力因素导致投资者未能及时获取证券投资顾问服务，责任将由投资者自行承担。

(12)提示投资者在接受证券投资顾问服务时，应保管好自己的证券账户、资金账户和相应的密码，不要委托证券投资顾问人员管理自己的证券账户、资金账户，代理买卖证券，否则由此导致的风险将由投资者自行承担。

(13)证券公司、证券投资咨询机构以软件工具、终端设备等为载体，向客户提供投资建议或者类似功能服务的，应提示投资者在接受该软件工具、终端设备等前，必须仔细阅读相关说明书，了解其实际功能、信息来源、固有缺陷和使用风险，由于投资者自身原因导致该软件工具、终端设备等使用不当或受到病毒入侵、黑客攻击等不良影响的，由此导致的风险将由投资者自行承担。如表示该软件工具、终端设备具有选择证券投资品种或者提示买卖时机功能的，应提示投资者了解其方法和局限。

(14)风险揭示书还应以醒目文字载明以下内容：

①本风险揭示书的揭示事项仅为列举性质，未能详尽列明投资者接受证券投资顾问服务所面临的全部风险和可能导致投资者投资损失的所有因素。

②投资者在接受证券投资顾问服务前，应认真阅读并理解相关业务规则、证券投资顾问服务协议及本风险揭示书的全部内容。

③接受证券投资顾问服务的投资者，自行承担投资风险，证券公司、证券投资咨询机构不以任何方式向投资者作出不受损失或者取得最低收益的承诺。

④特别提示：投资者应签署本风险揭示书，表明投资者已经理解并愿意自行承担接受证券投资顾问服务的风险和损失。

【真题 1.7】《证券投资顾问业务风险揭示书》需提示投资者在接受证券投资顾问服务前，必须了解证券公司、证券投资咨询机构存在因(　　)等原因导致不能履行职责的风险。

A. 停业、解散、撤销、破产　　B. 被中国证监会撤销相关业务许可

C. 被中国证监会责令停业整顿　　D. 公司法定代表人变更

【答案】ABC

【解析】根据《证券投资顾问业务风险揭示书必备条款》的相关规定，《证券投资顾问业务风险揭示书》需提示投资者在接受证券投资顾问服务前，必须了解证券公司、证券投资咨询机构存在因停业、解散、撤销、破产，或者被中国证监会撤销相关业务许可、责令停业整顿等原因导致不能履行职责的风险。

十、证券投资顾问服务协议的要求

《证券投资顾问业务暂行规定》第十四条规定，证券公司、证券投资咨询机构提供证券投资顾问服务，应当与客户签订证券投资顾问服务协议，并对协议实行编号管理。协议应当包括下列内容：

(1)当事人的权利义务；

(2)证券投资顾问服务的内容和方式；

(3)证券投资顾问的职责和禁止行为；

(4)收费标准和支付方式；

(5)争议或者纠纷解决方式；

(6)终止或者解除协议的条件和方式。

证券投资顾问服务协议应当约定，自签订协议之日起 5 个工作日内，客户可以书面通知方式提出解除协议。证券公司、证券投资咨询机构收到客户解除协议书面通知时，证券投资

顾问服务协议解除。

十一、证券投资顾问向客户提供投资建议的相关依据

《证券投资顾问业务暂行规定》第十六条规定，证券投资顾问向客户提供投资建议，应当具有合理的依据。投资建议的依据包括证券研究报告或者基于证券研究报告、理论模型以及分析方法形成的投资分析意见等。

《证券投资顾问业务暂行规定》第十八条规定，证券投资顾问依据本公司或者其他证券公司、证券投资咨询机构的证券研究报告作出投资建议的，应当向客户说明证券研究报告的发布人、发布日期。

十二、证券投资顾问业务投资者适当性管理的要求

《证券投资顾问业务暂行规定》第十五条规定，证券投资顾问应当根据了解的客户情况，在评估客户风险承受能力和服务需求的基础上，向客户提供适当的投资建议服务。

根据中国证监会发布的《证券期货投资者适当性管理办法》，中国证券监督管理委员会及其派出机构依照法律、行政法规、本办法及其他相关规定，对经营机构履行适当性义务进行监督管理。证券期货交易场所、登记结算机构及中国证券业协会、中国期货业协会、中国证券投资基金业协会等自律组织对经营机构履行适当性义务进行自律管理。

注：该部分内容将在本书第三章第五节“适当性匹配”中详细介绍，此处只作简要说明。

十三、证券投资顾问业务客户回访机制

《证券投资顾问业务暂行规定》第二十一条规定，证券公司、证券投资咨询机构从事证券投资顾问业务，应当建立客户回访机制，明确客户回访的程序、内容和要求，并指定专门人员独立实施。

《证券经纪业务管理办法》第三十一条规定，证券公司应当建立健全投资者回访制度，持续了解投资者状况，及时发现并纠正不规范行为。证券公司应当为回访提供充分的人力与物质保障，保证必要的回访比例。证券公司可以委托第三方专业机构实施回访，但法律责任仍由证券公司承担。证券公司回访应当符合以下要求：

(1)对新开户的投资者，在开通相应交易权限前完成回访，对新增相关交易权限的投资者，在开通相应交易权限后三十日内完成回访；

(2)对账户使用、资金划转、证券交易等存在异常情形的投资者，在两个交易日内进行回访；

(3)对其他投资者，每年回访比例不得低于上年末客户总数(不含休眠账户及中止交易账户客户)的一定比例，具体比例由中国证券业协会规定。回访内容包括但不限于投资者身份识别、账户变动确认、证券公司从业人员是否违规操作投资者账户、是否向投资者充分揭示风险、是否存在全权委托等情况。

十四、证券投资顾问业务客户投诉处理机制

《证券投资顾问业务暂行规定》第二十二条规定，证券公司、证券投资咨询机构从事证券投资顾问业务，应当建立客户投诉处理机制，及时、妥善处理客户投诉事项。

《证券投资顾问业务暂行规定》第三十条规定，证券公司、证券投资咨询机构以合作方式向客户提供证券投资顾问服务，应当对服务方式、报酬支付、投诉处理等作出约定，明确当事人的权利和义务。

《证券经纪业务管理办法》第三十二条规定，证券公司应当建立健全投诉处理制度，妥善处理投资者投诉和纠纷，并及时进行反馈。证券公司应当在公司网站、营业场所、客户端的显著位置公示投诉电话、传真和电子信箱等联系方式。

十五、对证券投资顾问业务各环节留痕管理的要求

业务留痕是证券公司各项业务的基本要求，关于业务留痕的要点包括客户资料的保存、投资建议的保存。

业务留痕的作用主要包括：

(1)可作为投资顾问业绩考核的依据；

(2)可作为日后纠纷的证据；

(3)是公司规范管理、档案管理的要求。

《证券投资顾问业务暂行规定》第二十八条规定，证券公司、证券投资咨询机构应当对证券投资顾问业务推广、协议签订、服务提供、客户回访、投诉处理等环节实行留痕管理。向客户提供投资建议的时间、内容、方式和依据等信息，应当以书面或者电子文件形式予以记录留存。

证券投资顾问业务档案的保存期限自协议终止之日起不得少于5年。

【真题1.8】证券投资顾问向客户提供投资建议的(　　)等信息，应当予以记录留存。

A. 时间　　B. 内容　　C. 方式　　D. 依据

【答案】ABCD

【解析】根据《证券投资顾问业务暂行规定》第二十八条，证券公司、证券投资咨询机构应当对证券投资顾问业务推广、协议签订、服务提供、客户回访、投诉处理等环节实行留痕管理。向客户提供投资建议的时间、内容、方式和依据等信息，应当以书面或者电子文件形式予以记录留存。证券投资顾问业务档案的保存期限自协议终止之日起不得少于5年。

十六、证券投资顾问的禁止性行为的要求

证券投资顾问的禁止性行为主要包括：

(1)严禁接受客户的全权委托，严禁接受未经客户授权的非全权委托，不得代理客户办理提款、转托管、撤销指定及销户手续；

(2)严禁提供虚假信息，欺诈客户或为增加佣金收入而有意误导客户交易；

(3)严禁向客户作出投资保底、亏损有限或必定盈利等不切合实际的承诺；

(4)严禁向客户收取或索取酬谢，严禁串通客户损害公司或其他客户的声誉和利益；

(5)严禁相互诋毁及相互争夺客户；

(6)严禁以任何形式在公司内部现有客户中开发客户或将自行到营业部柜台开户的客户据为己有；

(7)严禁泄露客户开户资料及透露公司的商业机密。

《证券业从业人员执业行为准则》第十四条规定，证券投资咨询机构、财务顾问机构、证券资信评级机构的从业人员特定禁止行为包括：

(1)接受他人委托从事证券投资；

(2)与委托人约定分享证券投资收益，分担证券投资损失，或者向委托人承诺证券投资收益；

(3)依据虚假信息、内幕信息或者市场传言撰写和发布分析报告或评级报告；

(4)中国证监会、协会禁止的其他行为。

《证券法》第一百六十一条规定，证券投资咨询机构及其从业人员从事证券服务业务不得有下列行为：

(1)代理委托人从事证券投资;

(2)与委托人约定分享证券投资收益或者分担证券投资损失;

(3)买卖本证券投资咨询机构提供服务的证券;

(4)法律、行政法规禁止的其他行为。

有前款所列行为之一,给投资者造成损失的,应当依法承担赔偿责任。

十七、证券投资顾问应具备的职业操守

我国证券投资咨询行业的职业操守具体体现为十六字原则:独立诚信、谨慎客观、勤勉尽职、公正公平。

(1)独立诚信

证券投资顾问应当诚实守信,高度珍惜证券投资顾问的职业信誉;在执业过程中应当坚持独立判断原则,不因上级、客户或其他投资者的不当要求而放弃自己的独立立场。

(2)谨慎客观

证券投资顾问应当依据公开披露的信息资料和其他合法获得的信息,进行科学的分析研究,审慎、客观地提出投资分析、预测和建议,不得断章取义,不得篡改有关信息资料。

(3)勤勉尽职

证券投资顾问应当本着对客户与投资者高度负责的精神执业,对与投资分析、预测及咨询服务相关的主要因素进行尽可能全面、详尽、深入的调查研究,采取必要的措施避免遗漏与失误,切实履行应尽的职业责任,向投资者或客户提供规范的专业意见。

(4)公正公平

证券投资顾问提出建议和结论不得违背社会公众利益。证券投资顾问不得利用自己的身份、地位和在执业过程中所掌握的内幕信息为自己或他人谋取非法利益,不得故意向客户或投资者提供存在重大遗漏、虚假信息和误导性陈述的投资分析、预测或建议。

十八、证券投资顾问按照证券信息传播的有关规定,通过公众媒体开展业务的要求

(1)证券公司、证券投资咨询机构通过广播、电视、网络、报刊等公众媒体对证券投资顾问业务进行广告宣传,应当遵守《中华人民共和国广告法》和证券信息传播的有关规定,广告宣传内容不得存在虚假、不实、误导性信息以及其他违法违规情形。

(2)证券公司、证券投资咨询机构应当提前5个工作日将广告宣传方案和时间安排向公司住所地证监局、媒体所在地证监局报备。

(3)鼓励证券公司、证券投资咨询机构组织安排证券投资顾问人员,按照证券信息传播的有关规定,通过广播、电视、网络、报刊等公众媒体,客观、专业、审慎地对宏观经济、行业状况、证券市场变动情况发表评论意见,为公众投资者提供证券资讯服务,传播证券知识,揭示投资风险,引导理性投资。

(4)证券投资顾问不得通过广播、电视、网络、报刊等公众媒体,作出买入、卖出或者持有具体证券的投资建议。

(5)证券、期货投资咨询人员在报刊、电台、电视台或者其他传播媒体上发表投资咨询文章、报告或者意见时,必须注明所在证券、期货投资咨询机构的名称和个人真实姓名,并对投资风险作充分说明。证券、期货投资咨询机构向投资人或者客户提供的证券、期货投资咨询传真件必须注明机构名称、地址、联系电话和联系人姓名。

【真题1.9】证券公司、证券投资咨询机构应当提前(　　)个工作日将广告宣传方案和时间安排向公司住所地证监局、媒体所在地证监局报备。

A. 1　　B. 3　　C. 5　　D. 6

【答案】C

【解析】根据《证券投资顾问业务暂行规定》第二十五条，证券公司、证券投资咨询机构应当提前5个工作日将广告宣传方案和时间安排向公司住所地证监局、媒体所在地证监局报备。

第四节　法律责任

【大纲要求】

掌握证券投资顾问业务的相关法规；掌握证券公司、证券投资咨询机构及其人员从事证券投资顾问业务，违反法律法规和相关规定的监管措施及法律责任。

【要点详解】

一、证券投资顾问业务的相关法规

证券投资顾问业务的相关法规主要包括《证券投资顾问业务暂行规定》《证券、期货投资咨询管理暂行办法》《发布证券研究报告暂行规定》《证券公司董事、监事、高级管理人员及从业人员管理规则》《中华人民共和国证券法》等等。

二、从事证券投资顾问业务违反相关法律法规的监管措施

证券公司、证券投资咨询机构及其人员从事证券投资顾问业务，违反法律、行政法规和《证券投资顾问业务暂行规定》的，中国证监会及其派出机构可以采取责令改正、监管谈话、出具警示函、责令增加内部合规检查次数并提交合规检查报告、责令清理违规业务、责令暂停新增客户、责令处分有关人员等监管措施；情节严重的，中国证监会依照法律、行政法规和有关规定作出行政处罚；涉嫌犯罪的，依法移送司法机关。

【真题1.10】证券公司、证券投资咨询机构及其人员从事证券投资顾问业务，违反法律、行政法规和自律规则，情节严重的，中国证监会依照法律、行政法规和有关规定(　　)。

A. 作出行政处罚　　B. 采取监管措施　　C. 移送司法机关　　D. 责令改正

【答案】A

【解析】证券公司、证券投资咨询机构及其人员从事证券投资顾问业务，违反法律、行政法规和《证券投资顾问业务暂行规定》的，中国证监会及其派出机构可以采取责令改正、监管谈话、出具警示函、责令增加内部合规检查次数并提交合规检查报告、责令清理违规业务、责令暂停新增客户、责令处分有关人员等监管措施；情节严重的，中国证监会依照法律、行政法规和有关规定作出行政处罚；涉嫌犯罪的，依法移送司法机关。

三、从事证券投资顾问业务的法律责任

《证券业从业人员资格管理实施细则》第十四条规定，执业人员连续三年不在机构从事证券业务的，受到刑事处罚的，被市场禁入的，因违法或违纪行为被机构开除的，以及违反职业道德的，由协会注销其执业证书。

《证券法》第五十七条规定，禁止证券公司及其从业人员从事下列损害客户利益的行为：

(1)违背客户的委托为其买卖证券；

(2)不在规定时间内向客户提供交易的确认文件；

(3)未经客户的委托，擅自为客户买卖证券，或者假借客户的名义买卖证券；

(4)为牟取佣金收入，诱使客户进行不必要的证券买卖；

(5)其他违背客户真实意思表示，损害客户利益的行为。

违反前款规定给客户造成损失的，应当依法承担赔偿责任。

《证券业从业人员执业行为准则》第十一条规定，从业人员一般禁止行为：

(1)从事或协同他人从事欺诈、内幕交易、操纵证券交易价格等非法活动；

(2)编造、传播虚假信息或者误导投资者的信息；

(3)损害社会公共利益、所在机构或者他人的合法权益；

(4)从事与其履行职责有利益冲突的业务；

(5)贬损同行或以其他不正当竞争手段争揽业务；

(6)接受利益相关方的贿赂或对其进行贿赂；

(7)买卖法律明文禁止买卖的证券；

(8)违规向客户作出投资不受损失或保证最低收益的承诺；

(9)隐匿、伪造、篡改或者毁损交易记录；

(10)泄露客户资料；

(11)中国证监会、协会禁止的其他行为。

《证券业从业人员执业行为准则》第十四条规定，证券投资咨询机构、财务顾问机构、证券资信评级机构的从业人员特定禁止行为：

(1)接受他人委托从事证券投资；

(2)与委托人约定分享证券投资收益，分担证券投资损失，或者向委托人承诺证券投资收益；

(3)依据虚假信息、内幕信息或者市场传言撰写和发布分析报告或评级报告；

(4)中国证监会、协会禁止的其他行为。

《证券法》明确了证券投资顾问业务的相关法律责任：

第一百三十六条　证券公司的从业人员在证券交易活动中，执行所属的证券公司的指令或者利用职务违反交易规则的，由所属的证券公司承担全部责任。

证券公司的从业人员不得私下接受客户委托买卖证券。

第一百六十条　会计师事务所、律师事务所以及从事证券投资咨询、资产评估、资信评级、财务顾问、信息技术系统服务的证券服务机构，应当勤勉尽责、恪尽职守，按照相关业务规则为证券的交易及相关活动提供服务。从事证券投资咨询服务业务，应当经国务院证券监督管理机构核准；未经核准，不得为证券的交易及相关活动提供服务。从事其他证券服务业务，应当报国务院证券监督管理机构和国务院有关主管部门备案。

第一百六十一条　证券投资咨询机构及其从业人员从事证券服务业务不得有下列行为：

(1)代理委托人从事证券投资；

(2)与委托人约定分享证券投资收益或者分担证券投资损失；

(3)买卖本证券投资咨询机构提供服务的证券；

(4)法律、行政法规禁止的其他行为。

有前款所列行为之一，给投资者造成损失的，应当依法承担赔偿责任。

第二百一十条　证券公司的从业人员违反本法第一百三十六条的规定，私下接受客户委托买卖证券的，责令改正，给予警告，没收违法所得，并处以违法所得一倍以上十倍以下的罚款；没有违法所得的，处以五十万元以下的罚款。

第二百一十三条　证券投资咨询机构违反本法第一百六十条第二款的规定擅自从事证券服务业务，或者从事证券服务业务有本法第一百六十一条规定行为的，责令改正，没收违法所得，并处以违法所得一倍以上十倍以下的罚款；没有违法所得或者违法所得不足五十万元的，处以五十万元以上五百万元以下的罚款。对直接负责的主管人员和其他直接责任人员，给予警告，并处以二十万元以上二百万元以下的罚款。

四、对证券服务机构制作、出具文件的相关规定

证券服务机构为证券的发行、上市、交易等证券业务活动制作、出具审计报告及其他鉴证报告、资产评估报告、财务顾问报告、资信评级报告或者法律意见书等文件，应当勤勉尽责，对所依据的文件资料内容的真实性、准确性、完整性进行核查和验证。其制作、出具的文件有虚假记载、误导性陈述或者重大遗漏，给他人造成损失的，应当与委托人承担连带赔偿责任，但是能够证明自己没有过错的除外。

禁止证券交易场所、证券公司、证券登记结算机构、证券服务机构及其从业人员，证券业协会、证券监督管理机构及其工作人员，在证券交易活动中作出虚假陈述或者信息误导。在证券交易活动中作出虚假陈述或者信息误导的，责令改正，处以二十万元以上二百万元以下的罚款；属于国家工作人员的，还应当依法给予处分。

第二部分　专业基础

第二章　基本理论

【知识结构】

- 基本理论
  - 生命周期理论
    - 投资者偏好特征
    - 生命周期各阶段的特征、需求和目标
    - 生命周期各阶段的理财重点
    - 生命周期各阶段理财规划中对证券产品的要求
  - 货币的时间价值
    - 货币时间价值的概念及影响因素
    - 时间价值与利率的基本参数
    - 现值和终值的计算
    - 复利期间和有效年利率的计算
    - 年金的计算
  - 利率理论
    - 利率对资产定价的重要作用
    - 利率决定理论
    - 利率期限结构理论
    - 利率期限结构的决定因素
    - 中国利率市场化改革的历史
  - 外汇理论
    - 外汇资产的种类和配置方法
    - 影响汇率的因素
    - 汇率决定理论的主要内容
    - 中国外汇市场的发展情况
  - 资本资产定价理论
    - 资本资产定价模型的假设条件
    - 资本市场线和证券市场线的定义、图形及其经济意义
    - 证券系数β的涵义和应用
    - 资本资产定价模型的应用
    - 资本资产定价模型在量化投资中的应用
    - 套利定价理论的原理
    - 套利组合的概念及计算
    - 运用套利定价方程计算证券的期望收益率
    - 套利定价模型的应用
  - 证券投资理论
    - 证券组合的含义
    - 证券组合可行域和有效边界的含义、一般图形
    - 有效证券组合的含义和特征
    - 最优证券组合的含义和选择原理
    - 现代投资组合理论的发展趋势
    - 等权重组合模式
    - 风险平价理论

- 基本理论
  - 证券投资理论
    - 大数据背景下的投资理念
    - 战略性资产配置及其相关模型
    - 战术性资产配置及不同资产分析框架
    - 动态资产配置
    - 资产配置的分散化与再平衡
    - 资产配置的主要流程与步骤
  - 有效市场假说
    - 预期效用理论
    - 羊群效应
    - 金融市场泡沫的特征和规律
    - 有效市场假说的概念、假设条件
    - 强式有效、弱式有效、半强式有效的基本特征
    - 积极与消极投资组合管理的含义
    - 市场有效性的检验
    - 有效市场假说在证券投资中的应用

第一节　生命周期理论

【大纲要求】

熟悉投资者偏好特征；熟悉生命周期各阶段的特征、需求和目标；熟悉生命周期各阶段的理财重点；熟悉生命周期各阶段理财规划中对证券产品的要求。

【要点详解】

一、投资者偏好特征

1. 投资者的共同偏好规则

若两种证券组合具有相同的收益率方差和不同的期望收益率，则投资者会选择期望收益率高的组合；若期望收益率相同而收益率方差不同，则投资者会选择方差较小的组合。

2. 投资者风险偏好的分类及特征

按投资者偏好不同可将投资者分为五种类型，具体特征如表 2－1 所示。

表 2－1　投资者偏好特征

投资者类型	偏好特征
保守型投资者	本金安全第一，追求收益稳定，厌恶风险
中庸保守型投资者	稳定第一，追求投资安全和增值，承受风险能力有限
中庸型投资者	渴望收益较高且长期、稳步增长，风险低于市场的整体风险
中庸进取型投资者	追求投资的长期增值，甘于冒风险但会准备后备计划
进取型投资者	高度追求资金的增值，不惜冒失败的风险

二、生命周期各阶段的特征、需求、目标及理财重点

1. 生命周期的概念

(1)基本涵义

生命周期的概念应用很广泛，其基本涵义可以通俗地理解为“从摇篮到坟墓”的整个过程。在心理学上，生命周期主要是指人的生命周期和家庭的生命周期，是指它的出生、成长过程、衰老、生病和死亡的过程。

（2）生命周期理论对付费行为的解释

生命周期理论由 F. 莫迪利亚尼等人共同创建。生命周期理论对于人们的消费行为给予了全新的解释，理论指出：自然人在相当长的期间内对个人的储蓄消费行为做出计划，实现生命周期内收支的最佳配置。即综合考虑其当期、将来的收支、可预期的工作、退休时间等诸多因素，以决定目前的消费和储蓄，并保证其消费水平处于预期的平稳状态，而不至于出现大幅波动。

2. 家庭生命周期各阶段的特征、需求、目标及理财重点

（1）家庭生命周期各阶段的特征及财务状况

家庭生命周期是指家庭形成期（建立家庭生养子女）、家庭成长期（子女长大就学）、家庭成熟期（子女独立和事业发展到巅峰）和家庭衰老期（退休到终老而使家庭消灭）的整个过程。这四个阶段的特征和财务状况如表 2－2 所示。

表 2－2　家庭生命周期阶段特征、财务状况及理财需求和目标

	形成期	成长期	成熟期	衰老期
人生阶段	结婚到子女婴儿期	子女幼儿期到子女经济独立	子女经济独立到夫妻双方退休	夫妻双方退休到一方过世
收支	①收入以薪水为主； ②支出随子女诞生而增加	①收入以薪水为主； ②支出趋于稳定，子女教育费用负担重	①收入以薪水为主； ②支出随子女经济独立而减少	①以理财收入和转移性收入为主； ②医疗费用支出增加，其他费用支出减少
储蓄	收入稳定而支出增加，储蓄低水平增长	收入增加而支出稳定，储蓄稳步增加	收入处于巅峰阶段，支出相对较低，储蓄增长的最佳时期	支出大于收入，储蓄逐步减少
居住	和父母同住或租住	和父母同住或自行购房	与老年父母同住或夫妻两人居住	夫妻居住或和子女同住
资产	积累资产有限，追求高风险高收益投资	积累资产逐年增加，注重投资风险管理	资产达到巅峰，降低投资风险	变现投资资产支付支出费用，投资以固定收益类为主
负债	承担房贷负担	承担房贷负担	房贷余额逐年减少，退休前结清所有大额负债	无大额、长期负债
理财目标	保持流动性的同时配置高收益类金融资产，例如股票基金、货币基金、流动性高的银行理财产品等	保持资产流动性，适当增加固定收益类资产，如债券基金、浮动收益类理财产品	以资产安全为重点，保持资产收益回报稳定，增加固定收益类资产的比重，减少高风险资产的持有	进一步提升资产安全性，将 80% 以上资产投资于储蓄及固定收益类理财产品，并购买长期护理类保险

（2）家庭生命周期各阶段的理财重点

家庭生命周期四阶段的理财重点如表 2－3 所示。

表 2－3　家庭生命周期各阶段的理财重点

	家庭形成期	家庭成长期	家庭成熟期	家庭衰老期
夫妻年龄	25～35 岁	30～55 岁	50～60 岁	60 岁以后

续表

	家庭形成期	家庭成长期	家庭成熟期	家庭衰老期
保险安排	提高寿险保额	以子女教育年金储备高等教育学费	以养老险或递延年金储备退休金	投保长期看护险或将养老险转即期年金
核心资产配置	股票70%、债券10%、货币20%	股票60%、债券30%、货币10%	股票50%、债券40%、货币10%	股票20%、债券60%、货币20%
	预期收益高，风险适度的银行理财产品	预期收益较高，风险适度的银行理财产品	风险较低、收益稳定的银行理财产品	风险低、收益稳定的银行理财产品
信贷运用	信用卡、小额信贷	房屋贷款、汽车贷款	还清贷款	无贷款或者反按揭

【真题2.1】从家庭生命周期的角度分析，家庭收入以理财收入及移转性收入为主的阶段一般称为家庭(　　)。

A. 衰老期　　B. 成熟期　　C. 成长期　　D. 形成期

【答案】A

【解析】衰老期是指夫妻双方退休到一方过世的阶段。在这一阶段，家庭收入以理财收入和转移性收入为主；医疗费用支出增加，其他费用支出减少；支出大于收入，储蓄逐步减少。

三、生命周期各阶段理财规划中对证券产品的要求

1. 个人生命周期各阶段的特点及理财活动

比照家庭生命周期，可以按年龄层把个人生命周期分为6个阶段。个人生命周期各个阶段的特点和理财活动如表2－4所示。

表2－4　个人生命周期各阶段特点

期间	探索期	建立期	稳定期	维持期	高原期	退休期
对应年龄	15～24岁	25～34岁	35～44岁	45～54岁	55～60岁	60岁以后
家庭形态	以父母家庭为生活重心	择偶结婚、有学前子女	子女上小学、中学	子女进入高等教育阶段	子女独立	以夫妻两人为主
理财活动	求学深造、提高收入	银行贷款、购房	偿还房贷、筹教育金	收入增加、筹退休金	负担减轻、准备退休	享受生活规划、遗产
投资工具	活期、定期存款，基金定投	活期存款、股票、基金定投	自用房产投资、股票、基金	多元投资组合	降低投资组合风险	固定收益投资为主
保险计划	意外险、寿险	寿险、储蓄险	养老险、定期寿险	养老险、投资型保险	长期看护险、退休年金	领退休年金至终老

2. 个人生命周期各阶段的理财重点

个人理财规划就是根据个人不同生命周期的特点(通常以15岁为起点)，综合使用银行产品、证券、保险等金融工具，来进行财务安排和理财活动。个人生命周期各阶段的理财重点如表2－5所示。

表 2-5　个人生命周期各阶段的理财重点

期间	理财重点
探索期	学生时代要为将来的财务自由做好专业上与知识上的准备，无论所学专业如何，都应学习掌握一些基本的理财知识，适当参与、尝试进行一些投资操作，或通过勤工俭学、科研开发等活动来获得一定的收入
建立期	单身创业时代，是个人财务的建立与形成期，这一时期有很多理财目标，主要是筹备结婚、买房买车、继续教育支出等，如不科学规划，很容易形成入不敷出的窘境，因此，必须加强现金流管理，合理安排日常收支，适当节约资金进行适度金融投资，如股票、基金、外汇、期货投资，一方面积累投资经验，另一方面利用年轻人风险承受能力较强的特征博取较高的投资回报
稳定期	这一时期要做好投资规划与家庭现金流规划，以防范疾病、意外、失业等风险。可考虑采用定期定额基金投资等方式，利用投资的复利效应和长期投资的时间价值为未来积累财富。同时，要注意为个人及家庭购买人身险、意外险等险种，未雨绸缪，防患于未然
维持期	这一阶段是个人和家庭进行财务规划的关键期，既要通过提高劳动收入积累尽可能多的财富，更要善用投资工具创造更多财富；既要偿清各种中长期债务，又要为未来储备财富。这一时期，财务投资尤其是可获得适当收益的组合投资成为主要手段
高原期	个人的主要理财任务是妥善管理好积累的财富，主动调整投资组合，降低投资风险，以保守稳健型投资为主，配以适当比例的进取型投资，多配置基金、债券、储蓄、银行固定收益理财产品，以稳健的方式使资产得以保值增值
退休期	这一时期的主要理财任务就是稳健投资保住财产，合理消费以保障退休期间的正常支出。因此，这一时期的投资以安全为主要目标，保本是基本目标，投资组合应以固定收益投资工具为主，如各种债券、债券型基金、货币基金、储蓄等

【真题 2.2】王某出生于 1986 年，硕士毕业后已工作三年，正在筹备结婚，下列关于理财规划的各项表述中，较为适合的有(　　)。

A. 以固定收益投资工具为主，如各种债券、债券型基金、货币基金等

B. 加强现金流管理，合理安排日常收支

C. 适当节约资金进行适度金融投资，如股票、基金、外汇、期货投资

D. 以保守稳健型投资为主，配以适当比例的进取型投资

【答案】BC

【解析】王某处于个人生命周期的建立期，这一时期有很多理财目标，主要是筹备结婚、买房买车、继续教育支出等，如不科学规划，很容易形成入不敷出的窘境，因此，必须加强现金流管理，合理安排日常收支，适当节约资金进行适度金融投资，如股票、基金、外汇、期货投资，一方面积累投资经验，另一方面利用年轻人风险承受能力较强的特征博取较高的投资回报。A 项为退休期所选择的投资工具；D 项属于高原期的特点。

四、寿险保障需求估算方法

无论客户处于生命周期的哪个阶段，均要关注保险规划。客户保险需求的测算方法包括：倍数法则、生命价值法和遗嘱需要法。

1. 倍数法则

倍数法则是指以简单的倍数关系估计寿险保障的经验法则。如根据“十一法则”，家庭需要的寿险保额约为家庭税后收入的 10 倍，保费支出占家庭税后收入的 1/10。该法则又称为“双十法则”。“十一法则”与理财规划中的 6:3:1 法则具有一致性，即家庭税后收入中，

60%用于生活消费，30%用于储蓄投资，10%用于保费预算。

倍数法则的优点在于其简便性与可理解性。简便性是指当理财顾问或理财规划师知晓客户基本收入状况时，可简便地测度客户寿险保障需求，同时做出保费预算；可理解性是指理财规划师与客户之间的沟通较为顺畅，便于客户理解。

倍数法则一般可适用于人身保险的总保费测度，在实际运用中，保费与家庭年税后收入占比可以在5% ~15%间进行调整。

倍数法则的缺点在于其适应性较差。寿险保障需求测度科学性差，不能适应所有人或家庭。一般而言，采用倍数法则是在对客户的经济收入、家庭资源情况未能充分把握，或者双方沟通不畅时，常使用的简略方法。保险公司寿险顾问和保险营销员常用这一方法。

2. 生命价值法

生命价值法是以生命价值理论为基础计算人的生命价值的方法。生命价值理论认为，人的生命价值是指个人未来收入或个人服务价值减去个人生活费用后的资本化价值，是个人未来工作期间净收入的资本化价值(又称收入法)。

运用生命价值法计算寿险需求一般有以下4个步骤：

(1)确定个人的工作或服务年限。

(2)估计未来工作期间的年收入。

(3)预期年收入扣除税及本人消费。

(4)选择贴现率计算前项的余额的经济价值，即生命价值。

生命价值法较倍数法先进，该方法反映出不同个体的预期收入差异和支出差异，体现出不同生命周期的收入与消费特征，对生命个体的寿险需求具有相对较好的适应性。生命价值法缺陷主要体现在以下几个方面：①对未来工作收入成长率、生活消费的通货膨胀率、贴现率的假设要求较高，需求测度的参数假设与实际很难保持一致；②不是基于对整个家庭的收入情况进行考虑；③未考虑遗产需求、家庭接受捐赠、目前生息资产的资源状况；④“无工作收入，无生命价值”，为不合理的假设。

3. 遗属需求法

遗属需求法是从需求的角度考虑某个家庭成员不幸后会给家庭带来的现金缺口。该方法假定家庭(主要)收入者发生万一不幸，遗属一生支出现值的缺口状况(遗属一生支出现值 - 已累积的生息资产净值)。为预防万一不幸的发生，该收入者提前通过寿险保障准备未来可能发生的遗属一生支出现值缺口，因此又称(收入者)养生负债法或(遗属一生)支出法。

遗属需求法符合每个家庭的实际情况，遗属需求一般包括家庭或遗属的以下保障需求：

(1)还债需要：如银行房贷或民间借贷。

(2)子女独立前所需费用：生活费用与教育基金。

(3)配偶终身所需收入：配偶的生活费用、养老基金。

(4)其他：老人赡养费用、遗产规划所需的寿险需求、家庭应急基金、死亡丧葬费用等。

第二节　货币的时间价值

【大纲要求】

熟悉货币时间价值的概念及影响因素；熟悉时间价值与利率的基本参数；熟悉现值和终

值的计算；熟悉复利期间和有效年利率的计算；熟悉年金的计算。

【要点详解】

一、货币时间价值的概念及影响因素

1. 概念

货币的时间价值是指货币在无风险的条件下，经历一定时间的投资和再投资而发生的增值，又称资金时间价值。

货币具有时间价值的原因：

(1)现在持有的货币可以投资，从而获得投资回报；

(2)货币的购买力会受到通货膨胀的影响而降低；

(3)未来的投资收入预期具有不确定性。

2. 影响因素

(1)时间。时间的长短是影响货币时间价值的首要因素，时间越长，货币时间价值越大。

(2)收益率或通货膨胀率。收益率是决定货币在未来增值程度的关键因素，而通货膨胀率则是使货币购买力缩水的反向因素。

(3)单利与复利。复利会产生利上加利、息上添息的收益倍增效应。

二、时间价值与利率的基本参数

(1)现值(PV)，即货币现在的价值，一般是指期初价值。

(2)终值(FV)，即货币在未来某个时间点上的价值，一般指期末价值。

(3)时间(t)，是货币价值的参照系数。

(4)利率(或通货膨胀率)(r)，是影响金钱时间价值程度的波动要素。

三、现值和终值的计算

1. 现值和终值的计算公式

现值和终值的计算公式如表2－6所示。

表2－6　现值和终值的计算公式

	现值	终值
单期	$PV=FV/(1+r)$	$FV=PV\times(1+r)$
多期	$PV=FV/(1+r)^t$	$FV=PV\times(1+r)^t$

$(1+r)^t$是终值利率因子($FVIF$)，又称复利终值系数。终值利率因子与利率、时间成正比关系，时间越长，利率越高，终值则越大。

$1/(1+r)^t$是现值利率因子($PVIF$)，又称复利现值系数。与终值利率因子相反，现值利率因子与时间、利率成反比关系。贴现率越高，时间越长，现值则越小。

2. 72法则

金融学上的72法则是估计一定投资额倍增或减半所需时间的一种方法，即用72除以收益率或通胀率便可得到一笔固定投资翻番或减半所需要的时间。所谓的“72法则”就是假设以1%的复利计息，经过72年以后，本金会翻一番，变成原来的2倍。但这个法则只适用于利率(或通货膨胀率)在一个合适的区间内的情况下，若利率太高则不适用。

【真题2.3】下列各项中，(　　)属于货币时间价值的影响因素。

A. 通货膨胀率　　B. 计息方式　　C. 市场利率　　D. 时间

【答案】ABCD

【解析】货币的时间价值受到以下因素的影响：①时间，时间越长，货币时间价值越大；②收益率或通货膨胀率，收益率是决定货币在未来增值程度的关键因素，而通货膨胀率则是使货币购买力缩水的反向因素；③单利与复利，复利会产生利上加利、息上添息的收益倍增效应。

四、复利期间和有效年利率的计算

1. 复利期间数量

复利期间数量是指一年内计算复利的次数。

2. 有效年利率

不同复利期间投资的年化收益率称为有效年利率（EAR）。

名义年利率 r 与有效年利率 EAR 之间的换算即为：

$$EAR = (1 + r/m)^m - 1$$

其中，r 指名义年利率，EAR 指有效年利率，m 指一年内复利次数。

3. 连续复利

当复利期间变得无限小的时候，称为连续复利，此时：

$$FV = PV \times e^{rt}$$

其中，PV 为现值，r 为年利率，t 为按年计算的投资期间，e 为自然对数的底数，约等于 2.7182。

五、年金的计算

年金（普通年金）是指在一定期限内，时间间隔相同、不间断、金额相等、方向相同的一系列现金流。年金通常用 PMT 表示。常见年金的计算公式如表 2－7 所示。

表 2－7　常见年金的计算公式

	现值	终值
期末年金	$PV = \frac{C}{r}\left[1 - \frac{1}{(1+r)^t}\right]$	$FV = \frac{C[(1+r)^t - 1]}{r}$
期初年金	$PV_{BEG} = \frac{C}{r}\left[1 - \left(\frac{1}{1+r}\right)^t\right](1+r)$	$FV_{BEG} = \frac{C}{r}[(1+r)^t - 1](1+r)$
永续年金	$PV = \frac{C}{r}$	—
普通增长型年金	$r \neq g$，$PV = \frac{C}{r-g}\left[1 - \left(\frac{1+g}{1+r}\right)^t\right]$ $r = g$，$PV = tC/(1+r)$	$r \neq g$，$FV = \frac{C(1+r)^t}{r-g}\left[1 - \left(\frac{1+g}{1+r}\right)^t\right]$ $r = g$，$FV = tC(1+r)^{t-1}$
增长型永续年金	$PV = C/(r-g)$	—

其中，C 表示第一年现金流，r 表示利率，g 表示增长率。

【真题 2.4】某公司拟购置一项资产，有两种付款方式可供选择，方式一，现在支付 15 万元，一次性结清；方式二，分 5 年付款，1～5 年各年年终的付款分别为 3 万、3 万、4 万、4 万、4 万元。假设年利率为 6%，按现值计算下列说法中正确的是（　）。

A. 两种付款方式无法比较　　　　　　　B. 付款方式一更好

C. 两种付款方式无差异　　　　　　　　D. 付款方式二更好

【答案】B

【解析】采用方式二进行支付的现值为：$3/(1+6\%)+3/(1+6\%)^2+4/(1+6\%)^3+4/(1+6\%)^4+4/(1+6\%)^5\approx15.02$（万元），所以方式一更好。

第三节　利率理论

【大纲要求】

熟悉利率对资产定价的重要作用；熟悉利率决定理论；熟悉利率期限结构理论；掌握利率期限结构的决定因素；了解中国利率市场化改革的历史。

【要点详解】

一、利率对资产定价的重要作用

1. 资产价格与实际利率呈负相关关系

资产价格与实际利率呈负相关关系，即实际利率的上升会促使资产价格下降，实际利率的下降会刺激资产价格上涨。与资产价格变化联系最为紧密的是实际利率而不是名义利率。因此，当名义利率保持不变而通胀水平上升时，实际上意味着实际利率水平下降，从而刺激资产价格的上涨。

2. 实际利率对资产价格的影响存在一定的滞后性

股票价格对利率调整较为敏感，当期就会有所反应，但最大效果出现在之后的3～5个月；房地产价格对利率的变化当期并不敏感，反应较为滞后，其最大效果要在半年以后显现。因此，政策的制定需要充分考虑利率调整对资产价格变化产生的负面效应的滞后性，避免出现矫枉过正。

二、利率决定理论

1. 古典利率理论

古典学派认为，利率决定于储蓄与投资的相互作用。这一关系如图2－1所示。

图中，I 曲线为向下倾斜的投资曲线，表示投资与利率之间的负相关关系；S 曲线为向上倾斜的储蓄曲线，表示储蓄与利率之间的正相关关系。当 $S>I$ 时，利率下降；当 $S<I$ 时，利率上升；当 $S=I$ 时，利率便达到均衡水平，即二者交点 E_0 处的利率水平 i_0 为均衡利率。

当投资增加时，投资曲线由 I 向右平移至 I'，均衡点由 E_0 移至 E_1，均衡利率也由 i_0 上升至 i_1。显然，在储蓄不变的情况下，投资增加会使利率上升。同理，在投资不变的情况下，储蓄增加会引起利率的下降。

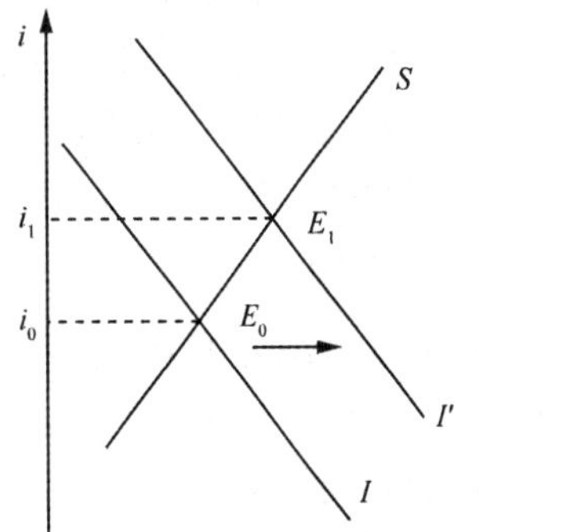

图2－1　古典利率理论

古典利率理论是一种局部的均衡理论。古典利率学派认为，利率与货币因素无关，利率不受任何货币政策的影响，因而货币政策是无效的。

2. 流动性陷阱理论

凯恩斯认为，利率决定于货币供求数量。货币供给(M_s)由货币当局决定，货币需求(M_d)取决于人们的流动性偏好。如果人们对流动性的偏好强，愿意持有的货币数量就增加，当货币的需求大于货币的供给时，利率上升；反之，人们的流动性偏好转弱时，会使得货币需求下降，利率下降。因此，利率是由流动性偏好曲线与货币供给曲线共同决定的，如图2-2所示。

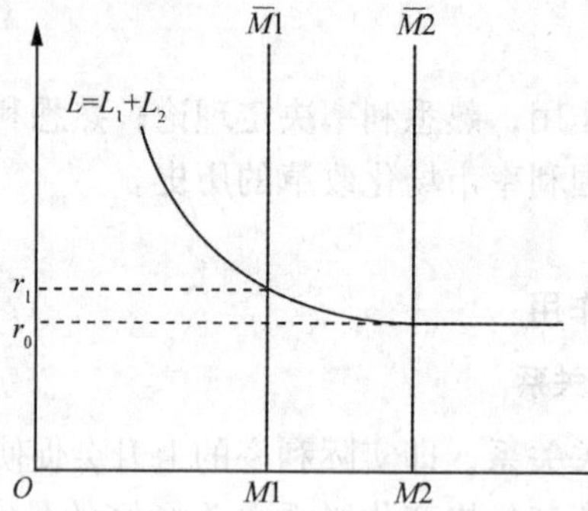

图2-2　流动性陷阱理论

流动性偏好即货币需求由三种动机决定：交易动机、预防动机和投机动机。

(1)交易动机，是指为应付日常交易需要而持有一部分货币的动机。

(2)预防动机，是指为预防意外的支出而持有一部分货币的动机。

(3)投机动机，是指人们为抓住有利的购买生利资产的机会而持有一部分货币的动机。

其中，交易动机和预防动机形成的货币需求与收入呈正相关关系，与利率无关，用M_{d1}表示。投机动机形成的投机需求与利率呈负相关关系，用M_{d2}表示。则货币总需求可表述为下式：

$$M_d = M_{d1}(Y) + M_{d2}(r)$$

式中，$M_{d1}(Y)$为收入Y的递增函数，$M_{d2}(r)$为利率r的递减函数。

当一定时期的利率水平降低到不能再低时，货币的投机需求将达到无穷大，此时，无论中央银行供应多少货币，都会被储存起来，于是利率无法继续下降而固定在某一水平，导致货币政策失效，即"流动性陷阱"假说。发生流动性陷阱时，货币需求曲线的形状是一条平行于横轴的直线，如图2-2中所示。

3. 可贷资金理论

新古典学派综合了上述两种利率决定理论，提出了可贷资金理论。该理论认为，利率并非由储蓄与投资所决定，而是由可贷资金市场的供求所决定，利率的决定取决于商品市场和货币市场的共同均衡。

按照可贷资金理论，借贷资金的需求与供给均包括两个方面：借贷资金的需求来自某期间的投资流量和该期间人们希望保有的货币量；借贷资金的供给来自同一期间的储蓄流量和该期间货币供应量的变动。用公式表示，则有：

$$L_d = I + \Delta M_d$$

$$L_s = S + \Delta M_s$$

式中，L_d为借贷资金的需求量，L_s为借贷资金的供给量，ΔM_d为该时期内货币需求的改变量，ΔM_s为该时期内货币供给的改变量。就总体来说，均衡条件为：$I + \Delta M_d = S + \Delta M_s$。

三、利率期限结构理论

利率期限结构理论包括市场预期理论、流动性偏好理论和市场分割理论。具体如表 2－8 所示。

表 2－8　利率期限结构理论

利率期限结构理论	说明
市场预期理论	又称无偏预期理论，认为利率期限结构完全取决于对未来即期利率的市场预期。如果预期未来即期利率上升，则利率期限结构呈上升趋势；如果预期未来即期利率下降，则利率期限结构呈下降趋势。 市场预期理论认为，在特定时期内，长期债券是一组短期债券的理想替代物，长、短期债券取得的利率相同，即市场是均衡的
流动性偏好理论	投资者并不认为长期债券是短期债券的理想替代物。利率曲线的形状是由对未来利率的预期和延长偿还期所必需的流动性溢价共同决定的，其中，流动性溢价是远期利率和未来的预期即期利率之间的差额
市场分割理论	该理论认为，在贷款或融资活动进行时，贷款者和借款者并不能自由地在利率预期的基础上将证券从一个偿还期部分替换成另一个偿还期部分，即市场被分割成短期资金市场和长期资金市场。利率期限结构取决于短期资金市场供求状况与长期资金市场供求状况的比较，或者说取决于短期资金市场供需曲线交叉点的利率与长期资金市场供需曲线交叉点的利率对比。如果短期资金市场供需曲线交叉点利率高于长期资金市场供需曲线交叉点利率，利率期限结构呈向下倾斜趋势；反之，则呈向上倾斜趋势

四、利率期限结构的决定因素

利率的期限结构，是指在某一时点上，距离到期日时间不同的债券的收益率与其到期期限之间的关系。

在任一时点上，都有以下三种因素影响期限结构的形状：对未来利率变动方向的预期、债券预期收益中可能存在的流动性溢价、市场效率低下或者资金从长期（或短期）市场向短期（或长期）市场流动可能存在的障碍。基于以上三种因素分别建立起来的理论即为利率期限结构理论中的市场预期理论、流动性溢价理论和市场分割理论。

五、中国利率市场化改革的历史

1. 我国利率市场化改革的总体思路

利率市场化，就是将利率的决策权交给市场，由供求双方根据自身的资金状况和对金融市场动向的判断自主调节利率水平，最终形成以中央银行政策利率为基础、以货币市场利率为中介、由市场供求自主决定各种利率水平的市场利率体系和利率形成机制。

2002 年，党的十六大报告提出“稳步推进利率市场化改革，优化金融资源配置”。2003 年，党的十六届三中全会通过的《中共中央关于完善社会主义市场经济体制若干问题的决定》中进一步明确“稳步推进利率市场化，建立健全由市场供求决定的利率形成机制，中央银行通过运用货币政策工具引导市场利率”。2017 年，党的十九大报告提出“深化利率和汇率市场化改革”。2022 年，党的二十大报告提出“推进利率市场化改革，加快推进市场利率与基准利率的‘两轨合一轨’，尽快实现银行体系与实体信用环节的贷款利率由市场决定”。

2. 我国利率市场化改革的主要进程

（1）逐步放开利率管制

我国利率市场化改革按照“先货币和债券市场利率，后存贷款利率”的顺序放开利率管制。存贷款利率又按照“先外币，后本币；先贷款，后存款；先长期、大额，后短期、小额”的顺序推进。

①市场利率体系的建立

银行间同业拆借市场利率先行放开。20 世纪 80 年代，随着拨改贷的推行，金融机构的发展呈现多元化趋势，同业拆借市场得以迅速发展。20 世纪 90 年代，同业拆借的相关制度规范不断完善。1996 年 1 月，同业拆借业务实现全国联网，中国银行间同业拆借利率(CHIBOR)生成，此时拆借利率放开的制度、主体和技术条件已趋于成熟。1996 年 6 月，中国人民银行取消同业拆借利率上限管理，拆借利率正式放开，打开了中国利率市场化改革的突破口，是具有开创性意义的一步。

债券市场利率放开。1996 年，国债通过证券交易所平台实现了市场化发行，这是中国债券发行利率市场化的开端，为以后的债券利率市场化改革积累了经验。1997 年 6 月，银行间同业市场开办债券回购业务，债券回购利率和现券交易价格均由交易双方协商确定，同步实现了市场化。1998 年 9 月，两家政策性银行首次通过中国人民银行债券发行系统以市场化的方式发行了金融债券。1999 年，财政部首次在银行间债券市场以利率招标的方式发行国债。

银行间市场利率的市场化，成功建立了管制利率之外的资金配置体系，极大地拓展了利率的市场化范围。同时，银行间市场利率市场化体系的形成和完善也为银行自主定价提供了基准收益率曲线，为管制利率市场化和银行完善内部定价机制提供了条件，有力推动了银行债券市场的发展。

②存贷款利率的市场化

1987 年 1 月，我国首次尝试贷款利率市场化。进入 21 世纪，我国贷款利率市场化改革取得三大突破性进展：2003 年 8 月，农村信用社改革试点地区农村信用社的贷款利率浮动上限扩大到贷款基准利率的 2 倍；2004 年 1 月，商业银行和城市信用社的贷款利率浮动上限扩大到贷款基准利率的 1.7 倍，农村信用社贷款利率的浮动上限扩大到贷款基准利率的 2 倍，贷款利率浮动上限不再根据企业所有制性质和规模大小分别制定；2004 年 10 月，中国人民银行决定不再设定金融机构(不含城乡信用社)人民币贷款利率上限。2013 年 7 月，中国人民银行宣布，自 2013 年 7 月 20 日起，取消金融机构贷款利率 0.7 的下限，取消票据贴现利率管制，对农村信用社贷款利率不再设立上限。至此，金融机构贷款利率管制全面放开。

与贷款利率市场化相比，存款利率市场化更为审慎。1999 年 10 月，中国人民银行允许商业银行对保险公司试办长期大额协议存款，利率水平由双方协商确定。2012 年 6 月至 2015 年 5 月，经过多次调整，金融机构存款利率浮动区间的上限逐步扩大到存款基准利率的 1.5 倍。2015 年 8 月，中国人民银行放开一年期以上(不含一年期)定期存款的利率浮动上限，活期存款以及一年期以下定期存款的利率浮动上限不变。2015 年 10 月，对商业银行和农村合作金融机构等不再设置存款利率浮动上限，我国的利率管制时代宣告终结。

境内外币存贷款利率市场化由于市场基础较为成熟，步伐则相对较快。2000 年 9 月，外币贷款利率和 300 万美元以上大额外币存款利率放开。2003 年 7 月，小额外币存款利率管制币种由 7 种外币减少为 4 种。同年 11 月，小额外币存款利率下限放开。2004 年 11 月，一年期以上小额外币存款利率全部放开。2014 年 3 月，中国人民银行宣布放开中国(上海)

自由贸易试验区小额外币存款利率上限。2015 年 5 月，中国人民银行决定在全国范围内放开金融机构小额外币存款利率浮动区间上限。

（2）健全市场化的利率形成、传导和调控机制

放开存贷款利率管制后，我国的利率市场化改革还做了以下几方面的工作：

①着力培育以上海银行间同业拆放利率（Shibor）、国债收益率曲线和贷款市场报价利率（LPR）等为代表的金融市场基准利率体系，为金融产品定价提供重要参考。随着金融市场基准利率体系与实体经济的联系日趋紧密，其在传导货币政策、引导贷款定价、优化资源配置等方面的作用将进一步得到增强。

②不断健全市场利率定价自律机制。市场利率定价自律机制是由金融机构组成的市场定价自律和协调机制，旨在按照国家有关利率管理的规定，对金融机构自主确定的货币市场、信贷市场等金融市场利率进行自律管理，维护市场正当竞争秩序，促进市场规范健康发展。2013 年 9 月 24 日，市场利率定价自律机制正式建立。在自律机制成员不断扩大的同时，我国也积极推动各地区建立健全省级自律机制，在促进中小金融机构利率定价机制建设、维护市场秩序公平有序等方面发挥了积极作用。

③有序推进金融产品创新。逐步扩大存单发行主体范围，推进同业存单、大额存单发行交易。同业存单发行交易的较快发展为提高中长端 Shibor 的基准性奠定了基础；大额存单发行交易的有序推进，进一步扩大了金融机构负债产品市场化定价范围，有利于培养金融机构的自主定价能力，健全市场化利率形成和传导机制。

④完善中央银行利率调控体系，货币政策的预见性、针对性和灵活性不断提高。近年来，中国人民银行积极创新，不断推出新型货币政策工具，并探索常备借贷便利利率发挥利率走廊上限的作用，加快建设适应市场需求的利率形成和调控机制。与此同时，中国人民银行也正不断完善货币政策调控框架，疏通货币政策传导渠道，以便更好发挥利率价格工具的作用，深化和提高金融体系的流动性和管理水平。

3. 我国利率市场化改革的现状及方向

当前，利率市场化改革已经来到了最后的攻坚战时期，贷款基准利率和市场利率并存的“利率双轨”问题亟待破解。

2019 年 8 月，中国人民银行决定改革完善贷款市场报价利率（LPR）形成机制，以提高 LPR 的市场化程度和利率传导效率，推动降低实体经济融资成本。此举推动利率市场化改革再次朝前迈出了重要一步。MLF 利率 – LPR – 贷款利率的利率传导机制的形成，实现了政策利率、贷款利率和存款利率调整的正反馈循环，使得货币政策传导更加畅通和有效，对实体经济的支持力度也将在未来大大增强。

2022 年以来，LPR 已多次下降，对贷款利率的引导作用正在显现，实体经济融资成本已经明显降低。2022 年 7 月，中国人民银行在《中国区域金融运行报告（2022）》中详解了 LPR 改革的下一步方向：

（1）继续深化 LPR 改革，完善 LPR 报价机制，不断提高 LPR 报价质量，使中央银行政策利率通过市场利率向贷款利率和存款利率的传导更加顺畅。

（2）持续加大对中小银行利率定价机制建设的指导，特别是加大对中小银行 FTP 系统建设和 LPR 嵌入 FTP 系统的培训力度，推动中小银行进一步健全内外部利率定价机制。

（3）发挥存款利率市场化调整机制的重要作用，着力稳定银行负债成本，推动降低企业综合融资成本。

(4)引导金融机构差异化经营，中小银行要立足本源，明确定位，充分发挥服务地方经济、市场下沉深度和普惠小微客户风险管理优势，不断提升小微客户贷款可获得性，促进金融资源更多流向小微、民营企业。

第四节　外汇理论

【大纲要求】

熟悉外汇资产的种类和配置方法；熟悉影响汇率的因素；熟悉汇率决定理论的主要内容；了解中国外汇市场的发展情况。

【要点详解】

一、外汇资产的种类和配置方法

1. 外汇资产的定义

《中华人民共和国外汇管理条例》中定义：外汇是指下列以外币表示的可以用作国际清偿的支付手段和资产：①外币现钞，包括纸币、铸币；②外币支付凭证或者支付工具，包括票据、银行存款凭证、银行卡等；③外币有价证券，包括债券、股票等；④特别提款权；⑤其他外汇资产。

2. 外汇资产的种类

(1)官方储备资产

官方储备资产主要包括央行持有的外汇储备、黄金储备、特别提款权(SDR)、在国际货币基金(IMF)的储备头寸等。

(2)民间外汇资产

①外国货币，包括铸币、钞票等；

②外国支付凭证或者支付工具，包括票据、银行存款凭证、邮政储蓄凭证等；

③外币有价证券，包括债券、股票等；

④其他外汇资产，指除上述金融资产以外的实物资产，包括房产等。

3. 外汇资产的配置方法

境外资产配置已经成为越来越多中产和高净值人群财富管理的重要方式，通过配置美元外汇、境外金融资产、海外房产等，不仅可以有效分散单一货币(人民币)、单一经济体、单一资产品种的风险，更可以分享资产在不同地区、不同周期下的增长红利。比较常见的方式主要有外汇、境外股票、环球基金、海外保险等。

二、影响汇率的因素

1. 国际收支情况

国际收支是影响汇率变动的最重要因素。一般来说，国际收支逆差说明本国外汇收入少于外汇支出，对外汇的需求大于外汇供给，会引起外汇汇率上涨，本币贬值，外币升值；反之，当一国处于国际收支顺差时，则会引起外汇汇率下跌，本币升值。

2. 利率水平

利率的变动会促进短期资金流动，导致外汇需求发生变化。当一国提高利率水平或本国利率高于外国利率时，会吸引资本流入，由此对本国货币需求增大，使本币升值，外汇贬值，汇率下降；反之，当一国降低利率或本国利率低于外国利率时，会导致资本从本国流出，由此对外汇需求增大，汇率上升。

3. 通货膨胀因素

在纸币流通的条件下，两国货币之间的比率从根本上说，是根据各自所代表的价值量决定的。因此，在一国通货膨胀率相对外国较高的情况下，该国货币所代表的价值量就会减少，其实际购买力下降，于是其对外币比价同样趋于下跌，导致外汇汇率上升。

4. 政府干预

政府的干预方式主要是中央银行直接参与外汇市场的买卖，通过在外汇市场上买进或卖出外汇改变外汇的供求关系，从而影响本币的对外汇率。政府干预影响汇率变动的能力，取决于该国金融当局持有的外汇储备的多少。

5. 一国经济实力

一国经济实力的强弱是奠定其货币汇率高低的基础。如果一国具有较强的经济实力，不仅能形成本币币值稳定和坚挺的物质基础，同时也会增强外汇市场对该国货币的信心，从而导致本币对外不断升值，汇率下降。反之，如果一国经济实力较弱(经济增长缓慢、通货膨胀率高、国际收支巨额逆差、外汇储备短缺、经济结构和贸易结构失衡等)，则会使本币失去稳定的物质基础，人们对其信心下降，从而导致本币对外不断贬值。与其他因素相比较，一国经济实力的强弱对汇率变化的影响是长期的。

6. 其他因素

一些非经济因素、非市场因素的变化往往也会波及外汇市场。比如一国政局不稳、有关国家领导人更替、战争爆发等，都会不同程度地引起外汇市场行情的波动。除此之外，黄金市场、股票市场、石油市场等其他投资品市场价格的变化也会引致外汇市场汇率波动。

三、汇率决定理论

汇率的决定基础是两国货币各自所具有的或所代表的价值之比。汇率决定理论是国际金融理论的核心内容之一，主要分析汇率受什么因素决定和影响，并为一国货币当局制定汇率政策提供理论依据。其中，较具影响力的汇率决定理论主要有购买力平价说、利率平价说、国际收支说和资产市场说。

1. 购买力平价说

购买力平价说是西方国家汇率理论中最具有影响力的理论之一，由瑞典经济学家卡塞尔在前人研究的基础上发展和充实，于1922年系统性地提出。该理论的核心思想是：两国货币的购买力之比是决定一国货币汇率的基础，而汇率的变动也取决于两国货币的购买力之比。

(1)购买力平价的形式

①绝对购买力平价

绝对购买力平价反映的是两国价格水平和汇率水平之间的关系，是指一定时点上两国货币的均衡汇率是两国物价水平之比。设 R_0 为该时点的均衡汇率，则 $R_0 = P_a/P_b$。式中 P_a 和 P_b 分别代表本国和外国的一般物价水平。绝对购买力平价说以一价定律为理论基础，认为在没有运输费用和官方贸易壁垒的自由竞争市场上，同一种商品在世界各地以同一种货币表示的价格是一样的，即汇率折算后的价格一致。若在某些国家出现价格差异，则会出现商品国际贸易，直至现实汇率调整到与绝对购买力平价相等，价格差异完全消除为止。将上式变化

为 $P_a = R_0 \cdot P_b$，即为一价定律的表达式。

②相对购买力平价

相对购买力平价反映了价格水平变动与汇率水平变动之间的关系，表示在任何一段时间内，两种货币汇率变化的百分比将等于同一时期两国国内价格水平变化的百分比之差。即在一定时期内，汇率的变化与同一时期内两国物价水平的相对变动成比例，用公式可表示为：

$$R_1 = \frac{(P_{a1} - P_{a0})/P_{a0}}{(P_{b1} - P_{b0})/P_{b0}} \times R_0$$

其中，R_1 和 R_0 分别表示计算期和基期的均衡汇率，P_{a1} 和 P_{a0} 分别表示 A 国计算期和基期的物价水平，P_{b1} 和 P_{b0} 分别表示 B 国计算期和基期的物价水平。

(2)绝对购买力平价与相对购买力平价的关系

由于物价指数是两个不同时点的物价绝对水平之比，因此，如果绝对购买力平价说成立，相对购买力平价说一定成立；而如果相对购买力平价说成立，则绝对购买力平价说不一定成立。

(3)对购买力平价说的评价

购买力平价说自提出以来，产生了广泛的国际影响，但也存在一些批评的声音。

①理论价值

a. 购买力平价说揭示了长期汇率变动的原因，在一定程度上符合汇率运动的现实，对当今西方国家外汇政策仍具有重要意义。

b. 相对购买力平价能在物价剧烈波动、通货膨胀严重时期相对合理地体现两国货币的对外价值；根据统计数据，相对购买力平价接近均衡利率，可在两国贸易关系新建或恢复时为其提供参考均衡利率。

c. 购买力平价说具有很强的合理性。该理论基于货币能代表商品价值而分析汇率的决定因素，分析的方向是正确的，兼具一定的理论价值和实践价值。

②理论缺陷

a. 从理论基础上来看，购买力平价是以货币数量论为前提的，认为两国纸币的汇率取决于纸币的购买力，纸币的购买力取决于货币的数量，而不是取决于它所代表的价值。这实际上是一种本末倒置。

b. 购买力平价说把汇率的变动完全归结于购买力的变化，不但忽视了其他因素，如国民收入、国际资本流动、生产成本、市场结构、贸易条件、技术水平以及政治经济局势等对汇率变动的影响，而且忽视了汇率变动对购买力的反作用。实际上，货币购买力是影响汇率变化的因素，但绝不是唯一的因素。

c. 一价定律作为购买力平价说最重要的假设，其前提条件在现实生活中几乎难以达到，存在很多技术困难，阻碍了购买力平价说的具体应用。

d. 运用购买力平价说计算具体汇率时，存在诸多问题，如物价指数、商品分类和基期年等指标的选择标准模糊造成的计算差异。

2. 利率平价说

汇率与利率之间通过国际套利性资金的流动建立了密切联系，于是凯恩斯和爱因齐格通过分析抛补套利所引起的外汇交易提出利率平价说，来说明远期汇率的决定与变动。与购买力平价说相比，利率平价说是一种短期的分析，二者关系可以用图 2 - 3 说明。

中长期：货币数量——→购买力（商品价格）——→汇率

短期：货币（资金）供求数量——→利率（资产价格）——→汇率

图2－3　购买力平价说和利率平价说的关系

（1）利率平价说的主要内容

利率平价说的基本观点是：外汇市场上远期汇率与即期汇率之间的差价是由两国货币的利率差决定的。利率平价主要包括抛补利率平价和非抛补利率平价。其原理如下：在两国货币利率存在差异时，为避免外汇风险，套利者将低利率货币转换成高利率货币进行跨国投资的同时，会购进一笔相应数额的远期低利率货币。其结果是，低利率货币出现远期升水，高利率货币出现远期贴水，在市场恢复均衡状态的条件下，高利率货币的即期汇率相对于其远期汇率或者预期即期汇率的升（贴）水恰好与两种货币的利差一致。

（2）对利率平价说的评价

①理论价值

a. 利率平价说突破了传统的国际收支、物价水平的范畴，从资本流动的角度研究汇率的变化，奠定了现代汇率理论的基础。

b. 将利率与汇率紧密联系起来，不是一个独立的理论。

c. 利用利率平价说中利率与汇率的关系，可为中央银行调节外汇市场提供有效灵活的指导，这一理论也因而具有独特的实践价值。

②理论缺陷

a. 未能说明汇率决定的基础，只解释了在某些特定条件下汇率变动的原因，这也是该理论的最大不足之处。

b. 利率平价实现的先决条件是资金可在国际间自由流动，而不受限制。但实际上，许多国家和地区实行外汇管制并对资本流动进行限制，因而利率平价事实上难以实现。

c. 利率平价说没有考虑交易成本这一重要因素，但在实际跨国投资中存在着政治风险、各种交易费用、税收差异和流动性差异等一些额外的风险和费用，这些都会影响到套利收益，导致国际间的抛补套利活动在达到利率平价之前停止。

d. 在实际应用中，很多人往往错误地混淆了期汇汇率与预期未来汇率的关系，夸大了利率平价对汇率预期的作用，忽略了市场对外汇风险溢酬的反应。

3. 国际收支说

国际收支说是从国际收支角度来分析汇率决定的一种理论，它是关于汇率决定的流量理论。与其他汇率决定理论相比，以国际收支解释汇率决定的思想源远流长。早在1861年，英国经济学家葛逊就对此进行了系统的阐述，并提出了国际借贷说。实行浮动汇率制后，一些学者进一步运用凯恩斯主义的国际收支均衡分析法来分析汇率的决定，提出了国际收支说。1981年，美国学者阿盖（Argy）系统地总结了这一理论。因此，国际收支说实际上就是国际借贷说的现代形式。

（1）国际借贷说的主要内容

国际借贷说认为，汇率变动取决于外汇供求，而外汇供求又是由国际借贷所引起的。国际借贷可分为固定借贷和流动借贷，前者指借贷关系已形成，但未进入实际收付阶段的借贷；后者指已进入收付阶段的借贷。只有流动借贷的变化才会影响外汇供求。当一国的流动债权（即外汇收入）大于流动债务（即外汇支出）时，外汇供大于求，从而导致外汇汇率下降；反之，则外汇汇率上升。当一国的流动借贷平衡时，外汇收支相等，汇率便处于均衡状态。

这一学说用外汇的供求解释汇率，认为国际借贷关系是决定一国汇率涨落的关键，有其重要的意义；但它主要是说明短期汇率的变动，而对于汇率决定的基础并未详加论证，对于影响汇率的其他重要因素，也没有作出充分的解释。

(2)国际收支说的原理

当国际收支处于均衡状态时，其经常项目收支差额应等于(自主性)资本流出入的差额。如果用 CA 表示经常账户收支差额，KA 表示资本账户差额，则国际收支的均衡条件可表示为：$CA+KA=0$。

经常账户收支为商品劳务的进出口差额，而出口(X)和进口(M)分别是由外国国民收入 Y^*、相对价格 P/SP^* 和本国国民收入 Y、相对价格 P/SP^* 所决定的。即：

$$X=X(Y^*,\ P,\ P^*,\ S)$$

$$M=M(Y,\ P,\ P^*,\ S)$$

资本账户收支主要取决于国内外的利率差异($r-r^*$)，以及人们对未来汇率变化的预期，即$(S_e-S)/S$，其中 S_e为未来现汇汇率的预期值，即：

$$KA=KA(r,\ r^*,\ (S_e-S)/S)$$

当一国国际收支处于均衡状态时，$CA(Y,\ Y^*,\ P,\ P^*,\ S)=-KA(r,\ r^*,\ (S_e-S)/S)$，由此所决定的汇率水平就是均衡汇率。因此，均衡汇率可表示为：

$$S=S(Y,\ Y^*,\ P,\ P^*,\ r,\ r^*,\ S_e)$$

由上式可知，影响均衡汇率变动的因素包括国内外国民收入、国内外价格水平、国内外利息率以及人们对未来汇率的预期等，具体如下：

①当其他条件不变时(下同)，若本国国民收入增加，则本国进口增加，出现对外汇的超额需求，使得外汇汇率上升；反之，若外国国民收入增加，则本国出口增加，外汇汇率下跌。

②若本国物价水平相对于外国物价水平下跌，则出口增加、进口减少，使得外汇汇率下跌；反之，本国物价的相对上升会使得外汇汇率上升。

③若本国利息率相对于外国利息率提高，则国外资金流入增加，本国资金流出减少，使得外汇汇率下跌；反之，本国利息率的相对下降会使得外汇汇率上升。

④若人们预期未来外汇汇率的走势看涨，则会在外汇市场上抛出本币，购入外币，使得外汇汇率上升；反之，人们预期未来外汇汇率的走势看跌会使得外汇汇率下跌。

此外，凯恩斯主义者还进一步分析，一国的宏观经济政策会对其收入水平、物价水平和利率水平产生影响，从而影响到均衡汇率。如扩张性的货币政策会刺激投资需求和消费需求，扩大进口需求；同时还会降低利率，引起国际短期资本的大量流出，抑制短期资本的流入，从而使外汇市场产生超额需求，外汇汇率上升。

(3)对国际收支说的评价

①理论价值

a. 该学说指出了汇率与国际收支之间的密切关系，对于全面分析短期内汇率的变动及汇率的决定因素具有重要意义。

b. 汇率是在外汇市场供求平衡时才处于稳定状态的，而任何汇率理论都要以这一关系为分析前提。从这个意义上说，国际收支说可以作为更深入的分析中利用的一种工具。

②理论缺陷

a. 该理论以外汇市场的稳定性为假设前提。

b. 该理论的分析基础是凯恩斯主义宏观经济理论、弹性论、利率平价说，只说明了汇率与其他经济变量存在某种联系，不能被视为完整的汇率决定理论。

c. 并未进一步分析外汇供求的决定因素，实际应用中一些经济现象难以解释。

4. 资产市场说

20 世纪 70 年代，随着国际商品资本流动的高度发展，传统的汇率决定理论已经难以解释汇率的变动，一些经济学家提出了资产市场说。

(1)资产市场说的主要内容

资产市场说对传统汇率理论的最大突破在于它将商品市场、货币市场和证券市场结合起来对汇率决定进行分析，尤其重视金融资产市场均衡对汇率变动的影响。其基本原理为：将外汇看成一种资产，汇率是两国资产的相对价格，汇率变动源于两国货币供求关系的相应变化，均衡汇率就是指两国资产市场供求存量保持均衡时的两国货币之间的相对价格。资产市场说强调货币市场和货币存量的供求情况对汇率决定的影响，在一定程度上与现代汇率变动的特征相符，逐渐成为当今汇率理论的主流。

(2)资产市场说的隐含前提

资产市场说隐含以下三个重要前提：

①一国的资产市场包括本国货币市场、本币资产(主要是本国债券)市场和外币资产市场(包括外国债券和货币存款市场)，并且这三种市场均相当发达，对利率和汇率的变动十分敏感；

②三个市场紧密联系，资金可在三个市场自由流动；

③货币自由兑换。

(3)资产市场说的分支

①货币分析法：假定本币资产与外币资产两者可完全替代。

a. 弹性价格货币分析法；

b. 粘性价格货币分析法。

②资产组合分析法：假定本币资产与外币资产两者不可完全替代。

四、中国外汇市场的发展情况

我国外汇市场的发展，大致可分为以下四个阶段。

1. 1979 年，外汇分配制度改革，开启了外汇市场的初创化发展

1979 年 8 月，我国改革外汇分配制度，实行外汇留成管理，客观上产生了调剂外汇额度余缺的需要。1985 年 11 月，深圳首先设立外汇交易所，放宽了对外汇调剂价格的限制。1988 年 3 月，北京设立全国外汇调剂中心，各地设立地方外汇调剂中心，调剂范围扩大，由市场供求决定价格。1988 年 9 月，上海创办全国首家外汇调剂公开市场，把特定的外汇供求集中于特定的场外，实行公开报价、竞价成交、集中清算，外汇调剂交易的透明度得以提升。

至 1993 年年底，全国共建立了 108 家外汇调剂中心，形成了外汇调剂市场体系，配置了 80% 的外汇资源，并形成了在一定程度上反映市场供求关系的外汇调剂汇率。但外汇调剂市场作为我国外汇市场的早期雏形，与严格意义上的外汇市场还存在较大差距：①外汇调剂市场是企业、个人等客户之间相互调剂的市场，不同于由银行对客户市场和银行间同业市场构成的、以银行间同业市场为核心的成熟市场结构；②外汇调剂市场存在地区间的市场分

割，不是一个统一市场，它与官方汇率配置外汇资源形成了双轨制汇率和市场。

2. 1994 年，人民币汇率制度并轨，统一外汇市场形成

1994 年 1 月 1 日起，我国外汇汇率并轨，实行以市场供求为基础的、单一的、有管理的浮动汇率制度；取消外汇留成和上缴，实行银行结售汇制度；建立全国统一、规范的银行间外汇市场。同年 4 月 4 日，银行间外汇市场——中国外汇交易中心正式启动运营。银行间市场主要为外汇指定银行平补结售汇头寸余缺及其清算提供服务，外汇指定银行为交易主体，外汇管理部门对银行结售汇周转头寸实行上下限额管理，对于超过或不足限额的部分，银行可通过银行间市场售出或补充。其后，交易品种不断增加，交易时间也进一步延长，逐渐形成了银行间市场可全天候进行满足结售汇业务的双向外汇资金买卖、进行头寸平补和资金调度的市场运行现状，在稳定人民币汇率、传导央行货币政策、服务金融机构和监管部门等方面发挥了重要作用。

3. 2005 年，汇率市场化改革重启，推进外汇市场的市场化发展

2005 年 7 月 21 日，我国重启汇率市场化改革，开始实行以市场供求为基础、参考一篮子货币进行调节、有管理的浮动汇率制度，人民币汇率不再单一地钉住美元，自此，我国外汇市场迈入更高的发展阶段。

改革的主要方向及特点体现为以下四点：

(1)增加交易品种。由即期和远期两类产品，扩大至外汇掉期、货币掉期和期权产品，具备了国际成熟市场的基础产品体系。

(2)优化基础设施。以中国外汇交易中心作为交易主平台和定价中心、上海清算所作为中央对手集中清算机构的交易清算机制日臻成熟，市场运行效率和风险防控能力得以有效提升。

(3)丰富市场主体。一方面，企业、个人的外汇交易需求被充分、有序吸纳；另一方面，非银行金融机构和企业的参与打破了银行单一参与者的结构，市场主体结构朝着多元化方向发展。

(4)完善市场管理。一方面，紧扣防范金融风险的主线，不断完善市场监管，努力创造公平、透明的市场环境；另一方面，积极推进以行业自律为主、政府监管为辅的外汇市场管理新框架。

4. 2010 年，人民币国际使用扩大，提升外汇市场对外开放水平

随着金融市场对外开放和人民币国际化的推进，境外央行(包括央行、货币当局、官方储备管理机构、国际金融组织、主权财富基金)、人民币业务清算行、人民币购售业务参加行等各类境外机构，有序进入境内市场。截至 2018 年年末，共有 94 家境外机构成为银行间外汇市场会员。

同时，为满足国内金融市场对外开放的需要，允许银行间债券市场的境外投资者参与境内外汇衍生产品市场，为“债券通”、QFII、RQFII 等境外投资者提供配套汇率避险服务。自此，外汇市场、债券市场、股票市场对外开放形成积极互动。

2016 年 10 月 1 日，人民币正式加入 SDR 货币篮子，这是人民币国际化的重要里程碑。人民币的 SDR 篮子新权重为 10.92%，超越日元与英镑成为第三大储备货币，这是我国汇率市场化改革取得重大进展的体现，也意味着中国金融资本市场的进一步开放。

2017 年 5 月 8 日，全国外汇市场自律机制发布《中国外汇市场准则》，这一文件的出台

标志着我国外汇市场规则与国际正式接轨，将大力促进、规范中国外汇市场的发展，中国外汇向前迈进了一大步。

2019 年 4 月 18 日，国家外汇局新闻发言人王春英表示，支持证券公司、基金公司等参与外汇市场，丰富外汇市场主体类型。2020 年 7 月 13 日，银行间市场人民币外汇主经纪业务正式上线。

2020 年以来，面对疫情和国内外环境超预期变化，我国外汇市场总体稳定的特征更加凸显。人民币汇率双向浮动、弹性增强，在全球货币中表现相对稳健，汇率预期基本平稳；我国跨境资金流动和外汇市场交易保持活跃与理性，境内外汇市场供求维持基本平衡格局。

下一步，人民银行将坚持以习近平新时代中国特色社会主义思想为指导，按照党中央、国务院的统一部署，全面贯彻新发展理念，坚持以市场供求为基础、参考一篮子货币进行调节、有管理的浮动汇率制度，坚定不移深化汇率市场化改革，增强人民币汇率弹性，更好发挥汇率调节宏观经济和国际收支自动稳定器作用。持续推进多层次外汇市场体系建设，进一步提高外汇市场的深度和广度，引导企业和金融机构树立风险中性理念。综合施策，稳定预期，坚决抑制汇率大起大落，保持人民币汇率在合理均衡水平上的基本稳定。

第五节　资本资产定价理论

【大纲要求】

熟悉资本资产定价模型的假设条件；熟悉资本市场线和证券市场线的定义、图形及其经济意义；了解证券系数 β 的涵义和应用；熟悉资本资产定价模型的应用；了解资本资产定价模型在量化投资中的应用。

熟悉套利定价理论的原理；掌握套利组合的概念及计算；熟悉运用套利定价方程计算证券的期望收益率；熟悉套利定价模型的应用。

【要点详解】

一、资本资产定价模型的假设条件

(1)投资者都依据期望收益率评价证券组合的收益水平，依据方差(或标准差)评价证券组合的风险水平，并按照投资者共同偏好规则选择最优证券组合。

(2)投资者对证券的收益、风险及证券间的关联性具有完全相同的预期。

(3)资本市场没有摩擦。该假设意味着：在分析问题的过程中，不考虑交易成本和对红利、股息及资本利得的征税，信息在市场中自由流动，任何证券的交易单位都是无限可分的，市场只有一个无风险借贷利率，在借贷和卖空上没有限制。

上述假设中，(1)和(2)是对投资者的规范，(3)是对现实市场的简化。

【真题 2.5】资本资产定价理论是在马科维茨投资组合理论基础上提出的，下列不属于其假设条件的是(　　)。

A. 资本市场没有摩擦

B. 投资者对证券的收益、风险及证券间的关联性具有完全相同的预期

C. 资产市场不可分割

D. 投资者都依据期望收益率评价证券组合的收益水平，依据方差(或标准差)评价证券组合的风险水平

【答案】C

二、资本市场线和证券市场线

1. 资本市场线

(1)定义及图形

资本市场线是在均值标准差平面上，所有有效组合刚好构成连接无风险资产 F 与市场组合 M 的射线 FM。具体如图 2－4 所示。

资本市场线揭示了有效组合的收益和风险之间的均衡关系，其方程为：

$$E(r_P)=r_F+\left[\frac{E(r_M)-r_F}{\sigma_M}\right]\sigma_P$$

式中，$E(r_P)$代表有效组合 P 的期望收益率；σ_P代表有效组合 P 的标准差；$E(r_M)$代表市场组合 M 的期望收益率；σ_M代表市场组合 M 的标准差；r_F代表无风险证券收益率。

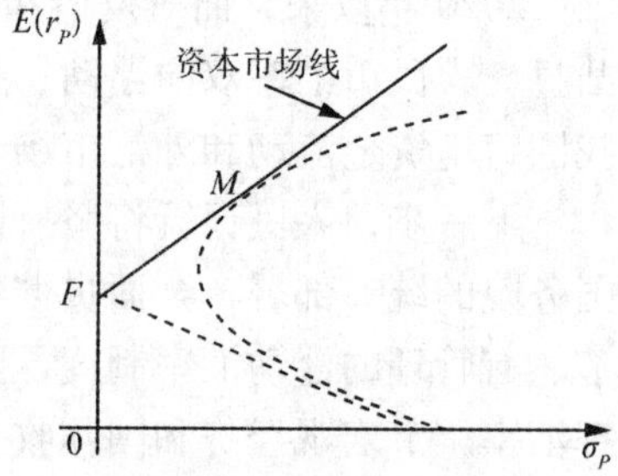

图 2－4　资本市场线

(2)经济意义

资本市场线方程系统阐述了有效组合的期望收益率和风险之间的关系。有效组合的期望收益率由两部分构成：

①无风险利率 r_F，由时间创造，是对放弃即期消费的补偿；

②风险溢价$\left[\frac{E(r_M)-r_F}{\sigma_M}\right]\sigma_P$，是对承担风险 σ_P 的补偿，与承担的风险的大小成正比。其中的系数$\left[\frac{E(r_M)-r_F}{\sigma_M}\right]$代表了对单位风险的补偿，称为风险的价格。

2. 证券市场线

(1)定义及图形

单个证券和证券组合的β系数都可以作为风险的合理测定，它们的期望收益与由系数测定的系统风险之间存在线性关系。证券市场线即以β_P为横坐标、$E(r_P)$为纵坐标，衡量由β系数测定的系统风险与期望收益间线性关系的直线，如图 2－5 所示。

证券市场线用方程表示为：

$$E(r_P)=r_F+[E(r_M)-r_F]\beta_P$$

(2)经济意义

证券市场线表示任意证券或组合的期望收益率由以下两部分构成：

①无风险利率 r_F，由时间创造，是对放弃即期消费的补偿；

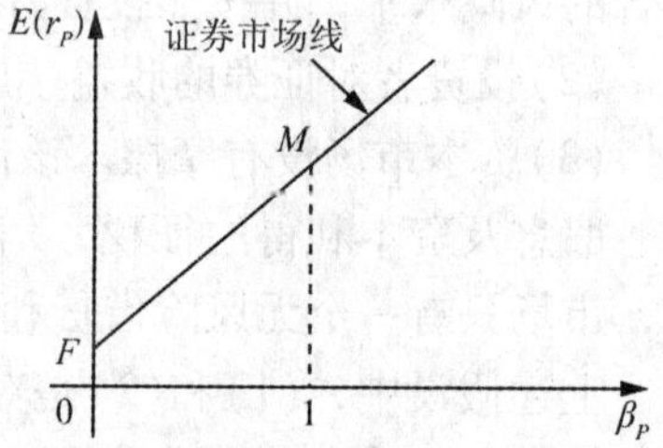

图 2－5　证券市场线

②风险溢价$[E(r_M)-r_F]\beta_P$，是对承担风险的补偿，它与承担的风险β_P的大小成正比。其中的系数$[E(r_M)-r_F]$代表了对单位风险的补偿，称为风险的价格。

(3)资产的错误定价与α系数

处于均衡状态的资本资产定价模型中，每一种资产都位于证券市场线(SML)上，即资产期望收益率与它的均衡期望收益率完全一致。而事实上，总有一部分资产或资产组合位于 SML 上下，这时，资产价格与期望收益率处于不均衡状态，又称资产的错误定价。资产的错误定价用α系数度量，其计算公式为：

$$\alpha_i = E(R_i) - E(R_i')$$

其中：$E(R_i)$表示资产i的期望收益率；$E(R_i')$表示资产i的均衡期望收益率。如果某资产的α系数为零，则它位于SML上，说明定价正确；如果某资产的α系数为正数，则它位于SML的上方，说明价格被低估，如图2－6中的V点；如果某资产的α系数为负数，则它位于SML的下方，说明价格被高估，如图2－6中的Z点。在资本资产定价模型中，一种资产的α系数是由它的位置到SML的垂直距离来度量的，如图2－6中的$V\overline{K}_V$与$Z\overline{K}_Z$。

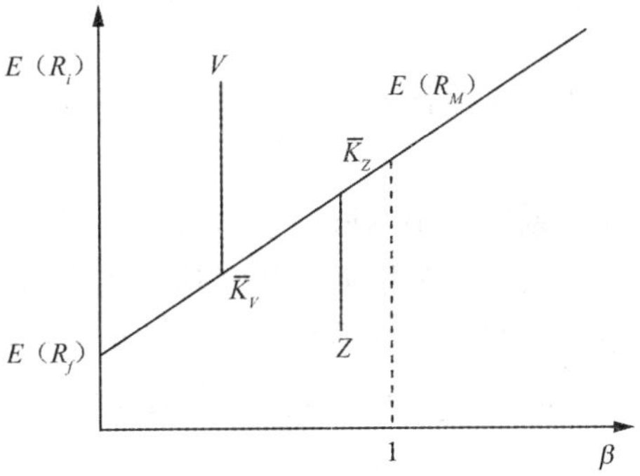

图2－6　证券价值的高估和低估

【真题2.6】下列关于证券市场线的表述，正确的是（　　）。

A. 证券市场线上的任何一个点都是有效组合

B. 证券市场线上代表了有效组合预期回报率和β系数之间的均衡关系

C. 证券市场线意味着与市场组合协方差更大的证券具有较高的预期回报率

D. 证券市场线的斜率越高意味着承担的系统性风险越大

【答案】C

【解析】A项，资本市场线揭示了有效组合的收益风险均衡关系，资本市场线上的任何一点都是有效组合。B项，证券市场线揭示的是任意证券或组合的期望收益率与风险之间的关系。D项，证券市场线可表示为：$E(r_P) = r_F + [E(r_M) - r_F]\beta_P$，其斜率为：$[E(r_M) - r_F]$，代表对单位风险的补偿，其值越大，表明投资者越厌恶风险；β系数用来衡量证券承担系统风险的大小，β系数越大意味着承担的系统性风险越大。

三、证券系数β的涵义和应用

1. 涵义

（1）β系数反映证券或证券组合方差的贡献率，市场组合方差是市场中每一证券（或组合）与市场组合协方差的加权平均值，加权值是单一证券（或组合）的投资比例。因此$\beta_r(\sigma_{iM}/\sigma_M^2)$可以作为单一证券（组合）的风险测定。

（2）β系数反映了证券或组合的收益水平对市场平均收益水平变化的敏感性。

（3）β系数是衡量证券承担系统风险水平的指数。

$|\beta|>1$，证券的波动幅度大于市场组合，为“激进型”；$|\beta|=1$，证券的波动幅度与市场组合相当，为“平均风险”；$|\beta|<1$，证券的波动幅度小于市场组合，为“防卫型”。

【真题2.7】关于β系数的含义，下列说法中正确的有（　　）。

A. β系数绝对值越大，表明证券或组合对市场指数的敏感性越弱

B. β系数为曲线斜率，证券或组合的收益与市场指数收益呈曲线相关

C. β系数为直线斜率，证券或组合的收益与市场指数收益呈线性相关

D. β系数绝对值越大，表明证券或组合对市场指数的敏感性越强

【答案】CD

【解析】证券或组合的收益与市场指数收益呈线性相关，β系数为直线斜率，反映了证券或组合的收益水平对市场平均收益水平变化的敏感性。β系数值绝对值越大，表明证券或组合对市场指数的敏感性越强。

2. 应用

(1)证券的选择。

①牛市时，在估值优势相差不大的情况下，投资者会选择β系数较大的股票，以期获得较高的收益；

②熊市时，投资者会选择β系数较小的股票，以减少股票下跌的损失。

(2)风险控制。风险控制部门或投资者通常会控制β系数过高的证券投资比例。另外，针对衍生证券的对冲交易，通常会利用β系数控制对冲的衍生证券头寸。

(3)投资组合绩效评价。评价组合业绩是基于风险调整后的收益进行考量，即既要考虑组合收益的高低，也要考虑组合所承担风险的大小。

四、资本资产定价模型的应用

1. 资产估值

在资产估值方面，资本资产定价模型主要用于判断证券是否被市场错误定价。

(1)根据资本资产定价模型，计算每一证券的期望收益率应等于无风险利率加上该证券由β系数测定的风险溢价：

$$E(r_i)=r_F+[E(r_M)-r_F]\beta_i$$

(2)市场对证券在未来所产生的收入流(股息加期末价格)预期值与证券i的期初市场价格及其预期收益率$E(r_i)$之间有如下关系：

$$E(r_i)=\frac{E(\text{股息}+\text{期末价格})}{\text{期初价格}}-1$$

(3)在均衡状态下，上述两个$E(r_i)$应有相同的值。因此，均衡期初价格应定为：

$$\text{均衡的期初价格}=\frac{E(\text{股息}+\text{期末价格})}{1+E(r_i)}$$

当实际价格低于均衡价格时，说明该证券是廉价证券，此时应购买该证券；相反，则应卖出该证券，而将资金转向购买其他廉价证券。

2. 资源配置

在资源配置方面，资本资产定价模型根据对市场走势的预测来选择具有不同β系数的证券或组合以获得较高收益或规避市场风险。证券市场线表明，β系数反映证券或组合对市场变化的敏感性，因此：

(1)牛市时，应选择高β系数的证券或组合，成倍放大市场收益率，带来较高的收益。

(2)熊市时，应选择低β系数的证券或组合，以减少因市场下跌而造成的损失。

五、资本资产定价模型在量化投资中的应用

1. 量化投资的含义

量化投资，是指通过数量化方式及计算机程序化发出买卖指令，以获取稳定收益为目的的交易方式。与定性投资不同，量化投资更加强调数据，依靠模型进行判断，从而作出最终

的投资决策。

2. 量化投资中的资产资本定价模型

资本资产定价模型(CAPM 模型)将投资组合的期望收益分为两部分：α 收益为投资组合超越市场基准的收益；β 收益为投资组合承担市场系统风险而获得的收益。通过对冲交易剥离或降低投资组合的系统风险(β 收益)，获取纯粹的 α 收益，可以使得投资组合无论在市场上涨或下跌时均能获取稳定的绝对收益。

3. 运用 CAPM 模型的优缺点

(1)优点

①应用简单、明确。CAPM 模型将任何一种风险证券的价格都划分为无风险利率、市场组合受理率和风险的计算单位(β 系数)三个因素，并将其有机结合在一起，帮助投资者对股票进行评价。揭露了投资者得到更高回报的原因，即投资高风险的股票。

②较强的实用性。利用 CAPM 模型，投资者可以根据绝对风险而不是总风险来对各种竞争报价的金融资产作出评价和选择。这一模型被投资者广为采纳，用于解决投资决策中的一般性问题。

③较强的可操作性。在实际中运用 CAPM 模型进行量化投资，具有较强的可操作性，各指标的选取可参考表 2－9。

表 2－9　CAPM 模型的指标参考

国家 \ 指标选取	无风险利率	市场组合收益率	β 系数
中国	短期国债利率、短期定期储蓄存款利率	上证综合指数、深证综合指数	可通用单个股票和市场组合的历史数据的计算并进行显著性检验得到
外国(以美国为例)	短期国债利率、银行间同业拆借利率	标准普尔 500 指数	

(2)缺点

①CAPM 的假设前提难以实现，在应用中其作用会大打折扣。

②CAPM 中的市场风险溢价(ERP)值难以确定。某些证券由于缺乏历史数据，其市场风险溢价值不易估计。此外，由于经济的不断发展变化，各种证券的 ERP 值也会产生相应的变化，因此，依靠历史数据估算出的 ERP 值对未来的指导作用也要打折扣。

③计算结果存在一定误差，与实际不符。

在理想条件下，股票只能获得平均基准收益，而由于现实条件无法满足假设前提，股票的收益除了基准收益，还包括超额收益(α 收益)，用公式表述如下：

$$r_i = \alpha_i + r_0 + \beta_i(r_M - r_0) + \varepsilon_i$$

$$\downarrow$$

$$r_i - r_0 = \alpha_i + \beta_i(r_M - r_0) + \varepsilon_i$$

式中，β_i度量股票 i 的风险，是一种系统风险，不可通过分散投资来降低；ε_i是股票 i 的随机误差项，是一种非系统风险，可通过多样化投资进行分散。

六、套利定价理论的原理

1. 假设条件

与资本资产定价模型(CAPM)相比，建立套利定价理论的假设条件较少，可概括为三个基本假设。

(1)投资者是追求收益的，同时也是厌恶风险的。

(2)所有证券的收益都受到一个共同因素 F 的影响，并且证券的收益率具有如下构成形式：

$$r_i = a_i + b_i F_i + \varepsilon_i$$

其中，r_i代表证券 i 的实际收益率；a_i代表因素指标 F_i为 0 时证券 i 的收益率；b_i代表因素指标 F_i的系数；F_i代表影响证券的那个共同因素 F 的指标值；ε_i代表证券 i 收益率 r_i的残差项。

(3)投资者能够发现市场上是否存在套利机会，并利用该机会进行套利。

上述三项假设各有各的功能。第一项是对投资者偏好的规范；第二项是对收益生成机制的量化描述；第三项是对投资者处理问题能力的要求。

2. 套利定价模型

套利定价模型表明，市场均衡状态下，证券或组合的期望收益率完全由它所承担的因素风险所决定；承担相同因素风险的证券或证券组合都应该具有相同的期望收益率。

(1)单因素影响下的套利定价模型

所有证券的收益都受到一个共同因素 F 的影响，并且证券的收益率具有如下构成形式：

$$r_i = a_i + b_i F_i + \varepsilon_i$$

式中：r_i为证券 i 的实际收益率；a_i为因素指标 F_i 为 0 时证券 i 的收益率；b_i为因素指标 F_i 的系数，反映证券 i 的收益率 r_i对因素指标 F_i 变动的敏感性，又称灵敏度系数；F_i 为影响证券的那个共同因素 F 的指标值；ε_i为证券 i 收益率 r_i的残差项。

式中的共同因素可以是通货膨胀率、国民生产总值等各种宏观因素，并不一定要求是市场组合收益率。由于这些共同因素反映的是对证券价格的系统影响，故又称系统风险因素或系统因素。影响 ε_i的称为个别因素。

(2)多因素影响下的套利定价模型

事实上，在多因素共同影响所有证券的情况下，套利定价模型也是成立的，其一般表现形式为：

$$E(r_i) = \lambda_0 + b_{i1}\lambda_1 + b_{i2}\lambda_2 + \cdots + b_{iN}\lambda_N$$

式中，$E(r_i)$为证券 i 的期望收益率；λ_0为与证券和因素 F 无关的常数；b_{ik}为证券 i 对第 k 个影响因素的灵敏度系数；λ_k为对证券 F 具有单位敏感性的因素风险溢价。

3. 结论

套利定价模型表明，市场均衡状态下，证券或组合的期望收益率完全由所承担的因素风险决定；承担相同因素风险的证券或证券组合都应该具有相同期望收益率；期望收益率与因素风险的关系，可由期望收益率的因素敏感性的线性函数反映。

七、套利组合的概念及计算

1. 套利的概念

套利是指人们利用同一资产在不同市场间定价不一致，通过资金的转移而实现无风险收益的行为。注意，套利是指投资者没有追加投资，即 0 投资。在套利机会定价理论中，套利机会被套利组合所描述。

2. 套利组合的概念及计算

套利组合，是指满足下述三个条件的证券组合：

(1)该组合中各种证券的权数满足 $w_1+w_2+\cdots+w_N=0$。

(2)该组合因素灵敏度系数为零，即 $w_1b_1+w_2b_2+\cdots+w_Nb_N=0$。其中，$b_i$表示证券 i 的因素灵敏度系数。

(3)该组合具有正的期望收益率，即 $w_1E(r_1)+w_2E(r_2)+\cdots+w_NE(r_N)>0$。其中，$E(r_i)$表示证券 i 的期望收益率。

套利组合的上述特征表明，投资者如果能够发现套利组合并持有它，那么他就可以在不追加投资的情况下实现无风险收益。因此，套利定价理论认为，如果市场上不存在(即找不到)套利组合，那么市场就不存在套利机会。

八、运用套利定价方程计算证券的期望收益率

下例将对如何运用套利定价方程来计算证券的期望收益率进行说明。

罗尔与罗斯利用套利定价模型对美国股票市场上市股票的影响因素进行了实证分析，使用的数据是纽约股票交易所上市股票的日收益率数据，样本区间从 1962 年 7 月 5 日到 1972 年 12 月 31 日。实证结果发现，以下四个宏观经济变量影响证券收益：工业产值指数、投机级债券与高等级债券收益率差额、长期政府债券与短期政府债券收益率差额、未预期的通货膨胀率。

假定通过回归分析得知某个证券 A 对上述四个因素的灵敏度系数依次为：$b_1=1.2$、$b_2=-0.6$、$b_3=0.4$、$b_4=0.8$。已知无风险利率为 5%；工业生产增长从预期的 4% 升至 6%；通货膨胀率预期为 3%，实际为 -1%，投机级债券与高等级债券收益率差额为 3%；长、短期政府债券收益率差额为 -2%。

于是，根据公式 $E(r_i)=\lambda_0+b_{i1}\lambda_1+b_{i2}\lambda_2+\cdots+b_{iN}\lambda_N$，可得预期的证券 A 的收益率为：

$$0.05+1.2\times2\%-0.6\times(-4\%)+0.4\times3\%+0.8\times(-2\%)=9.4\%$$

在上述计算中，λ_0视为无风险利率 5%。

【真题 2.8】考虑单因素套利定价模型，资产组合 A 的 β 值为 1.0，期望收益率为 16%，资产组合 B 的 β 值为 0.8，期望收益率为 12%，假设无风险收益率为 6%，如果进行套利，那么投资者将同时(　　)。

A. 持有空头 A　　B. 持有空头 B　　C. 持有多头 A　　D. 持有多头 B

【答案】BC

【解析】假设由资产组合 A、资产组合 B 和无风险资产构成的套利组合为资产组合 C。则根据套利组合的条件有：

$$W_A+W_B+W_f=0$$

$$1.0\times W_A+0.8\times W_B+0\times W_f=0$$

$$0.16W_A+0.12W_B+0.06W_f>0$$

式中，W_A、W_B和 W_f分别表示对资产组合 A、资产组合 B 和无风险资产的权数。解得：$W_A=-0.8W_B$，$W_f=-0.2W_B$，$W_B<0$。因此套利组合 C 应是持有空头 B、多头 A 及多头无风险资产。

九、套利定价模型的应用

套利定价模型在实践中的应用一般有两个方面：

(1)运用统计分析模型对证券的历史数据进行分析，以分离统计上显著影响证券收益的主要因素。

(2)确定影响证券收益的因素，回归证券历史数据以获得灵敏度系数，再运用公式 $E(r_i)=\lambda_0+b_{i1}\lambda_1+b_{i2}\lambda_2+\cdots+b_{iN}\lambda_N$ 预测证券的收益。

十、资本资产定价模型(CAPM)与套利定价模型(APT)的比较

CAPM 与 APT 主要有如下区别：

(1)CAPM 中，证券的风险只用某一证券相对于市场组合的 β 系数来解释，它只能告诉投资者风险的大小，却无法告诉投资者风险来自何处。而在 APT 中，证券的风险由多个因素共同来解释。

(2)CAPM 假定了投资者对待风险的类型，即属于风险回避者，而 APT 并没有对投资者的风险偏好做出规定，因此套利定价理论的适用性增强了。

(3)CAPM 建立在均值方差均衡的基础上，APT 建立在无套利理论的基础上。

(4)CAPM 为静态定价模型(单期)，没有考虑投资者未来收入变化，健康状况以及退休年龄对投资行为的影响，而 APT 是动态定价模型。

(5)CAPM 中的组合为只有在理论上存在的市场投资组合，而 APT 中的投资组合是一个充分分散化的投资组合，在实践中可以构造。

第六节　证券投资理论

【大纲要求】

掌握证券组合的含义；熟悉证券组合可行域和有效边界的含义、一般图形；熟悉有效证券组合的含义和特征；熟悉最优证券组合的含义和选择原理；了解现代投资组合理论的发展趋势；了解等权重组合模式；熟悉风险平价理论；了解大数据背景下的投资理念。

熟悉战略性资产配置及其相关模型；熟悉战术性资产配置及不同资产分析框架；熟悉动态资产配置；熟悉资产配置的分散化与再平衡；掌握资产配置的主要流程与步骤。

【要点详解】

一、证券组合的含义

证券组合是指个人或机构投资者所持有的各种有价证券的总称，通常包括各种类型的债券、股票及存款单等。

证券组合的分类如表 2－10 所示。

表 2－10　证券组合的分类

类别	特点
避税型证券组合	通常投资于市政债券，免税
收入型证券组合	追求基本收益(即利息、股息收益)的最大化
增长型证券组合	以资本升值(即未来价格上升带来的价差收益)为目标，投资风险较大
收入和增长混合型证券组合	在基本收入与资本增长之间寻求均衡
货币市场型证券组合	由各种货币市场工具构成
国际型证券组合	投资于海外不同国家
指数化型证券组合	①模拟某种市场指数，以求获得市场平均的收益水平。 ②根据模拟指数的不同，指数化型证券组合可以分为两类：a. 模拟内涵广大的市场指数；b. 模拟某种专业化的指数，如道·琼斯公用事业指数

二、证券组合可行域和有效边界的含义

1. 证券组合的可行域

证券组合的可行域表示了所有可能的证券组合。

2. 证券组合的有效边界

有效边界描述了一项投资组合的风险与回报之间的关系，在以风险为横轴，预期回报率为纵轴的坐标上显示为一条曲线，所有落在这条曲线上的风险回报组合都是在一定风险或最低风险下可以获得的最大回报。

三、证券组合可行域和有效边界的一般图形

1. 证券组合的可行域

(1)两种证券组合的可行域

①完全正相关下的组合线，如图2－7所示。

假定不允许卖空，即 $x_A \geqslant 0$，$x_B \geqslant 0$，则：

$$E(r_P)=x_A E(r_A)+(1-x_A)E(r_B)$$

$$\sigma_P = x_A \sigma_A + (1-x_A)\sigma_B$$

②完全负相关下的组合线，如图2－8所示。

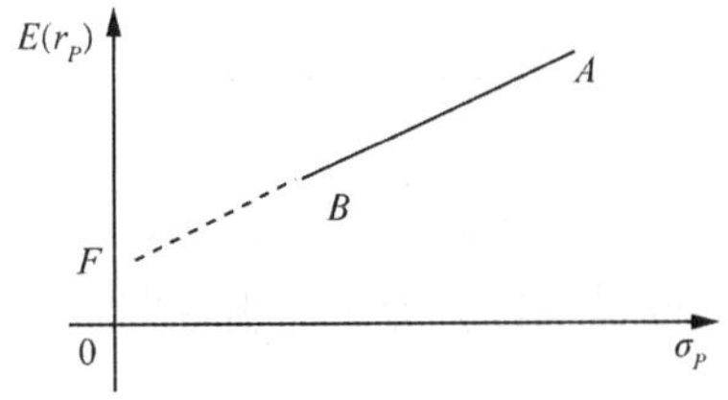

图2－7　$\rho_{AB}=1$ 时的组合线

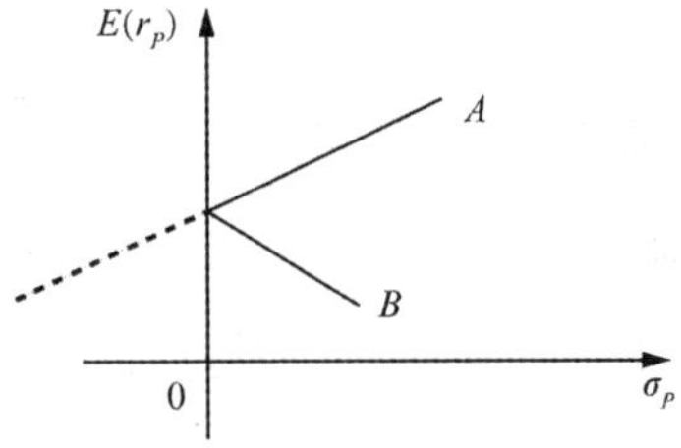

图2－8　$\rho_{AB}=-1$ 时的组合线

在完全负相关的情况下，按适当比例买入证券A和证券B可以形成一个无风险组合，得到一个稳定的收益率。无风险收益率为：

$$E(r_P)=\frac{\sigma_B E(r_A)+\sigma_A E(r_B)}{\sigma_B+\sigma_A}$$

③不相关情形下的组合线，如图2－9所示。

图2－9中，C 点为最小方差组合。组合线上介于 A 与 B 之间的点代表的组合由同时买入证券A和B构成，越靠近 A 点，买入证券A越多，买入证券B越少。

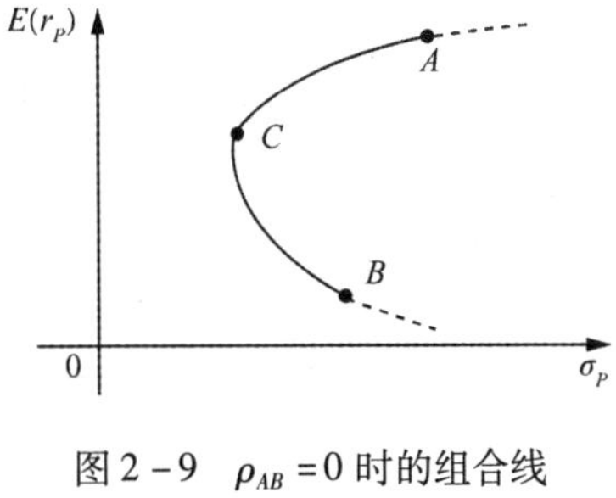

图2－9　$\rho_{AB}=0$ 时的组合线

④组合线的一般情形，如图2－10所示。

相关系数决定结合线在 A 与 B 点之间的弯曲程度。随着 ρ_{AB} 的增大，弯曲程度将降低。当 $\rho_{AB}=1$ 时，弯曲程度最小，呈直线；当 $\rho_{AB}=-1$ 时，弯曲程度最大，呈折线；不相关是一种中间状态，比正完全相关弯曲程度大，比负完全相关弯曲程度小。

从组合线的形状来看，相关系数越小，在不卖空的情况下，证券组合的风险越小，特别是负完全相关的情况下，可获得无风险组合。在不卖空的情况下，组合降低风险的程度由证券间的关联程度决定。

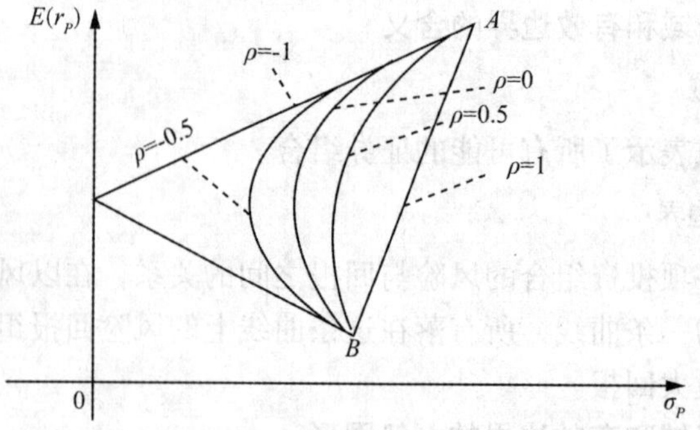

图 2－10　相关系数不同的证券组合

（2）多种证券组合的可行域

当由多种证券（不少于三种证券）构造证券组合时，组合可行域是所有合法证券组合构成的 $E-\sigma$ 坐标系中的一个区域，其形状如图 2－11 和图 2－12 所示。

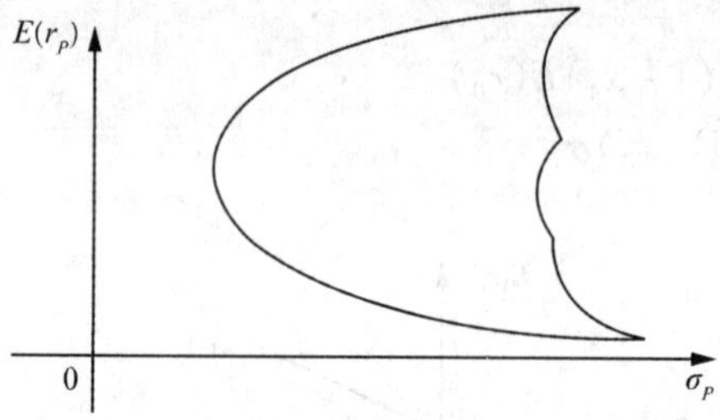

图 2－11　不允许卖空时组合的可行域

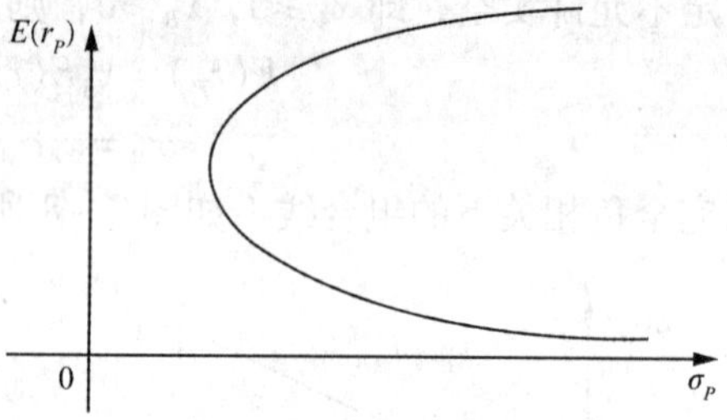

图 2－12　允许卖空时组合的可行域

可行域满足一个共同的特点：左边界必然向外凸或呈线性，即不会出现凹陷。

2．证券组合的有效边界

有效边界是指相同的收益率方差中期望收益率高的组合或相同期望收益率中方差较小的组合构成的边界。有效边界是可行域的上边界部分（图 2－13 中粗实线部分）。A 点是一个特殊的位置，它是上边界和下边界的交汇点，这一点所代表的组合在所有可行组合中方差最小，因而被称为最小方差组合。

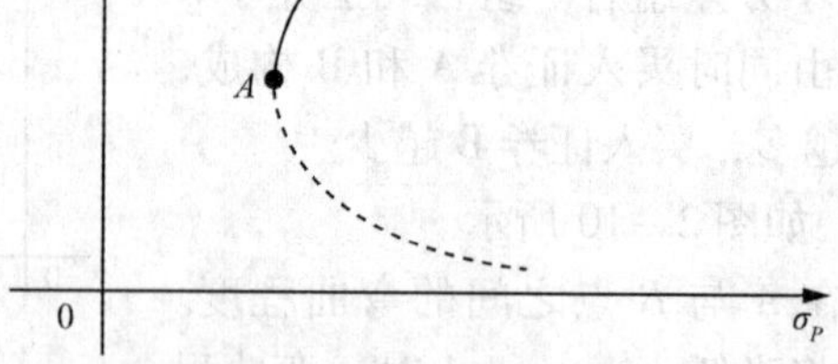

图 2－13　有效边界

四、有效证券组合的含义和特征

1．含义

按照投资者的共同偏好规则，排除投资组合中那些被所有投资者都认为差的组合，把排除后余下的这些组合称为有效证券组合。

2. 特征

有效组合是有效边界上的点所对应的证券组合。有效组合特征如下：

(1)在期望收益率水平相同的组合中，其方差(从而标准差)是最小的；

(2)在方差(从而给定了标准差)水平相同的组合中，其期望收益率是最高的。

五、最优证券组合的含义和选择原理

1. 投资者的个人偏好与无差异曲线

一个特定的投资者，任意给定一个证券组合，根据他对风险的态度，可以得到一系列满意程度相同(无差异)的证券组合，这些组合恰好在期望收益率－标准差坐标系上形成一条曲线，得到的这条曲线就被视为该投资者的一条无差异曲线。

无差异曲线的特点包括：

(1)无差异曲线是由左至右向上弯曲的曲线；

(2)每个投资者的无差异曲线形成密布整个平面又互不相交的曲线簇；

(3)同一条无差异曲线上的组合给投资者带来的满意程度相同；

(4)不同无差异曲线上的组合给投资者带来的满意程度不同；

(5)无差异曲线的位置越高，其上的投资组合带来的满意程度就越高；

(6)无差异曲线向上弯曲的程度大小反映投资者承受风险的能力强弱。

无差异曲线可以用来对投资者行为进行分析，以比较不同投资者的风险偏好。

如图2－14是不同偏好的投资者的无差异曲线。图(a)的投资者对风险毫不在意，只关心期望收益率；图(b)的投资者只关心风险，风险越小越好，对期望收益率毫不在意；图(c)和图(d)表明一般的风险态度，图(c)的投资者比图(d)的投资者相对保守一些，相同的风险状态下，前者对风险的增加要求更多的风险补偿，反映在无差异曲线上，前者的无差异曲线更陡峭一些。

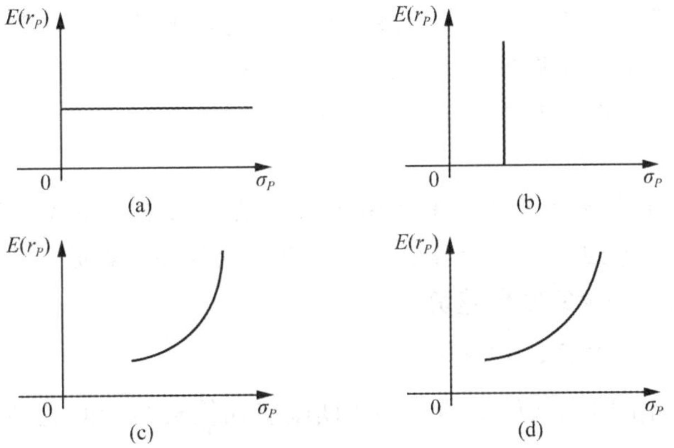

图2－14　不同投资者的风险偏好

【真题2.9】关于无差异曲线，下列说法正确的是(　　)。

A. 无差异曲线向右上方倾斜　　　　B. 无差异曲线之间不相交

C. 无差异曲线向右下方倾斜　　　　D. 无差异曲线之间相交

【答案】AB

【解析】无差异曲线都具有如下六个特点：①无差异曲线是由左至右向上弯曲的曲线；②每个投资者的无差异曲线形成密布整个平面又互不相交的曲线簇；③同一条无差异曲线上

的组合给投资者带来的满意程度相同；④不同无差异曲线上的组合给投资者带来的满意程度不同；⑤无差异曲线的位置越高，其上的投资组合给投资者带来的满意程度就越高；⑥无差异曲线向上弯曲的程度大小反映投资者承受风险的能力强弱。

2. 最优证券组合的含义

最优证券组合是使投资者最满意的有效组合，它是无差异曲线簇与有效边界的切点所表示的组合。

由于每个投资者的无差异曲线的形状往往不一致，最终所找到的各自的最优投资者组合往往也是不一样的。

3. 最优证券组合的选择原理

投资者需要在有效边界(根据共同偏好规则确定)上找到一个具有下述特征的有效组合：相对于其他有效组合，该组合所在的无差异曲线位置最高(投资者满意程度最高)。即无差异曲线簇(表示投资者的偏好)与有效边界的切点所表示的组合。

如图 2－15 所示，投资者按照他的无差异曲线簇将选择有效边界上 B 点所代表的证券组合作为他的最佳组合，因为 B 点使其在所有有效组合中获得的满意程度最大，其他有效边界上的点都落在 B 下方的无差异曲线上。不同投资者的无差异曲线簇可获得各自的最佳证券组合，一个只关心风险的投资者将选取最小方差组合作为最佳组合。

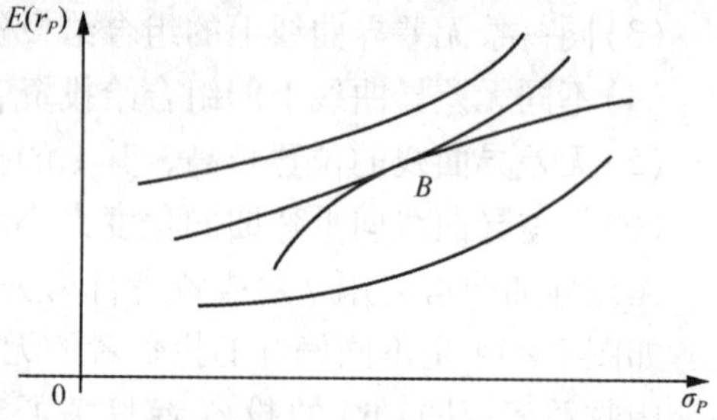

图 2－15　投资者的最优证券组合

【真题 2.10】关于最优证券组合，下列说法正确的是(　　)。

A. 最优证券组合是在有效边界的基础上结合投资者个人的偏好得出的结果

B. 投资者偏好通过无差异曲线来反映，其位置越靠下满意度越高

C. 最优证券组合是无差异曲线簇与有效边界的切点所表示的组合

D. 最优证券组合所在的无差异曲线的位置最低

【答案】AC

【解析】B 项，投资者偏好通过无差异曲线来反映，无差异曲线位置越靠上，其满意程度越高；D 项，最优证券组合相对于其他有效组合，该组合所在的无差异曲线位置最高。

六、现代投资组合理论的发展趋势

1. 现代投资组合理论的发展现状及趋势

(1)研究热点从离散时间条件下的各种单期或多期投资组合问题转向连续时间条件下的投资组合问题。

自从 Merton 对连续时间条件下的投资组合问题进行首次考察后，随着随机控制理论、随机积分等数学工具以及计算机技术的迅猛发展，此类投资组合问题已逐渐成为研究的热点。国内也有很多学者对动态投资组合模型进行研究。

(2)现代投资组合理论的最新研究成果是鞅理论的引入。

近年来，Value-at-Risk 方法、行为金融理论的兴起已渗透至投资组合理论领域，为研究开辟出一片新天地。目前，基于鞅方法的衍生证券定价理论在现代金融理论中占有主导地位。随着随机最优控制理论、脉冲最优控制方法、微分对策方法、最优停止理论、智能优化

方法的发展和应用，投资组合理论及其应用也将有更大的进展和突破。

(3)投资组合系统已在国外投入使用。

在国外，投资组合系统的应用为投资者的快速决策带来了极大便利，但目前仍存在一些缺陷。在国内，基于互联网的投资组合选择系统的研究与开发目前仍处于起步阶段，尤其在网上投资组合的优化领域，还是一片空白。

2. 结论

西方证券投资组合理论还是一门比较年轻的学科，尚未形成统一的理论范式。因此，引进与运用这些理论时，应结合中国实际，构建一套符合本国国情的证券投资组合理论体系，为我国证券市场健康、有序的发展提供价值。

七、等权重组合模式

1. 等权重投资组合

等权重投资组合，是指在有 n 种可投资的风险资产时，保持每种资产的投资权重均为 $1/n$ 的一种策略，即把资产等分地投资在黄金、股票、房地产或房地产股票、债券或现金上。该策略实质上是一种反转策略，即在一段时间内，当某类资产获得超常上涨时，其持有数量将被调低；反之则被调高。因此，资产收益呈现均值反转的规律时，该策略能够以此获利。瑞士基金管理人 Marc Faber 认为，等权重投资组合策略是最理想的资产配置策略，采取此种策略并非为了获取巨额收益，而是在复杂环境中达到资产保值增值的目的。

2. 等权重策略有效的原因

(1)等权重指数易偏向市值较小部分，中小盘往往产生超额收益。

市值加权的指数会将更大的权重分配给大盘股票，而等权重指数由于等权，中小盘的权重相比之下也会有所提升。从长期来看，小市值组合的收益将超过大市值组合。因此，越是小盘的样本池，等权重策略就越可能产生超额收益。

(2)等权重的超额收益主要来源于定时调仓时的再平衡操作。

再平衡操作相当于卖出涨幅大的资产、买入涨幅小的资产，这在牛市尤其有效，因此等权重策略在牛市中的表现也普遍优于对应指数。

(3)等权重运用在红利、价值、动量、质量、低波这几种因子策略中，都能跑赢市值权重加权。

等权重的运用通过减少市值因子的暴露，增加了策略因子的暴露，能够跑赢市场；但直接使用策略因子(波动率、价值评分、股息率)更能增加策略因子暴露，能否跑赢对应因子加权还需要具体问题具体分析。

3. 等权重策略的特点

(1)在小盘中应用等权重策略才能在长期产生超额收益。而在 A 股中直接应用该策略的大盘指数，长期来看与其对应的市值指数相当。

小盘股的市值相当，权重分布比较均匀，构建投资组合时所用的加权方法对走势的影响并不大。因此，等权重策略只有运用在大小盘混合的样本池中，才能使小盘因子的超额收益完全展露出来。

(2)行业分布更加分散。当股票市场结构行业较为集中时，市值加权就容易集中到某个行业，例如，上证指数偏向金融，恒生指数偏向金融和可选消费，纳斯达克指数偏向科技。按照等权重计算，各行业之间的权重会更加分散。

（3）等权重指数在对市场的描述上更接近中小投资者的实际感受，不会出现多数小盘股下跌而指数因大市值股票带动上涨的情况（即赚指数不赚钱）。

（4）等权重指数相较于市值权重指数更能反映指数中中小盘的价格变化，因此也表现出较大的波动性。

4．等权重策略的缺陷

（1）等权重策略不符合强者恒强的理念。而如果市场认可这一逻辑，等权重就会跑输。

（2）等权重指数基金的流动性容易受到影响。特别是小盘等权重基金会受到盘子较小的那部分股票的流动性影响，基金容易跑偏指数，尤其是极端行情时。

（3）使用了等权重策略的基金，其规模易受盘子最小的那部分股票的流通市值和流动性影响。

（4）因为市场一直在波动，只有频繁调仓才能保持等权重，导致等权重指数基金的换手率更高，对基金收益造成影响。

5．等权重策略指数使用方法

（1）偏向中小盘的指数，使用等权重策略的效果可能更好，比如医药 100、500 等权。

（2）其他 Smart beta 策略指数中，使用等权重可能会优于市值权重。

（3）牛市中布局等权指数优于对应的市值指数。

八、风险平价理论

1．理论内容

风险平价是对投资组合中不同资产分配相同的风险权重的一种资产配置理念。风险平价的，即通过调整各类资产的权重，使组合中各类资产的风险贡献基本均衡，以实现投资组合的风险结构优化。

假设某一资产组合 p 由两类资产（例如股票与债券）构成，则有 $R_p = w_1R_1 + w_2R_2$，式中，R_1、R_2分别为两类资产的收益，w_1、w_2分别为两类资产的配置比重，且有 $w_1 + w_2 = 1$。

资产组合的风险即为资产收益的标准差，则组合 p 的风险为：

$$\sigma(R_p) = \sqrt{w_1^2\sigma(R_1)^2 + w_2^2\sigma(R_2)^2 + 2w_1w_2\text{cov}(R_1, R_2)}$$

将 $\sigma(R_p)$看作 w_1和 w_2的函数，定义资产 1 对组合 p 的边际风险贡献，即资产 1 的单位配资权重 w_1的增长引起的组合风险 $\sigma(R_p)$的增长：

$$MRC_1 = \frac{\partial\sigma(R_p)}{\partial w_1} = \frac{w_1\sigma(R_1)^2 + w_2\text{cov}(R_1, R_2)}{\sigma(R_p)} = \frac{\text{cov}(R_1, R_p)}{\sigma(R_p)}$$

则资产 1 对组合的总风险贡献为：

$$TRC_1 = w_1\frac{\partial\sigma(R_p)}{\partial w_1} = \frac{w_1^2\sigma(R_1)^2 + w_1w_2\text{cov}(R_1, R_2)}{\sigma(R_p)} = w_1\frac{\text{cov}(R_1, R_p)}{\sigma(R_p)}$$

组合 p 的总风险可以拆成各项资产总风险贡献之和：

$$\sigma(R_p) = \frac{w_1^2\sigma(R_1)^2 + w_2^2\sigma(R_2)^2 + 2w_1w_2\text{cov}(R_1, R_2)}{\sigma(R_p)} = TRC_1 + TRC_2$$

则资产 i 在组合 p 中的风险贡献权重可以表示为：

$$\frac{TRC_i}{\sigma(R_p)} = w_i\beta_i$$

其中，$\beta_i = \frac{\text{cov}(R_i, R_p)}{\sigma(R_p)^2}$。

可见，各项资产对组合风险的贡献权重并不一定等于资金配比权重 w_i，而是在 w_i 上乘以一个与该资产和组合的协方差有关的数 β_i。

风险平价模型要求选择合适的资金配比 w_i，使得组合中各项资产的风险贡献相等，即：

$$TRC_i = TRC_j$$

$$\frac{TRC_i}{\sigma(R_p)} = \frac{1}{N}$$

式中，i、j 遍历各项资产，N 为资产总数。

2. 主要特点

(1)风险均衡：通过分散投资和多样化投资，均衡分配不同资产类别在组合风险中的贡献度，从而实现风险平价；

(2)长期投资：风险平价模型倾向于长期投资，强调长期投资与风险管理的重要性；

(3)难以实施：风险平价策略的实施依赖于大量数据和精确的分析，耗费成本大、时间长，具有一定困难；

(4)忽视个性化需求：风险平价模型强调分散投资、均衡风险，在一定程度上也忽视了投资者的个性化需求，从而降低投资组合的多样性和灵活性。

九、大数据背景下的投资理念

近年来，随着个人投资者理财需求的提升和大数据技术的发展，智能投顾作为一种低门槛的定制化投资方式发展迅猛，美国更是成为领跑者，出现了不少全球知名的智能投顾平台，如 Wealthfront、Betterment、Personal Capital 等。

智能投顾是指利用云计算、智能算法、机器学习等技术，将现代资产组合理论应用到模型中，结合投资者个人财务状况、风险偏好和收益目标，为投资者提供最佳组合。

目前国内的智能投顾产品，以“半人工 + 半自动”的半智能投顾模式为主。而真正的智能投顾，是提供以算法为根基的全球资产配置的服务，是一个全自动化、数据驱动的过程：由采集金融市场的数据，到对数据进行分析和加工，再根据投资者个人风险偏好，去生成一个定制化的资产配置方案，均通过机器进行，人工只采取必要干预甚至不干预。

智能投顾的出现，让从前只为高净值人群服务的私人银行理财服务，成为普通投资者触手可及的个性化理财服务。技术的进步和大数据的应用，在提升效率的同时也极大地降低了投资门槛。

技术的提升也为投资者带来了更高效率的投资体验。运用现有的智能投顾产品，投资者完成风险问卷调查后，系统会根据投资者个人风险偏好，即时生成定制化的投资组合建议；随后，投资者便可自助一键下单，快速完成全球资产配置。平台背后的机器会全天候实时监测、追踪市场动态，依据投资者当前持仓情况及市场数据及时发出调仓提醒。投资者仅需在碎片时间登录平台，便可随时查看个人资产组合表现，省心又省力。

智能投顾以其高效的数据处理方式，为投资者提供千人千面的投资建议服务，同时其分散风险的作用也十分显著。纵观过往行业数据，难有单一的资产能够持续表现优异。

随着技术的进步和投资者对于理财认识的逐步加深，智能投顾将为投资者开启全新的智能化全球资产配置新时代。能够为投资者提供“低门槛、低成本、定制化”的全智能投顾服务将成为未来市场主流。

十、资产配置

1. 资产配置的概念

资产配置是指根据投资需求将投资资金在不同资产类别之间进行分配，通常是将资产在低风险、低收益证券与高风险、高收益证券之间进行分配。

在现代投资管理体制下，投资一般分为规划、实施和优化管理三个阶段。投资规划即资产配置，它是资产组合管理决策制定步骤中最重要的环节，也是决定投资组合相对业绩的主要因素。

2. 资产配置的主要类型

(1)根据投资决策的灵活性不同，分为主动型策略与被动型策略。

①主动型投资策略。假设前提是市场有效性存在瑕疵，有可供选择的套利机会。它要求投资者根据市场情况变动对投资组合进行积极调整，并通过灵活的投资操作获取超额收益，通常将战胜市场作为基本目标。根据板块轮动、市场风格转换调整投资组合就是一种常见的主动型投资策略。

②被动型投资策略。指根据事先确定的投资组合构成及调整规则进行投资，不根据对市场环境的变化主动地实施调整。其理论依据主要是市场有效性假说，如果所有证券价格均充分反映了可获得的信息，则买入并持有证券，被动接受市场变化而不进行调整，更有可能获取市场收益，并避免了过多的交易成本和误判市场走势造成的损失。

在现实中，主动策略和被动策略是相对而言的。通常将指数化投资策略视为被动投资策略的代表，但由此发展而来的各种指数增强型或指数优化型策略已经带有了主动投资的成分。

(2)按照策略适用期限的不同，分为战略性投资策略和战术性投资策略。

①战略性投资策略。也称为“战略性资产配置策略”或者长期资产配置策略，是指着眼较长投资期限，追求收益与风险最佳匹配的投资策略。因其着眼长期，故不会随市场行情的短期变化而轻易变动。常见的长期投资策略包括：

a. 买入持有策略。确定恰当的资产组合，并在诸如3～5年的适当持有时间内保持这种组合。买入持有策略是一种典型的被动型投资策略，通常与价值型投资相联系，具有最小的交易成本和管理费用，但不能反映环境的变化。

b. 固定比例策略。保持投资组合中各类资产占总市值的比例固定不变。在各类资产的市场表现出现变化时应进行相应调整，买入下跌的资产，卖出上涨的资产。

c. 投资组合保险策略。是一大类投资策略的总称，这些策略的共性是强调投资人对最大风险损失的保障。其中，固定比例投资组合保险策略最具代表性。其基本做法是将资产分为风险较高和较低(通常采用无风险资产，例如国债)两种，首先确定投资者所能承受的整个资产组合的市值底线，然后以总市值减去市值底线得到安全边际，将这个安全边际乘以事先确定的乘数就得到风险性资产的投资额。市场情况变化时，需要相应调整风险资产的权重。

②战术性投资策略。也称为“战术性资产配置策略”，通常是一些基于对市场前景预测的短期主动型投资策略。常见的战术性投资策略包括：

a. 交易型策略。根据市场交易中经常出现的规律性现象，制定某种获利策略。代表性策略包括均值—回归策略、动量策略和趋势策略。

均值—回归策略通常假定证券价格或收益率走势存在一个正常值或均值，高于或低于此均值时会发生反向变动，投资者可以依据该规律进行低买高卖。

动量策略也称“惯性策略”，其基本原理是“强者恒强”，投资者买入所谓“赢家组合”（即历史表现优于大盘的组合），试图获取惯性高收益。

趋势策略与动量策略的操作思路类似，只不过动量策略更侧重量化分析，而趋势策略往往会与技术分析相联系。

b. 多—空组合策略，有时也称为“成对交易策略”，通常需要买入某个看好的资产或资产组合，同时卖空另外一个看淡的资产或资产组合，试图抵消市场风险而获取单个证券的阿尔法收益差额。

c. 事件驱动型策略。根据不同的特殊事件制定相应的灵活投资策略。

(3)根据投资品种的不同，分为股票投资策略、债券投资策略、另类产品投资策略等。

①股票投资策略

a. 按照投资风格划分，可以区分为价值型投资策略、成长性投资策略和平衡型投资策略。

b. 按收益与市场比较基准的关系划分，可以分为市场中性策略、指数化策略、指数增强型策略以及绝对收益策略。

c. 按照投资决策的层次划分，可以分为配置策略、选股策略和择时策略。

②债券投资策略

债券投资策略种类比较复杂，通常可以按照投资的主动性程度，把债券投资策略分为两类：

a. 消极投资策略，例如指数化投资策略、久期免疫策略等等。

b. 积极投资策略，例如收益曲线骑乘策略、债券互换策略等等。

③另类投资策略。通常将除股票、债券之外的其他投资品称为另类投资，例如大宗商品、房地产、艺术品等等，不同类别的投资品均有其较为专业化的投资策略。

3. 动态资产配置策略

动态资产配置是根据资本市场环境及经济条件对资产配置状态进行动态调整，从而增加投资组合价值的积极战略。

大多数动态资产配置一般具有以下共同特征：

①一般是一种建立在一些分析工具基础之上的客观、量化的过程。这些分析工具包括回归分析或优化决策等。

②资产配置主要受某种资产类别预期收益率客观测度的驱使，因此属于以价值为导向调整的过程。可能的驱动因素包括以现金收益、长期债券的到期收益率为基础计算的股票预期收益，或按照股票市场股息贴现模型评估的股票股息收益变化情况等。

③资产配置规则能够客观地测度出哪一种资产类别已经失去市场的注意力，并引导投资者进入不受人关注的资产类别。

④资产配置一般遵循回归均衡的原则，这是动态资产配置中的主要利润机制。

【真题 2.11】大多数动态资产配置策略一般具有的共同特征包括(　　)。

A. 一般是一种建立在一些分析工具基础之上的客观、量化的过程

B. 资产配置主要受某种资产类别预期收益率客观测度的驱使，属于以价值为导向的调

整过程

C. 资产配置规则能够客观地测度出哪一种资产类别已经失去市场的注意力，并引导投资者进入不受人关注的类别

D. 资产配置一般遵循回归均衡的原则

【答案】ABCD

【解析】动态资产配置是指根据资本市场环境及经济条件对资产配置状态进行动态调整，从而增加投资组合价值的积极战略。大多数动态资产配置一般具有的共同特征为题中 ABCD 四项，其中，D 项是动态资产配置中的主要利润机制。

十一、战略性资产配置的相关模型

1. 均值—方差模型

均值—方差模型(MVO)是马科维茨于 1952 年提出的风险投资模型。其基本思想是：假定投资者都是风险厌恶的，根据各类资产的预期收益和方差以及资产之间的相关系数，就能够通过最优化模型求解，确定既定风险水平下收益最大化，或者既定收益水平下风险最小化的投资组合，最优的收益风险配对形成有效前沿。投资者最终选择的就是有效前沿上使之效用最大化的点。具体如图 2－16 所示。

均值—方差模型依据以下几个假设：

(1)投资者在考虑每一次投资选择时，其依据是某一持仓时间内的证券收益的概率分布。

(2)投资者是根据证券的期望收益率的方差或标准差估测证券组合的风险。

(3)投资者的决定仅仅是依据证券的风险和收益。

(4)在一定的风险水平上，投资者期望收益最大；相对应的是在一定的收益水平上，投资者希望风险最小。

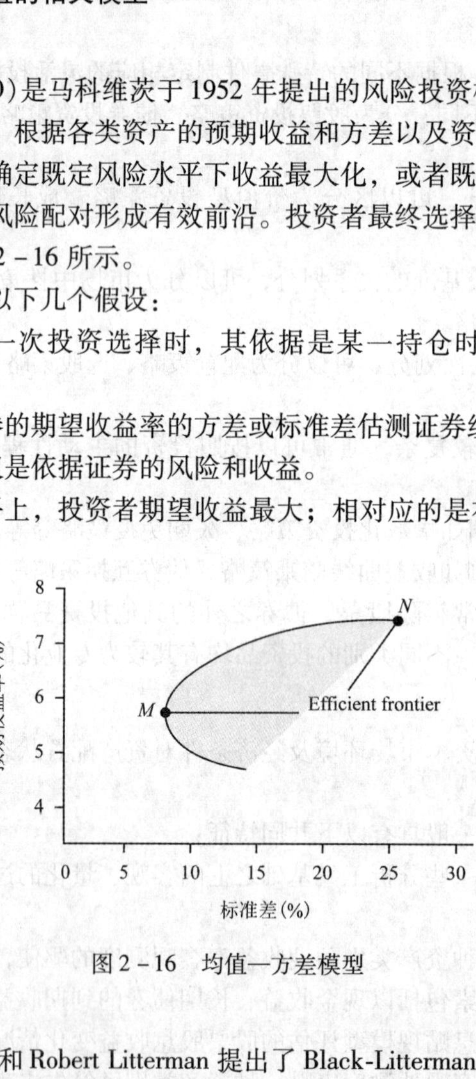

图 2－16　均值—方差模型

2. B－L 模型

1992 年，Fisher Black 和 Robert Litterman 提出了 Black-Litterman 模型(B－L 模型)，该模型本质上是均值—方差模型与资本资产定价模型两大现代投资理论的结合。B－L 模型以市场均衡假设推出的资产收益率为出发点，结合投资者对不同投资品收益率的主动判断，最终得出最佳的投资组合配置。

(1)基本内容

针对均值—方差模型存在的一些缺陷，B－L 模型采用贝叶斯方法，将市场隐含的均衡

收益(先验收益)和投资者主观观点相结合，形成期望收益的估计值(后验收益)。该理论的基本思路为：在投资者对于市场没有额外观点的情况下，他应该持有与基准投资组合相同比例的资产；当投资者观点不同于市场均衡观点(先验)时，其观点的加入会使得资产的权重偏离基准组合，随着观点的信心程度越来越强，偏离程度增大，最终形成关于预期收益的新估计，即后验收益。简单来说，B－L模型的思路即：预期收益=市场均衡收益+投资者观点。

(2)B－L模型的优点

①B－L模型对均值和方差的估计方法进行了改进，采用贝叶斯分析框架能够很方便地融合基金经理或基金经理的主观观点。

②B－L模型用贝叶斯分析框架处理线性观点矩阵，可得到闭解形式的后验估计。

③B－L模型配置结果更稳健、更符合直觉。只要基金经理持有强烈的观点而不认可市场观点，模型就可以允许结果朝倾向于主观观点的方向进行显著调整。这样，模型得出怎样的结果是可预期的且符合直觉的。

3. 风险平价模型

风险平价模型(RP模型)最早用于桥水基金的全天候资产配置策略。该模型中，每一类资产在投资组合中的风险贡献相同，只考虑风险的分配，而不考虑预期回报。风险平价模型的相关理论，在本节前半部分有详细介绍。

4. 美林投资时钟

美林时钟是美国投行美林证券提出的一个资产配置理论。根据经济增长的方向和通胀的高低，美林投资时钟将经济周期分成了四个独立的阶段，在每个时期，对应部分显示的资产和股票类型将表现优于其他，而其对角线上的资产和股票类型将表现弱于其他。经典的萧条至繁荣的经济周期从左下方开始，四个阶段顺时针推进，在此过程中债券、股票、商品和现金依次变现优于其他资产，如图2－17所示。

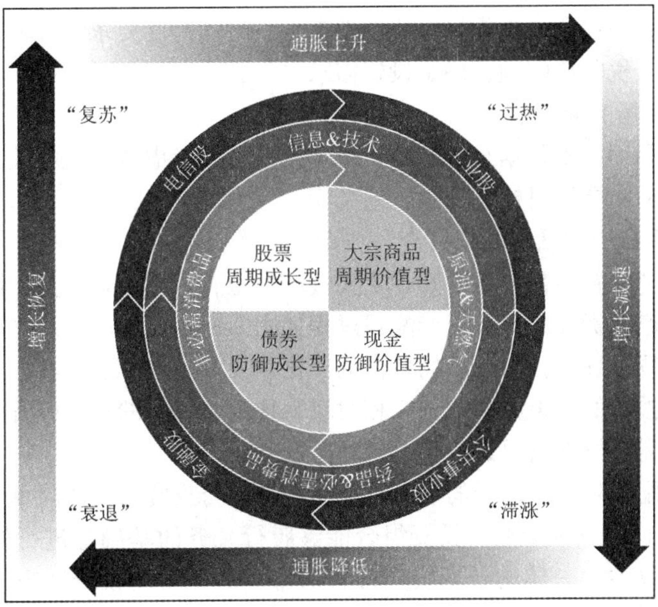

图2－17 美林投资时钟

十二、资产配置的分散化与再平衡

1. 资产配置的分散化

资产配置的分散化，就是把投资者的资金相对分散地投资于不同的大类资产中(包括但不限于债券、股票、理财、基金、存款、房产等)，并根据投资者诉求和市场变化等因素动态调整各资产的投资比例。

2. 资产配置的再平衡

(1)资产配置再平衡的含义

资产配置再平衡，就是把投资者的投资组合，恢复到一开始的目标配置比例。例如：某投资者的投资组合为50%权益资产和50%债券资产。假设由于权益资产下跌，导致投资组合变成了40%权益资产和60%债券资产。再平衡过程就是购入更多权益资产，卖出部分债券资产，使投资组合重新恢复到50%权益资产和50%债券资产。

(2)资产配置再平衡的策略

①定期再平衡：按一定时间频率对投资组合进行再平衡操作，如按年度、季度、月份等。

②动态再平衡：时刻记录投资组合的资产比例情况，允许各类资产比例在一定范围内波动，当资产比例偏离目标配置一定程度时进行再平衡操作，将资产配置恢复到目标比例。

③更复杂的再平衡：如定期与动态相结合，基于风险敞口的再平衡等等。

(3)资产配置再平衡的意义

①提高整体配置中的风险底线；

②赚取波动中带来的收益。

十三、资产配置的主要流程与步骤

一般情况下，资产配置的过程包括以下几个步骤：

(1)明确投资目标和限制因素

通常考虑投资者的投资风险偏好、流动性需求、时间跨度要求，并考虑市场上实际的投资限制、操作规则、税收等问题，确定投资需求。

(2)明确资本市场的期望值

这一步骤包括利用历史数据与经济分析决定投资者所考虑资产在相关持有期间内的预期收益率，确定投资的指导性目标。

(3)明确资产组合中包括哪几类资产

确定具体的资产配置通常考虑的几种主要资产类型有货币市场工具，即现金、固定收益证券、股票、不动产、贵金属等。资产配置过程如图2－18所示。

在这一资产配置过程中，由于市场条件的变化和投资者的影响，其内容会随情况的变化而变化，但其中所涉及的决策原则和方法相对较为稳定。完整的资产配置过程不仅需要综合各方面的情况，还需要根据情况的变化进行动态调整。

系统化的资产配置是一个综合的动态过程，它是在与投资者的风险承受能力一致、投资者(或资产拥有者)长期成本最低、投资组合能够履行义务的基础上进行的理想化预测，即集控制风险和增加收益为一体的长期资产配置决策。对于不同投资者来说，风险的含义不同，资产配置的动机不同，因而资产配置也各不相同。

(4)确定有效资产组合的边界

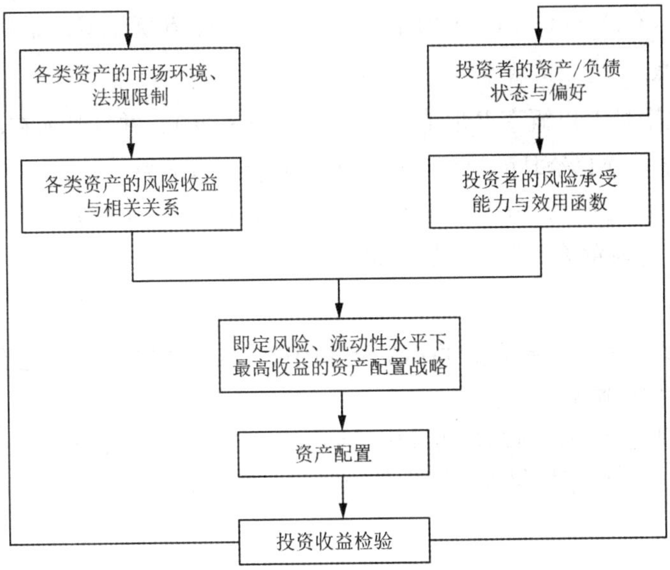

图 2－18　资产配置过程

这一步骤是指找出在既定风险水平下可获得最大预期收益的资产组合，确定风险修正条件下投资的指导性目标。

(5)寻找最佳的资产组合

这一步骤是指在满足投资者面对的限制因素的条件下，选择最能满足其风险收益目标的资产组合，确定实际的资产配置战略。

第七节　有效市场假说

【大纲要求】

熟悉预期效用理论；熟悉羊群效应；掌握金融市场泡沫的特征和规律。

了解有效市场假说的概念、假设条件；掌握强式有效、弱式有效、半强式有效的基本特征；掌握积极与消极投资组合管理的含义；了解市场有效性的检验；掌握有效市场假说在证券投资中的应用。

【要点详解】

一、预期效用理论

1. 定义

预期效用理论又称期望效用函数理论，是在公理化假设的基础上，运用逻辑和数学工具，建立的不确定条件下对理性人选择进行分析的框架。

2. 假设

预期效用理论建立在决策主体偏好理性的一系列严格的公理化假定体系基础之上，这些假设包括：

(1)优势性，如果期望 A 至少在一个方面优于期望 B 并且在其他方面都不亚于 B，那么 A 优于 B；

(2)恒定性(独立性)，各个期望的优先顺序不依赖于它们的描述方式；

(3)传递性，对于效用函数 u，只要 $u(A)>u(B)$，那么 A 就优于 B；反过来，只要 A

优于 B，那么就有 $u(A)>u(B)$，一般地，只要 A 优于 B，B 优于 C，那么 A 就优于 C。

3. 期望效用函数

如果某个随机变量 X 以概率 P_i 取值 $x_i(i=1,2,\cdots,n)$，并且某人在取得 x_i 时的效用为 $u(x_i)$，那么，该随机变量给其的效用可以用下面的公式表示为：

$$U(X)=E[u(X)]=P_1u(x_1)+P_2u(x_2)+\cdots+P_nu(x_n)$$

其中，$E[u(X)]$ 表示关于随机变量 X 的期望效用。

4. 缺陷

(1)理性人假设。实际上投资者并不是纯粹的理性人，决策和行为还受到其复杂的心理机制和其他外部条件的影响。

(2)预期效用理论在一系列选择实验中受到了一些“悖论”的挑战。如：同结果效应、同比率效应、反射效应、概率性保险、孤立效应、偏好反转等。

二、羊群效应

1. 含义

羊群效应是指投资者在交易过程中存在学习与模仿现象，从而导致他们在一段时间内出现相同的交易行为。

2. 产生原因

(1)投资者信息不对称、不完全。模仿他人的行为以节约自己搜寻信息的成本。

(2)推卸责任的需要。后悔厌恶心理使决策者为了避免个人决策失误可能带来的后悔和痛苦，而选择与其他人相同的策略，或听从他人的建议。

(3)减少恐惧的需要。人类属于群体动物，偏离大多数人往往会产生一种孤独和恐惧感。

(4)缺乏知识经验以及其他的一些个性方面的特征。如知识水平、智力水平、接受信息的能力、思维的灵活性、自信心等都是产生羊群效应的重要因素。

一般具有较高社会赞誉需要的人比较重视社会对他的评价，希望得到他人的赞许，容易表现出从众倾向；具有高焦虑心态的人从众性比较强；女性比男性更具有从众心理与行为。

三、金融市场泡沫的特征和规律

金融泡沫的产生、演变和发展有其共同的规律和特点，其主要特征可概括为：乐观的预期、大量“幼稚投资者”的涌入、价格与价值的严重背离、庞氏骗局、泡沫破裂和经济冲击。

(1)乐观的预期

在泡沫形成初期，市场上绝大多数人都预期价格会上涨。包括对未来走势的乐观估计、媒体的乐观报道、机构的乐观预测，证实偏差，放大正面的、积极的、乐观的新闻，而对负面的、消极的信息视而不见，对负面的预测不屑一顾，对背道而驰的论调感到愤慨等情况。

在乐观的情绪下，市场存在“自我实现的预言”效应，即对未来市场预期价格上升，现实价格会随之上升；反之，若对未来市场预期价格下降，则现实价格会随之下降，其显著特征是预期的同质性。

(2)大量“幼稚投资者”的涌入

在泡沫膨胀到一定程度时，很多新近进入市场的投资者赚到钱，很多人发现还是做金融投资赚钱，于是纷纷投入金融投资的行列，把股票投资作为投机的工具，成为了“幼稚投资者”，社会陷入炒股风潮。

(3)价格与价值的严重背离

泡沫形成时，价格呈稳步上升的走势，但是进入膨胀期后，价格会加速上升。虽然泡沫的最后持续时间比较短暂，但是泡沫的产生、积聚、演化、发展则是一个比较漫长的过程，也就是说，资产价格与价值的偏离可能在很长时期内存在。

(4)庞氏骗局

庞氏骗局是对金融领域投资诈骗的称呼，即利用新投资人的钱来向老投资者支付利息和短期回报，以制造赚钱的假象进而骗取更多的投资。

在庞氏骗局中，投资者是乐观的，庞氏骗局的设局者是乐观的，更为严重的是，监管者也会受到这种乐观情绪的影响而迷失方向，放松监管。当市场处于周期顶端时，人们完全处于过度乐观、过度自信和贪婪之中，设置庞氏骗局极易取得成功，因此在市场顶部往往伴随着各种各样的庞氏骗局，这些庞氏骗局能够继续吹大泡沫。

(5)泡沫破裂和经济冲击

经济学家海曼·明斯基认为金融系统本质上具有不稳定的特质，过度投机最终会因为投资者收支不平衡而产生崩溃。一般来说，泡沫崩溃的速度会比其形成和膨胀的速度要快。

金融泡沫的形成和破裂，不仅使个人财产受到极大的损失，也会对一个国家的经济带来巨大危害。一方面，企业负债恶性膨胀，大量倒闭；另一方面，泡沫经济破灭后，由于居民实际收入减少，使消费需求不振，投资需求减少，进而引发通货紧缩和经济衰退。

【真题 2.12】下列各项中，可以强化金融泡沫形成的有(　　)。

A. 跨境资金转出　　B. 紧缩性货币政策

C. 羊群效应的存在　　D. 投资者自信程度的增加

【答案】CD

【解析】金融泡沫是指一种或一系列的金融资产经历连续上涨后，市场价格大于实际价格的经济现象。其产生的根源是过度的投资引起资产价格的过度膨胀，导致经济的虚假繁荣。金融市场泡沫主要具有乐观的预期、大量“幼稚投资者”的涌入、价格与价值的严重背离、庞氏骗局以及泡沫破裂和经济冲击五大特征。

四、有效市场假说的概念、假设条件

1. 有效市场假说的提出

美国芝加哥大学著名教授尤金·法玛 1965 年在《商业学刊》上发表的一篇题为《股票市场价格行为》的论文，并于 1970 年深化和提出“有效市场理论”。

2. 有效市场假说的概念

证券在任一时点的价格都是对与证券相关的所有信息做出的即时、充分的反映称为有效市场假说，它将资本市场划分为弱式有效市场、半强式有效市场和强式有效市场三种形式。

有效市场假说理论认为，在一个充满信息交流和信息竞争的社会里，一个特定的信息能够在股票市场上迅即被投资者知晓。随后，股票市场的竞争将会驱使股票价格充分且及时地反映该组信息，从而使得投资者根据该组信息所进行的交易不存在非正常报酬，而只能赚取风险调整的平均市场报酬率。只要证券的市场价格充分及时地反映了全部有价值的信息、市场价格代表着证券的真实价值，这样的市场就称为有效市场。

3. 有效市场假说的特征

(1)将资本市场划分为弱式有效市场、半强式有效市场和强式有效市场三种形式。

(2)证券的价格能充分反映该证券的所有可获得的信息，即"信息有效"。

(3)证券的价格能够根据最新信息迅速做出调整。

4. 有效市场假说的假设条件

(1)理性人假设。即经济行为人为完全意义上的理性人。

(2)完全信息假设。即所有投资者都可获得与证券相关的所有信息。

(3)投资者均为风险厌恶者假设。即所有投资者都是厌恶风险的。但是，现实中，并非所有的投资者都是保守型的，也有部分投资者是激进型的，他们偏好风险。

五、强式有效、弱式有效、半强式有效的基本特征

(1)弱式有效市场假设认为，当前的股票价格已经充分反映了全部历史价格信息和交易信息，如历史价格走势、成交量等，因此试图通过分析历史价格数据预测未来股价的走势，期望从过去价格数据中获益将是徒劳的。也就是说，如果市场是弱式有效的，那么投资分析中的技术分析方法将不再有效。

(2)半强式有效市场假设认为，当前的股票价格已经充分反映了与公司前景有关的全部公开信息。公开信息除包括历史价格信息外，还包括公司的公开信息、竞争对手的公开信息、经济以及行业的公开信息等。因此，试图通过分析公开信息是不可能取得超额收益的。这样，半强式有效市场假设又进一步否定了基本分析存在的基础。

(3)强式有效市场假设认为，当前股票价格反映了全部信息的影响，全部信息不但包括历史价格信息、全部公开信息，而且还包括私人信息以及未公开的内幕信息等。这是一个极端的假设，是对任何内幕信息的价值持否定态度。

三种市场有效性的层次关系如图 2 – 19 所示。

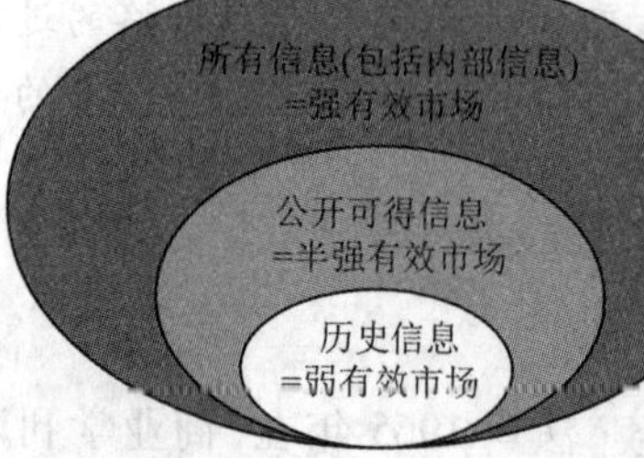

图 2 – 19　市场有效性的三个层次

【真题 2.13】下列有关有效市场假说的说法，正确的有(　　)。

A. 弱有效市场假定认为股票价格反映了全部公开可得信息

B. 半强有效市场假定认为股票价格反映了以往全部价格信息

C. 强有效市场假定认为股票价格反映了包括内幕信息在内的全部相关信息

D. 市场弱有效意味着技术分析毫无可取之处

【答案】CD

【解析】在弱式有效市场上，证券的价格充分反映了过去的价格和交易信息，即历史信息；在半强式有效市场上，证券的价格反映了包括历史信息在内的所有公开发表的信息，即公开可得信息；在强式有效市场上，证券的价格反映了与证券相关的所有公开的和不公开的

信息。技术分析以否定弱式有效市场为前提，只要市场达到弱有效，技术分析将毫无可取之处。

六、积极与消极投资组合管理的含义

根据组合管理者对市场效率看法的不同，投资组合管理方法可划分为主动管理和被动管理两种类型。

1. 主动管理方法

主动管理方法是指通过预测市场行情或寻找定价错误的证券，并借此频繁调整证券组合以获得尽可能高的收益的管理方法。采用此种方法的管理者认为，市场不总是有效的，加工和分析某些信息可以预测市场行情趋势和发现定价过高或过低的证券，进而选择买卖证券的时机和种类，以实现尽可能高的收益。

2. 被动管理方法

被动管理方法是指长期稳定持有模拟市场指数的证券组合以获得市场平均收益的管理方法。采用此种方法的管理者认为，证券市场是有效的，凡是能够影响证券价格的信息均已在当前证券价格中得到反映。也就是说，证券价格的未来变化是无法估计的。因此，他们坚持“买入并长期持有”的投资策略。但这并不意味着他们无视投资风险而随便选择某些证券进行长期投资。恰恰相反，正是由于承认存在投资风险并认为组合投资能够有效降低公司的特定风险，所以他们通常购买分散化程度较高的投资组合，如市场指数基金或类似的证券组合。

七、市场有效性的检验

1. 模拟检验

Harry Robert 用随机数表产生的一系列的价格变化数据，画在图上以描绘 Dow Jones 指数，将之与实际数据进行比较，以考察其行为。结果表明，两者具有极相似的模式，说明实际结果是随机变动的。

2. 序列相关性检验

这种检验是确定一定时期内价格变化的相关性，如 $t+1$ 时的价格与 t 时价格间的关系，相关系数在 -1 到 $+1$ 间取值。Fama 的研究表明，Dow Jones 指数每日价格在各种延迟下的相关系数都近于零，其他商品价格、其他单个股票价格的研究也有同样结论。

3. 游程检验(Runs Test)

用相关系数评估一个特定序列的独立性存在一个潜在的问题。因为相关系数是受个别的大数值数据的影响，即最大的数据或最小的数据会对确定相关系数的计算结果产生不正常的影响，为了克服这一可能的缺点，一些学者采用了游程检验。

这种方法忽略了序列中数字的绝对值，而只观察其符号，然后只计同方向的游程数(符号的连续序列)。如序列： －　＋ 0　＋有四个周期，将观察到的实际游程周期数与随机产生的价格变化序列的游程数相比较，人们发现两者间没有明显不同。研究结果进一步强化了随机游走假设。

4. 过滤检验

上述方法都是对价格变化的独立性进行检验，而过滤检验则是对特定的机械交易策略进行直接检验。

过滤检验是基于这样的前提，即一旦价格变化超过一个比率，则将继续在同一方向变化。所以有下列类似于著名的 Dow 理论的规则：

当某日价格上升比率达到 X%，买入成为多头，并持有该证券直到从下一个高点下降 X% 时卖出成为空头；保持空头直到从下一个低点上升达到 X% 时买入再成为多头。

可以看出，选择高的过滤值会降低交易次数，减少错误信号，但也会减少潜在的获利机会；相反，选择小的过滤值会保证分享大量价格变化带来的利益，但其缺点是进行交易的次数多，相应地要付出较高的成本，而且按错误信号交易的可能性也会增加。

R. A. Brealey 的研究表明，只有当过滤值取很小时，才存在依靠简单策略获利的自动交易系统。如果考虑到过多的交易次数导致的巨大的成本，这种情形下获利其实是不可能的。对其他交易系统的类似研究有类似的结果，这表明获利的自动交易系统是不存在的，从而为随机游走假设提供了支持。

5. 分布模式

按统计学的原则，随机事件的分布应是正态分布，因此如果价格的变化比率是随机事件，则其分布应近似完全正态。Fama 的研究表明，价格变化率与正态分布性偏差很小，从而证实了这一点。

6. 逆转效应

在某一段时期内，运行差的股票在其后时段里运行良好，反之亦然。则可导出基于技术分析的易于实施的交易策略，即买入最近不好的，卖出运行好的，这称为逆转效应。这一效应如果在许多投资者采用后仍成立，将否定有效市场假设。

八、有效市场假说在证券投资中的应用

对市场有效性的看法，直接影响投资策略的选取。如果认为市场是有效的，那么就没有必要浪费时间和精力进行积极的投资管理，而应采取消极的投资管理策略，有效市场理论也就成为指数基金产生的哲学基础。如果认为市场是无效的，那么积极的投资管理就有其重要的价值。即使在有效市场中，不同投资者的风险偏好不同，仍需要选择适合自己的最优组合，而有效的证券选择仍有利于风险的分散，因此资产组合管理仍有其存在的价值。

1. 高度有效的市场

所有投资者都不可能获得超额收益。此时投资策略是：与市场同步，取得和市场一致的投资收益。具体做法是：按照市场综合价格指数组织投资。

2. 弱式有效的市场

提前掌握大量消息或内部消息的投资者就可以比其他投资者更准确地识别证券的价值。此时的策略是：设法得到第一手的有效信息，确定价格被高估或者低估的证券，并作卖出或者买进的处理。

第三部分　专业技能

第三章　客户匹配度分析

【知识结构】

- 客户匹配度分析
  - 信息分析
    - 客户信息的分类
    - 客户定量信息和定性信息的内容
    - 客户财务信息和非财务信息的内容
    - 客户信息收集方法
  - 财务分析
    - 个人资产负债表的项目及其内容
    - 个人现金流量表的项目及其内容
    - 预测客户未来收入的方法
    - 预测客户未来支出的方法
  - 风险分析
    - 客户风险偏好的主要类型
    - 客户风险承受能力的影响因素
    - 客户风险承受能力的评估方法
    - 客户风险特征的内容
  - 目标分析
    - 客户证券投资需求和目标的分类
    - 客户证券投资目标的内容
    - 客户证券投资目标分析方法
  - 适当性匹配
    - 证券经营机构适当性管理要求
    - 证券经营机构适当性匹配意见的作用
    - 普通投资者与专业投资者的区别
    - 证券经营机构向投资者提供服务时应当了解的投资者信息
    - 划分产品风险等级需要考虑的因素
    - 适当性匹配方法
    - 证券经营机构销售产品或提供服务的禁止性规定
    - 证券经营机构销售产品或提供服务的告知与警示要求
    - 适当性相关信息资料的保护与提供要求
    - 证券经营机构违反适当性管理规定的监管措施
    - 证券经营机构委托与代销产品的要求

第一节　信息分析

【大纲要求】

熟悉客户信息的分类；熟悉客户定量信息和定性信息的内容；熟悉客户财务信息和非财务信息的内容；掌握客户信息收集方法。

【要点详解】

一、客户信息的分类

按照不同的标准，客户信息可以分为不同的类型，如表 3－1 所示。

表 3－1　客户信息的分类

分类标准	类型	具体内容
理财规划需要	基本信息	大体包括客户的姓名、年龄、联系方式、工作单位与职务、国籍、婚姻状况、健康状况，以及重要的家庭、社会关系信息(包括需要供养父母、子女信息)
	财务信息	客户家庭的收支与资产负债状况，以及相关的财务安排(包括储蓄、投资、保险账户情况等)
	个人兴趣及人生规划和目标	包括职业和职业生涯发展，客户性格特征、风险属性、个人兴趣爱好及志向，客户的生活品质及要求，受教育程度及投资经验、人生观、财富观等
是否属于财务信息	财务信息	客户家庭收支和资产负债状况信息，是制定个人财务规划的基础和根据
	非财务信息	客户基本信息和个人兴趣、发展及预期目标，帮助进一步了解客户，对个人财务规划的制定有直接的影响
定量信息和定性信息	定量信息	①普通个人和家庭档案：姓名、身份证号码、性别、出生日期、年龄、婚姻状况、学历、就业情况、配偶及抚养赡养状况等；②有关财务顾问的信息；③资产和负债；④收入与支出；⑤保单信息；⑥雇员福利；⑦养老金规划；⑧现有投资情况；⑨其他退休收益；⑩客户的事业信息；⑪遗嘱
	定性信息	①目标陈述；②健康状况；③兴趣爱好；④就业预期；⑤风险特征；⑥投资偏好；⑦预期生活方式改变；⑧理财决策模式；⑨理财知识水平；⑩金钱观；⑪家庭关系；⑫现有和预见的经济状况；⑬其他计划假设

【真题 3.1】下列属于客户定量信息的是(　　)。

A. 金钱观　　B. 每月收入与支出

C. 风险偏好　　D. 投资经验

【答案】B

二、客户信息收集方法

1. 初级信息的收集方法

初级信息是指只能通过和客户沟通获得的关于客户的个人和财务的资料。从业人员与客户初次会面时，仅通过交谈的方式收集信息是不够的，通常还要采用数据调查表来帮助收集定量信息。

由于数据调查表的内容较为专业，所以可以采用从业人员提问，客户回答，然后由从业人员填写的方式来进行。如果由客户自己填写调查表，那么在开始填写之前，从业人员应对有关的项目加以解释，否则客户提供的信息很可能不符合从业人员的需要。

在收集客户信息的过程中，如果客户出于个人原因不愿意回答某些问题，从业人员就应该谨慎地了解客户产生顾虑的原因，并向客户解释该信息的重要性，以及在缺乏该信息情况下可能造成的误差。

2. 次级信息的收集方法

次级信息是指从政府部门或金融机构公布的信息中获得的宏观经济信息。次级信息的获得需要从业人员在平日的工作中注意收集和积累，建立专门数据库，以便随时调用。

【真题 3.2】关于客户的初级信息，下列说法正确的是(　　)。

A. 初级信息是指客户个人和财务资料

B. 初级信息是由政府部门或金融机构公布的宏观经济数据

C. 初级信息靠交谈和调查问卷相结合的方式来获得

D. 初级信息靠数据库来获得

【答案】AC

第二节 财务分析

【大纲要求】

熟悉个人资产负债表的项目及其内容；熟悉个人现金流量表的项目及其内容；掌握预测客户未来收入的方法；掌握预测客户未来支出的方法。

【要点详解】

一、个人资产负债表和个人现金流量表

1. 个人资产负债表和个人现金流量表的含义

客户的资产负债表是记录和分析客户资产和负债情况的重要工具，是衡量其财务状况是否良好和稳健的重要指标。

个人现金流量表用于反映个人一定时期的收入与支出情况，主要分为收入、支出和盈余(赤字)三个部分。一般以 12 个月为一个时间段，将客户在该时期内的收入、支出情况分别在表中列出。

2. 个人资产负债表和个人现金流量表的项目及其内容

个人资产负债表和个人现金流量表是分析客户所有相关财务状况的基础。

表格的结构与客户的个人基本情况有直接的关系。一般而言，已婚中青年客户的资产负债表和现金流量表的项目构成较为复杂，而单身年轻客户的资产负债表和现金流量表的项目构成较为简单，这主要是因为年轻客户尚未积累起大量的个人财富并且其支出项目也较为简单。个人资产负债表和个人现金流量表的项目分别如表 3－2、表 3－3 所示，其内容如表 3－4 所示。

表 3－2 个人资产负债表的项目

资产		负债	
流动资产	现金	短期负债	公共事业费用
	活期存款		租金支出
	定期存款		医药费用
	货币市场基金		银行信用卡支出
投资	股票		旅游和娱乐支出
	债券		汽车和其他支出
	储蓄产品(>1 年)		其他消费支出
	基金(还可细化)		税务支出
	房地产		保险费
	其他		其他短期负债

续表

资产		负债	
实际资产	主要住房	长期负债	主要住房贷款
	第二处住房		第二处住房贷款
	其他		房地产投资贷款
个人财产	汽车		汽车贷款
	房屋内设施摆设		家具/用具贷款
	珠宝和艺术品		房屋装修贷款
	其他		教育贷款

表3-3 个人现金流量表的项目

收入		支出	
工资 奖金与佣金	姓名：丈夫	住房	房贷支付/租金
	姓名：妻子		修缮、维修、装修
	姓名：丈夫	公共事业费	气、水、电
	姓名：妻子		保护/维修费用
养老金 投资收入	利息所得		电话/手机
	分红所得		有线电视
	租金收入	食品	食品
	证券买卖所得		餐费
	其他	税收	
	—	保险	寿险/残疾
			住房
			汽车
			健康
		医疗保险费	
		用具、家具及其他	安装费用
其他收入			修理与维护
			购买
	—	个人消费	洗衣及干洗
			头发护理
			化妆品
		娱乐与度假	度假
			CD、电影等
			爱好与运动器材
		杂类	俱乐部费用
			子女费用

表3-4　个人资产负债表和个人现金流量表的内容

项目	具体内容
个人资产负债表	①资产分类、额度及其与总资产的占比情况 ②负债分类、额度及其与总负债的占比情况 ③净资产额度(总资产-总负债)
个人现金流量表	①主要收入的分类、额度及其与总收入的占比情况 ②主要支出的分类、额度及其与总支出的占比情况 ③结余额度(盈余/赤字=总收入-总支出)

3. 对个人资产负债表和个人现金流量表的分析

(1)对个人资产负债表的分析

在解读个人资产负债表时，需掌握如下的会计恒等式：净资产=资产-负债。通过分析客户的个人资产负债表，不仅可以了解客户的资产和负债信息，而且能够了解客户的资产和负债结构。当负债相对于资产来说增加速度快时，净资产减少，个人就容易出现财务危机。客户的资产负债表显示了客户全部的资产状况，正确分析客户的资产负债表是下一阶段的财务规划和投资组合的基础。

(2)对个人现金流量表的分析

①证券投资顾问对客户的现金流量分析应重点关注以下几点：

a. 具体分析各项收入、支出的数额及其在总额中的占比；

b. 对客户财务状况影响较大的经常性项目应重点关注；

c. 分析客户的净现金流量。若客户的现金流量表的结余是赤字，说明客户财务状况欠佳。

②个人现金流量表的作用

通过分析客户的现金流量表，掌握收入和支出信息后，就可以计算客户每年的盈余/赤字了。盈余/赤字的计算公式如下：盈余/赤字=收入-支出。个人现金流量表可以作为衡量个人是否合理使用其收入的工具，还可以为制定个人理财规划提供以下帮助：a. 有助于发现个人消费方式上的潜在问题；b. 有助于找到解决这些问题的方法；c. 有助于更有效地利用财务资源。

【真题3.3】下列有关个人现金流量表的说法，正确的是(　　)。

A. 计算赤字的基本关系式是：赤字=收入-支出

B. 有助于发现个人消费方式上的潜在问题

C. 住房租金是表中的支出项

D. 资产负债表和现金流量表是两个相互独立的主体，二者间无关联

【答案】ABC

【解析】D项，向客户提供财务分析、财务规划的顾问服务时，需要掌握两类个人财务报表——资产负债表和现金流量表，两者不是相互独立的主体，有密切关联，应结合起来分析。

二、预测客户未来收入的方法

在预测客户的未来收入时，可以将收入分为常规性收入和临时性收入。其中，常规性收入是指人们可以预料的能够长期连续获得的常规性收入，包括工资、奖金、补贴、利息、股

息红利等；临时性收入是指人们由于某种偶然的机会或特殊事件导致的收入，是不可预料的。

客户的收入会受到工资、奖金、利息和红利等项目变化的影响，考虑到各种因素的不确定性，理财师应该进行两种不同的收入预测：一是估计客户的收入最低时的情况，这一分析将有助于客户了解自己在经济萧条时的生活质量以及如何选择有关保障措施；二是根据客户的以往收入和宏观经济的情况对其收入变化进行合理的估计。

三、预测客户未来支出的方法

在估计客户的未来支出时，需要了解两种不同状态下的客户支出：一是满足客户基本生活的支出，二是客户期望实现的支出水平。其中“基本生活”并非指仅实现基本生存状态的生活水平，而是指在保证客户正常生活水平不变的情况下，考虑了通货膨胀后的支出数额预测。而有很多客户在维持现有消费水平的基础上，都期望能够进一步提高生活质量，所以，从业人员要根据客户的要求制定出客户期望实现的支出水平。

第三节　风险分析

【大纲要求】

了解客户风险偏好的主要类型；熟悉客户风险承受能力的影响因素；掌握客户风险承受能力的评估方法；熟悉客户风险特征的内容。

【要点详解】

一、客户风险偏好和投资风格

1. 客户风险态度分类

按照客户对风险的态度，可以把客户划分为：风险厌恶型、风险偏好型及风险中立型三类，如表 3－5 所示。

表 3－5　客户风险偏好的主要类型

主要类型	特点
风险厌恶型	对待风险态度消极，不愿为增加收益而承担风险，非常注重资金安全，极力回避风险
风险偏好型	对待风险投资较为积极，愿意为获取高收益而承担高风险，重视风险分析和规避，不因风险的存在而放弃投资机会
风险中立型	介于风险厌恶型和风险偏好型投资者之间，期望获得较高收益，但对于高风险也望而生畏

风险厌恶型投资者以安全性高的储蓄、国债、保险等为主；风险偏好型投资者遵循组合设计、设置风险止损点，防止投资失败影响家庭整体财务状况；风险中立型投资者以储蓄、理财及债券为主，结合高收益的股票、基金和信托投资，优化组合模型，均衡收益与风险。

2. 风险偏好与财富效用函数

客户的风险偏好可通过财富效用函数表示出来。不同风险偏好的财富效用函数如图 3－1 所示。风险厌恶型客户的效用函数一般被假设为凹性，效用随货币收益增加，但增加率递减；风险中立型客户的财富效用函数是一条直线；风险偏好型客户的财富效用函数为下凸函数，表示投资者喜欢财富越多越好，财富增加为投资者带来的边际效用递增。

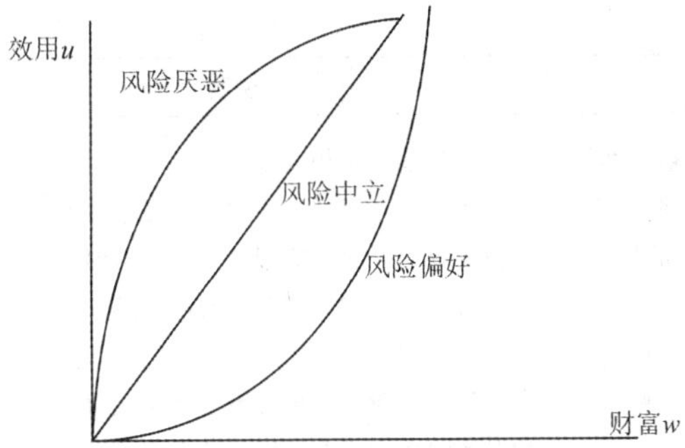

图 3－1　不同风险偏好的财富效用函数

3. 根据风险偏好的客户分级

在实际理财业务过程中，可以按照人们的主观风险偏好类型和程度将投资者的理财风格分为五种类型：保守型、稳健型、平衡型、成长型和进取型，具体如表 3－6 所示。

表 3－6　根据风险偏好的客户分级

类型	特点	投资对象
保守型	步入退休阶段的老年人群，低收入家庭，家庭成员较多、社会负担较重的大家庭，以及性格保守的投资者，往往对投资风险的承受能力很低，选择一项产品或投资工具首要考虑是否能够保本，然后才考虑追求收益	国债、存款、保本型理财产品、货币与债券基金等低风险低收益的产品
稳健型	总体来说已经偏向保守，对风险的关注更甚于对收益的关心，往往以临近退休的中老年人士为主	更愿意选择风险较低而不是收益较高的产品，喜欢选择既保本又有较高收益机会的结构性理财产品
平衡型	既不厌恶风险也不追求风险，对任何投资都比较理性，往往会仔细分析不同的投资市场、工具与产品，从中寻找风险适中、收益适中的产品，获得社会平均水平的收益，同时承受社会平均风险	往往选择房产、黄金、基金等投资工具
成长型	一般是有一定的资产基础、一定的知识水平、风险承受能力较高的人士，他们愿意承受一定的风险，追求较高的投资收益，但是又不会像进取型的人士那样过度冒险投资那些具有高度风险的投资工具	往往选择开放式股票基金、大型蓝筹股票等适合长期持有，既可以有较高收益、风险也较低的产品
进取型	相对比较年轻、有专业知识技能、敢于冒险、社会负担较轻的人士，追求更高的收益和资产的快速增值，操作手法往往比较大胆	股票、期权、期货、外汇、股权、艺术品等高风险、高收益的产品与投资工具

二、客户风险承受能力的影响因素

客户风险承受能力的影响因素包括年龄，受教育情况，收入、职业和财富规模，资金的投资期限，理财目标的弹性，主观风险偏好及其他影响因素。具体如表 3－7 所示。

表 3－7　客户风险承受能力的影响因素

影响因素	说明
年龄	一般而言，客户年龄越大，所能承受的风险越低
受教育情况	一般地，风险承受能力随着受教育程度的增加而增加

续表

影响因素	说明
收入、职业和财富规模	①一般而言，收入水平与风险承受能力正相关。 ②职业与收入密切相关。高收入者工作繁忙，压力大，无暇顾及个人理财问题，但对个人理财有较强的需求；中等收入者收入较为稳定，对消费理财和投资理财有一定兴趣，多厌恶风险；低收入者消费较为谨慎，注重收支的合理安排，对储蓄存款的搭配感兴趣。 ③绝对风险承受能力由一个人投入到风险资产的财富金额来衡量，而相对风险承受能力由一个人投入到风险资产的财富比例来衡量。一般地，绝对风险承受能力随财富的增加而增加，因为投资者将更多的财富用来投资，而相对风险承受能力则与财富多寡没有必然的直接联系
资金的投资期限	如果用于投资的一项资金可以长时间持续进行投资而无须考虑短时间内变现，那么这项投资可承受的风险能力就较强。相反，如果一项投资要准备随时变现，就要选择更安全、流动性更好的产品，那么这项投资可承受的风险能力就较弱。影响投资风险的因素主要有：①景气循环；②复利效应；③投资期限
理财目标的弹性	理财目标的弹性越大，可承受的风险也越高。若理财目标时间短且完全无弹性，则采取存款以保本保息是最佳选择
主观风险偏好	个人的性格、阅历、胆识、意愿等主观因素所决定的个人态度，直接决定了一个人对不同风险程度的产品的选择与决策
其他影响因素	客户的性别、家庭情况和就业状况等都会影响到其风险承受能力

【真题 3.4】下列对于评估客户投资风险承受能力的表述正确的是(　　)。

A. 已退休客户，应该建议其投资保守型产品

B. 年龄与投资风险承受能力完全无关

C. 理财目标的弹性越大，越无法承担高风险

D. 资金需动用的时间离现在越近，越不能承担风险

【答案】AD

【解析】B 项，一般而言，客户年龄越大，所能够承受的投资风险越低；C 项，客户理财目标的弹性越大，其可承受的风险也越高。

三、客户风险承受能力的评估方法

1. 常见的评估方法

(1)定性方法和定量方法

定性分析主要是通过与客户面对面的交谈来基本判断客户的风险属性。由于定性分析仅仅是凭金融理财师的直觉，没有严格的量化关系，而且受金融理财师的经验、技巧以及风险偏好的影响，不同的金融理财师可能得出差别较大的结论，因此，我们在采用定性分析的同时还需要采用定量分析，综合运用两种方法以确定投资者的实际风险承受能力。

定性分析主要是通过对投资者年龄、财富、工作状况、教育程度、家庭状况、性别等方面的信息进行分析，从而大致确定投资者的风险承受能力。

定量分析方法通常采用有组织的形式，如通过设计风险承受能力问卷调查表来收集客户的必要信息，进而将观察结果转化为某种形式的数值，进行分析，来判断客户的风险承受能力。一般而言，设计问卷调查表必须遵循三个原则：①所设计的问卷调查表必须通俗易懂，尽量避免专业词汇；②问卷调查表不能有影响投资者独立判断的信息；③问卷调查表问题在逻辑上前后需要保持一致。

(2)客户投资目标

金融理财师首先必须帮助客户明确自己的投资目标。如果客户最关心本金的安全性和流动性，则该客户很可能是风险厌恶者；如果客户的主要目标是高收益，则该客户很可能是风险追求者。

(3)对投资产品的偏好

衡量客户风险承受能力最直接的办法是让客户回答自己所偏好的投资产品，也可以让客户将投资产品从最喜欢到最不喜欢排序，或者给每一种产品进行评级，不同级别代表客户的风险偏好程度。

(4)概率和收益的权衡

①确定/不确定性偏好法。向客户展示两项选择，其一是确定收益，其二是可能收益，让客户二选一。例如，(A)1000 元的确定收益，(B)50% 的概率得 2000 元。风险厌恶者会选择(A)，风险追求者倾向于选择(B)。

②最低成功概率法。设计一个两项选择题，一个选项是无风险收益，另一个选项是有风险的，但潜在收益较高，同时列示 5 个成功概率，即 10%、30%、50%、70% 和 90%，问被调查者在多大的成功概率下认为两个选项是无区别的。所选的成功概率越高，说明其风险厌恶程度越高。

③最低收益法。要求投资者就可能的收益而不是收益概率作出选择。比如，一项投资有一半的可能损失 1/3 净资产，有一半的可能得到一笔收益。你愿意承担此项风险的最低要求收益是多少。要求的收益越高，说明其风险厌恶程度越高。

2. 评估内容

《商业银行理财客户风险评估问卷基本模板》涵盖了客户财务状况、投资经验、投资风格、投资目标和风险承受能力五大模块。

3. 客户风险承受能力评估的相关规定

(1)确定客户风险承受能力评级，由低到高至少包括五级，并可根据实际情况进一步细分。

(2)在客户首次购买理财产品前在银行网点进行风险承受能力评估。

(3)定期或不定期地采用当面或网上银行方式对客户进行风险承受能力持续评估。

(4)制定统一的客户风险承受能力评估书。商业银行应当在客户风险承受能力评估书中明确提示，如客户发生可能影响其自身风险承受能力的情形，再次购买理财产品时应当主动要求商业银行对其进行风险承受能力评估。

(5)为私人银行客户和高资产净值客户提供理财产品销售服务应当按照规定进行客户风险承受能力评估。

高资产净值客户是满足下列条件之一的商业银行客户：

①单笔认购理财产品不少于 100 万元人民币的自然人；

②认购理财产品时，个人或家庭金融净资产总计超过 100 万元人民币，且能提供相关证明的自然人；

③个人收入在最近三年每年超过 20 万元人民币或者家庭合计收入在最近三年内每年超过 30 万元人民币，且能提供相关证明的自然人。

(6)商业银行分支机构理财产品销售部门负责人或经授权的业务主管人员应当定期对已

完成的客户风险承受能力评估书进行审核。

(7)商业银行应当建立客户风险承受能力评估信息管理系统，用于测评、记录和留存客户风险承受能力评估内容和结果。

四、客户风险特征的内容

风险是对预期的不确定性，是可以被度量的。同样的风险在不同的主体那里会有不同的感受，因此每个客户对待风险的态度都是不一样的。客户的风险特征是进行理财顾问服务要考虑的重要因素之一。

客户风险特征可以由三个方面构成，如表3－8所示。

表3－8　客户风险特征的内容

风险特征构成	具体内容
风险偏好	①反映客户主观上对风险的基本态度； ②影响因素多且复杂，与客户所处的文化氛围、成长环境有密切关系
风险认知度	①反映客户对风险的主观评价； ②人们对风险的认知度往往取决于他的知识水平和生活经验； ③不同的人对同一风险的认知度是不同的
实际风险承受能力	①反映风险在客观上对客户的影响程度； ②同一风险对不同人的影响不一样

第四节　目标分析

【大纲要求】

熟悉客户证券投资需求和目标的分类；熟悉客户证券投资目标的内容；掌握客户证券投资目标分析方法。

【要点详解】

一、客户证券投资需求和目标的分类及内容

1．客户证券投资需求

(1)证券投资的作用

对客户而言，证券投资有如下作用：

①提供了筹集资金的重要渠道；

②有利于调节资金投向，提高资金使用效率，从而引导资源合理流动，实现资源的优化配置；

③有利于改善企业经营管理，提高企业经济效益和社会知名度，促进企业的行为合理化。

(2)客户可能提出的其他理财要求分类

①收入保护(如预防失去工作能力而造成生活困难等)；

②资产保护(如财产保险等)；

③客户死亡情况下的债务减免；

④投资目标与风险预测之间的矛盾。

2．客户证券投资目标

客户提出的所期望达到的目标按时间长短可以划分为：

(1)短期目标(如休假、购新车、存款等);
(2)中期目标(如子女教育储蓄、按揭购房等);
(3)长期目标(如退休安排、遗产安排)。

在确定客户的目标与需求的过程中，由于客户对于投资产品和投资风险的认识不足，很有可能会提出一些不切实际的要求。针对这个问题，必须加强与客户的沟通，增加客户对投资产品和投资风险的认识，在确保客户理解的基础上，共同确定一个合理的目标。

二、客户证券投资目标分析方法

1. 客户证券投资目标的分析方法

结合客户理财需求、目标及产品市场风险情况等确定个人理财目标，表3－9可作参考。

表3－9　客户证券投资目标分析方法

时间阶段	目标	迫切性（低/中/高）	目标达到日期	所需资本来源	备注
短期	税务负担最小化				
	筹集紧急备用金				
	减少债务				
	投资股票市场				
	控制开支预算				
	其他短期目标				
中期	筹集汽车、住房资金				
	寿险、财险和个人债务				
	提高保险保障				
	启动个人生意				
	其他中期目标				
长期	建立退休基金				
	子女教育基金				
	有效地为继承人分配不动产				
	其他长期目标				

2. 理财目标确定的步骤

(1)应当了解客户的基本信息、财务信息，并通过交流和沟通，了解客户的风险偏好、投资需求和目标等信息。在确定客户的投资目标前，应先征询客户的期望目标。

(2)根据对客户财务状况及期望目标的了解，初步拟定客户的理财目标后，应再次征询客户的意见并取得客户的确认。若客户明确表示反对，从业人员应要求客户以书面方式提出自己的理财目标。

(3)如果在制定投资方案的过程中，从业人员计划对已确定的投资目标进行改动，必须对客户说明，并征得客户同意。

3. 投资目标确定的原则

(1)投资目标要具有现实可行性;
(2)投资目标要具体明确;

(3)投资期限要明确；

(4)投资目标的实现要有一定的时间弹性和金额弹性；

(5)投资目标要与客户总体理财目标相一致；

(6)投资目标要与其他目标相协调，避免冲突；

(7)投资目标要兼顾不同期限和先后顺序。

第五节　适当性匹配

【大纲要求】

掌握证券经营机构适当性管理要求；掌握证券经营机构适当性匹配意见的作用；熟悉普通投资者与专业投资者的区别；熟悉证券经营机构向投资者提供服务时应当了解的投资者信息；掌握划分产品风险等级需要考虑的因素；掌握适当性匹配方法；熟悉证券经营机构销售产品或提供服务的禁止性规定；熟悉证券经营机构销售产品或提供服务的告知与警示要求；掌握适当性相关信息资料的保护与提供要求；掌握证券经营机构违反适当性管理规定的监管措施。

熟悉证券经营机构委托与代销产品的要求。

【要点详解】

一、证券经营机构适当性管理要求

《证券期货投资者适当性管理办法》对证券经营机构的适当性管理作出了如下具体规范：

第三条　向投资者销售证券期货产品或者提供证券期货服务的机构(以下简称经营机构)应当遵守法律、行政法规、本办法及其他有关规定，在销售产品或者提供服务的过程中，勤勉尽责，审慎履职，全面了解投资者情况，深入调查分析产品或者服务信息，科学有效评估，充分揭示风险，基于投资者的不同风险承受能力以及产品或者服务的不同风险等级等因素，提出明确的适当性匹配意见，将适当的产品或者服务销售或者提供给适合的投资者，并对违法违规行为承担法律责任。

第二十九条　经营机构应当制定适当性内部管理制度，明确投资者分类、产品或者服务分级、适当性匹配的具体依据、方法、流程等，严格按照内部管理制度进行分类、分级，定期汇总分类、分级结果，并对每名投资者提出匹配意见。

经营机构应当制定并严格落实与适当性内部管理有关的限制不匹配销售行为、客户回访检查、评估与销售隔离等风控制度，以及培训考核、执业规范、监督问责等制度机制，不得采取鼓励不适当销售的考核激励措施，确保从业人员切实履行适当性义务。

第三十条　经营机构应当每半年开展一次适当性自查，形成自查报告。发现违反本办法规定的问题，应当及时处理并主动报告住所地中国证监会派出机构。

二、证券经营机构适当性匹配意见的作用

《证券期货投资者适当性管理办法》规定，投资者应当在了解产品或者服务情况，听取经营机构适当性意见的基础上，根据自身能力审慎决策，独立承担投资风险。经营机构的适当性匹配意见不表明其对产品或者服务的风险和收益做出实质性判断或者保证。

三、普通投资者与专业投资者的区别与联系

《证券期货投资者适当性管理办法》规定，投资者分为普通投资者与专业投资者。普通投资者在信息告知、风险警示、适当性匹配等方面享有特别保护。

1. 普通投资者与专业投资者的区别

符合下列条件之一的是专业投资者：

(1)经有关金融监管部门批准设立的金融机构，包括证券公司、期货公司、基金管理公司及其子公司、商业银行、保险公司、信托公司、财务公司等；经行业协会备案或者登记的证券公司子公司、期货公司子公司、私募基金管理人。

(2)上述机构面向投资者发行的理财产品，包括但不限于证券公司资产管理产品、基金管理公司及其子公司产品、期货公司资产管理产品、银行理财产品、保险产品、信托产品、经行业协会备案的私募基金。

(3)社会保障基金、企业年金等养老基金，慈善基金等社会公益基金，合格境外机构投资者(QFII)、人民币合格境外机构投资者(RQFII)。

(4)同时符合下列条件的法人或者其他组织：

①最近1年末净资产不低于2000万元；

②最近1年末金融资产不低于1000万元；

③具有2年以上证券、基金、期货、黄金、外汇等投资经历。

(5)同时符合下列条件的自然人：

①金融资产不低于500万元，或者最近3年个人年均收入不低于50万元；

②具有2年以上证券、基金、期货、黄金、外汇等投资经历，或者具有2年以上金融产品设计、投资、风险管理及相关工作经历，或者属于第(1)项规定的专业投资者的高级管理人员、获得职业资格认证的从事金融相关业务的注册会计师和律师。

前款所称金融资产，是指银行存款、股票、债券、基金份额、资产管理计划、银行理财产品、信托计划、保险产品、期货及其他衍生产品等。

经营机构可以根据专业投资者的业务资格、投资实力、投资经历等因素，对专业投资者进行细化分类和管理。

专业投资者之外的投资者为普通投资者。

经营机构应当按照有效维护投资者合法权益的要求，综合考虑收入来源、资产状况、债务、投资知识和经验、风险偏好、诚信状况等因素，确定普通投资者的风险承受能力，对其进行细化分类和管理。

2. 普通投资者与专业投资者的联系

普通投资者和专业投资者在一定条件下可以互相转化。

(1)符合上述(4)(5)项规定的专业投资者，可以书面告知经营机构选择成为普通投资者，经营机构应当对其履行相应的适当性义务。

(2)符合下列条件之一的普通投资者可以申请转化成为专业投资者，但经营机构有权自主决定是否同意其转化：

①最近1年末净资产不低于1000万元，最近1年末金融资产不低于500万元，且具有1年以上证券、基金、期货、黄金、外汇等投资经历的除专业投资者外的法人或其他组织；

②金融资产不低于300万元或者最近3年个人年均收入不低于30万元，且具有1年以上证券、基金、期货、黄金、外汇等投资经历或者1年以上金融产品设计、投资、风险管理及相关工作经历的自然人投资者。

四、证券经营机构向投资者提供服务时应当了解的投资者信息

《证券期货投资者适当性管理办法》规定，证券经营机构向投资者提供服务时，应当了

解投资者的下列信息：

(1)自然人的姓名、住址、职业、年龄、联系方式，法人或者其他组织的名称、注册地址、办公地址、性质、资质及经营范围等基本信息；

(2)收入来源和数额、资产、债务等财务状况；

(3)投资相关的学习、工作经历及投资经验；

(4)投资期限、品种、期望收益等投资目标；

(5)风险偏好及可承受的损失；

(6)诚信记录；

(7)实际控制投资者的自然人和交易的实际受益人；

(8)法律法规、自律规则规定的投资者准入要求相关信息；

(9)其他必要信息。

五、划分产品风险等级需要考虑的因素

《证券期货投资者适当性管理办法》规定，经营机构应当了解所销售产品或者所提供服务的信息，根据风险特征和程度，对销售的产品或者提供的服务划分风险等级。划分产品风险等级时应当综合考虑以下因素：

(1)流动性；

(2)到期时限；

(3)杠杆情况；

(4)结构复杂性；

(5)投资单位产品或者相关服务的最低金额；

(6)投资方向和投资范围；

(7)募集方式；

(8)发行人等相关主体的信用状况；

(9)同类产品或者服务过往业绩；

(10)其他因素。

涉及投资组合的产品或者服务，应当按照产品或者服务整体风险等级进行评估。

产品或者服务存在下列因素的，应当审慎评估其风险等级：

(1)存在本金损失的可能性，因杠杆交易等因素容易导致本金大部分或者全部损失的产品或者服务；

(2)产品或者服务的流动变现能力，因无公开交易市场、参与投资者少等因素导致难以在短期内以合理价格顺利变现的产品或者服务；

(3)产品或者服务的可理解性，因结构复杂、不易估值等因素导致普通人难以理解其条款和特征的产品或者服务；

(4)产品或者服务的募集方式，涉及面广、影响力大的公募产品或者相关服务；

(5)产品或者服务的跨境因素，存在市场差异、适用境外法律等情形的跨境发行或者交易的产品或者服务；

(6)自律组织认定的高风险产品或者服务；

(7)其他有可能构成投资风险的因素。

六、适当性匹配方法

《证券经营机构投资者适当性管理实施指引(试行)》规定，证券经营机构可以将普通投资者按其风险承受能力等级由低到高至少划分为五级，分别为：C1（含风险承受能力最低类别的投资者）、C2、C3、C4、C5。具体分类标准、方法及其变更应当告知投资者。证券经营机构应当与普通投资者确认其风险承受能力等级结果，并以书面方式记载留存。

证券经营机构可以将产品或服务风险等级由低至高至少划分为五级，分别为：R1、R2、R3、R4、R5。具体划分方法、标准及其变更应当告知投资者。证券经营机构应当根据《产品或服务风险等级名录》列出相对应的产品或服务清单。

证券经营机构应当根据本机构及普通投资者的实际情况，确定其风险承受能力等级与产品或服务的风险等级适当性匹配的具体方法，也可以参照以下方式确定：

（1）C1 级投资者匹配 R1 级的产品或服务；

（2）C2 级投资者匹配 R2、R1 级的产品或服务；

（3）C3 级投资者匹配 R3、R2、R1 级的产品或服务；

（4）C4 级投资者匹配 R4、R3、R2、R1 级的产品或服务；

（5）C5 级投资者匹配 R5、R4、R3、R2、R1 级的产品或服务。

专业投资者可以购买或接受所有风险等级的产品或服务，法律、行政法规、中国证监会规定及市场、产品或服务对投资者准入有要求的，从其规定和要求。

七、证券经营机构销售产品或提供服务的禁止性规定

《证券经营机构投资者适当性管理实施指引（试行）》第二十一条规定，证券经营机构销售产品、提供服务，应当向投资者充分披露产品或服务信息以及有助于投资者作出投资分析判断的其他信息。披露的信息不得含有虚假、误导性陈述或存在重大遗漏，不得欺诈投资者。

《证券期货投资者适当性管理办法》第二十二条规定，禁止经营机构进行下列销售产品或者提供服务的活动：

（1）向不符合准入要求的投资者销售产品或者提供服务；

（2）向投资者就不确定事项提供确定性的判断，或者告知投资者有可能使其误认为具有确定性的意见；

（3）向普通投资者主动推介风险等级高于其风险承受能力的产品或者服务；

（4）向普通投资者主动推介不符合其投资目标的产品或者服务；

（5）向风险承受能力最低类别的投资者销售或者提供风险等级高于其风险承受能力的产品或者服务；

（6）其他违背适当性要求，损害投资者合法权益的行为。

八、证券经营机构销售产品或提供服务的告知与警示要求

根据《证券期货投资者适当性管理办法》，证券经营机构销售产品或提供服务的告知与警示要求如下：

第二十条　经营机构向普通投资者销售高风险产品或者提供相关服务，应当履行特别的注意义务，包括制定专门的工作程序，追加了解相关信息，告知特别的风险点，给予普通投资者更多的考虑时间，或者增加回访频次等。

第二十三条　经营机构向普通投资者销售产品或者提供服务前，应当告知下列信息：

（1）可能直接导致本金亏损的事项；

（2）可能直接导致超过原始本金损失的事项；

（3）因经营机构的业务或者财产状况变化，可能导致本金或者原始本金亏损的事项；

(4)因经营机构的业务或者财产状况变化，影响客户判断的重要事由；

(5)限制销售对象权利行使期限或者可解除合同期限等全部限制内容；

(6)本办法第二十九条规定的适当性匹配意见。

第二十四条　经营机构对投资者进行告知、警示，内容应当真实、准确、完整，不存在虚假记载、误导性陈述或者重大遗漏，语言应当通俗易懂；告知、警示应当采用书面形式送达投资者，并由其确认已充分理解和接受。

第二十五条　经营机构通过营业网点向普通投资者进行本办法第十二条、第二十条、第二十一条和第二十三条规定的告知、警示，应当全过程录音或者录像；通过互联网等非现场方式进行的，经营机构应当完善配套留痕安排，由普通投资者通过符合法律、行政法规要求的电子方式进行确认。

九、适当性相关信息资料的保护与提供要求

根据《证券期货投资者适当性管理办法》，证券经营机构的适当性相关信息资料的保护与提供要求如下：

第十二条　普通投资者申请成为专业投资者应当以书面形式向经营机构提出申请并确认自主承担可能产生的风险和后果，提供相关证明材料。

经营机构应当通过追加了解信息、投资知识测试或者模拟交易等方式对投资者进行谨慎评估，确认其符合前条要求，说明对不同类别投资者履行适当性义务的差别，警示可能承担的投资风险，告知申请的审查结果及其理由。

第三十二条　经营机构应当按照相关规定妥善保存其履行适当性义务的相关信息资料，防止泄露或者被不当利用，接受中国证监会及其派出机构和自律组织的检查。对匹配方案、告知警示资料、录音录像资料、自查报告等的保存期限不得少于20年。

第三十三条　投资者购买产品或者接受服务，按规定需要提供信息的，所提供的信息应当真实、准确、完整。投资者根据本办法第六条规定所提供的信息发生重要变化、可能影响其分类的，应当及时告知经营机构。

投资者不按照规定提供相关信息，提供信息不真实、不准确、不完整的，应当依法承担相应法律责任，经营机构应当告知其后果，并拒绝向其销售产品或者提供服务。

十、证券经营机构违反适当性管理规定的监管措施

《证券期货投资者适当性管理办法》规定，经营机构违反本办法规定的，中国证监会及其派出机构可以对经营机构及其直接负责的主管人员和其他直接责任人员，采取责令改正、监管谈话、出具警示函、责令参加培训等监督管理措施。

经营机构从业人员违反相关法律法规和本办法规定，情节严重的，中国证监会可以依法采取市场禁入的措施。

十一、证券经营机构委托与代销产品的要求

根据《证券期货投资者适当性管理办法》，证券经营机构委托与代销产品的要求如下：

第二十六条　经营机构委托其他机构销售本机构发行的产品或者提供服务，应当审慎选择受托方，确认受托方具备代销相关产品或者提供服务的资格和落实相应适当性义务要求的能力，应当制定并告知代销方所委托产品或者提供服务的适当性管理标准和要求，代销方应当严格执行，但法律、行政法规、中国证监会其他规章另有规定的除外。

第二十七条　经营机构代销其他机构发行的产品或者提供相关服务，应当在合同中约定要求委托方提供的信息，包括本办法第十六条、第十七条规定的产品或者服务分级考虑因素等，自行对该信息进行调查核实，并履行投资者评估、适当性匹配等适当性义务。委托方不提供规定的信息、提供信息不完整的，经营机构应当拒绝代销产品或者提供服务。

第二十八条　对在委托销售中违反适当性义务的行为，委托销售机构和受托销售机构应当依法承担相应法律责任，并在委托销售合同中予以明确。

第四章 证券分析

【知识结构】

- 证券分析
  - 基本分析
    - 基本分析的两种主要方法
    - 自上而下分析法的基本原理与主要内容
    - 自下而上分析法的基本原理与主要内容
    - 宏观经济分析的主要内容
    - 证券市场的供求关系分析
    - 证券市场传导宏观经济政策的主要途径和内在机制
    - 行业基本特征分析的主要内容
    - 行业竞争情况分析的主要内容和基本方法
    - 行业生命周期分析的主要内容和基本方法
    - 行业轮动的特征
    - 行业轮动的驱动因素
    - 行业轮动的主要策略及配置
    - 不同行业轮动的关联性和介入时点的选择
    - 公司财务分析的主要内容
    - 公司财务报表分析的主要方法
    - 主要财务指标分析
    - 公司杜邦分析
    - 公司分红派息
    - 估算公司内在价值的方法
    - 股票价格和股票价值的关系
    - 绝对估值法的基本原理
    - 股利贴现模型和自由现金流贴现模型
    - 主要现金流计算方法
    - 市盈率、市净率、企业价值倍数等相对估值法
    - 债券估值原理与债券收益率
    - 利率的风险结构与期限结构
  - 技术分析
    - 技术分析的基本假设
    - 技术分析使用的线形图、棒形图、阴阳矩形图和点数图
    - 技术分析的趋势线
    - 技术分析的阻力位与支持位
    - 常用技术分析指标
    - 技术分析方法
    - 技术分析方法的分类及其特点
    - 技术分析方法的局限性

第一节 基本分析

【大纲要求】

了解基本分析的两种主要方法；掌握自上而下分析法的基本原理与主要内容；掌握自下而上分析法的基本原理与主要内容。

熟悉宏观经济分析的主要内容；掌握证券市场的供求关系分析；熟悉证券市场传导宏观经济政策的主要途径和内在机制。

熟悉行业基本特征分析的主要内容；熟悉行业竞争情况分析的主要内容和基本方法；熟悉行业生命周期分析的主要内容和基本方法。

了解行业轮动的特征；了解行业轮动的驱动因素；了解行业轮动的主要策略及配置；了解不同行业轮动的关联性和介入时点的选择。

熟悉公司财务分析的主要内容；掌握公司财务报表分析的主要方法；掌握公司资本结构、偿债能力、盈利能力、营运能力、成长能力和现金流量等主要财务指标分析；掌握公司杜邦分析；掌握公司分红派息；掌握通过分析公司的历史财务数据和未来发展预测来估算公司内在价值的方法。

掌握股票价格和股票价值的关系；熟悉绝对估值法的基本原理；熟悉股利贴现模型和自由现金流贴现模型；掌握主要现金流计算方法；掌握市盈率、市净率、企业价值倍数等相对估值法。

熟悉债券估值原理与债券收益率；熟悉利率的风险结构与期限结构。

【要点详解】

一、基本分析的两种主要方法

基本面分析是对影响证券投资的经济因素、政治因素、上市公司的业绩、财务状况等要素进行分析，以判定证券的内在投资价值，衡量其价格是否合理。

基本面分析的假设前提是股票的价值决定价格和股票的价格围绕价值波动，其优点是能揭示证券的内在价值，能够比较全面地把握证券价格的基本走势。该方法主要适用于周期相对较长的证券价格预测、相对成熟的证券市场。基本面分析的缺点主要是对基本面数据的质量依赖性较强，对短期价格走势的预测能力较弱、预测精确度不高。

1．基本面分析的研究方法

基本面分析的研究方法主要包括：

(1)自上而下分析法

自上而下分析法，是指先从经济面和资本市场的分析出发，重视对大环境变量的考虑，挑选未来前景较好的产业，之后再从所选产业中挑出具有竞争力和绩效良好的公司的一种分析方法。具体来讲，首先进行宏观经济与市场表现的分析与预测；然后寻找未来能够代表宏观经济发展方向的朝阳行业；最后在朝阳行业中，筛选出最具有发展潜力的股份公司。

(2)自下而上分析法

自下而上的分析法主要通过某些数量指标(如营业收入增长率、净资产收益率等财务指标)进行筛选，选出符合标准的公司，再进行公司分析、行业分析、证券市场分析和宏观经济分析。该方法直接从个股入手，通过对个股的价值进行分析研究，从而为选股提供依据。

2．自上而下分析法的基本原理与主要内容

自上而下分析法的基本逻辑为：

(1)宏观经济分析

宏观经济分析主要探讨各经济指标和经济政策对证券价格的影响。

①经济指标主要包括先行性指标、同步性指标、滞后性指标。

a．先行性指标。这类指标可以对将来的经济状况提供预示性的信息，如利率水平、货

币供给、消费者预期、主要生产资料价格、企业投资规模等。

b. 同步性指标。这类指标的变化基本上与总体经济活动的转变同步，如个人收入、企业工资支出、GDP、社会商品销售额等。

c. 滞后性指标。这类指标的变化一般滞后于国民经济的变化，如失业率、库存量、银行未收回贷款规模等。

②经济政策主要包括货币政策、财政政策、信贷政策、债务政策、税收政策、利率与汇率政策、产业政策、收入分配政策等。

(2)证券市场分析

证券市场分析主要分析股票市场的现状及其未来趋势，包括对证券市场供给和需求两方面的决定因素的分析。股票市场变动对个股股价的影响巨大。市场低迷时，即使某一股票的每股盈利有可观增长，股价也会下跌；多头市场中，盈利不佳的公司股价也有可能急速上涨。

①证券市场供给的决定因素分析

证券市场供给的决定因素主要包括宏观经济环境、市场设立制度、发行上市制度、股权流通制度、上市公司质量等。

②证券市场需求的决定因素分析

证券市场需求的决定因素主要包括宏观经济环境、市场准入制度、市场的对外开放、利率水平、机构投资者的数量和类型、个人投资者的金融资产结构等。

(3)行业和区域分析

行业和区域分析是介于宏观经济分析与公司分析之间的中观层次的分析。

①行业分析

行业分析主要分析行业所属的不同市场类型、所处的不同生命周期以及行业业绩对证券价格的影响。行业的发展状况对该行业上市公司影响巨大，行业地位不同会导致公司的投资价值有明显差异。从某种意义上说，投资某家上市公司实际上就是以某个行业为投资对象。

行业分析的主要任务包括：解释行业本身所处的发展阶段及其在国民经济中的地位，分析影响行业发展的各种因素以及判断对行业影响的力度，预测并引导行业的未来发展趋势，判断行业投资价值，揭示行业投资风险，从而为政府部门、投资者及其他机构提供决策依据或投资依据。

②区域分析

区域分析主要分析区域经济因素对证券价格的影响。上市公司在一定程度上受到区域经济的影响，尤其是我国各地区的经济发展极不平衡，产业政策也有所不同，从而对我国证券市场中不同区域上市公司的行为与业绩有着不同程度的影响。

(4)公司分析

公司分析是基本分析的重点。公司分析侧重对公司的竞争能力、盈利能力、经营管理能力、发展潜力、财务状况、经营业绩以及潜在风险等进行分析，借此评估和预测证券的投资价值、价格及其未来变化的趋势。

3. 自下而上分析法的基本原理与主要内容

自下而上分析法的主要内容与自上而下分析法相同，但步骤相反，其基本逻辑为：

(1)公司分析

(2)行业和区域分析

(3)证券市场分析

(4)宏观经济分析

4. 基本面分析的逻辑

运用基本面分析的方法进行股票投资，其基本逻辑是：从表面上看，股票价格是所有投资者进行“买进”与“卖出”交易操作后形成的“数字结果”。而从本质上讲，股票价格综合反映了所有投资者对上市公司未来价值的判断与预期。而宏观经济环境的好坏，所在行业发展前景的大小，以及公司本身成长潜力与盈利能力的高低等因素是决定上市公司未来价值的根本性因素，是决定其股票价格最终走势的根本性与趋势性力量。通过对宏观经济、行业发展与公司质地等因素进行综合、全面与系统的分析与研究，投资者可以找到那些具有相对价值的投资标的。基本面分析主要适用于“选股”，即：选出能够进行长期价值投资的上市公司。

【真题 4.1】基本分析中由上而下分析法的分析流程是(　　)。

A. 宏观经济分析→行业分析→公司分析　B. 区域分析→产业分析→宏观分析

C. 行业分析→宏观分析→公司分析　D. 公司估值→公司财务分析

【答案】A

二、宏观经济分析的主要内容

1. 宏观经济运行分析

(1)宏观经济运行对证券市场的影响

宏观经济因素是影响证券市场长期走势的唯一因素。宏观经济运行对证券市场的影响主要表现在以下方面：

①企业经济效益

企业经济效益是影响公司生存、发展最基本的因素。如果宏观经济运行趋好，企业总体盈利水平提高，证券市场的市值上涨；

如果政府采取强有力的宏观调控政策，紧缩银根，企业的投资和经营会受到影响，盈利下降，证券市场市值就可能缩水。

②居民收入水平

在经济周期处于上升阶段或在提高居民收入政策的作用下，居民收入水平提高将会在一定程度上拉动消费需求，从而增加相关企业的经济效益；

居民收入水平的提高也会直接促进证券市场投资需求的提高。

③投资者对股价的预期

当宏观经济趋好时，投资者预期公司效益和自身的收入水平会上升，证券市场人气旺盛，推动市场平均价格走高；反之，则会令投资者对证券市场的信心下降。

④资金成本

当国家经济政策发生变化时(如采取调整利率水平、实施消费信贷政策、征收利息税等政策)，居民、单位的资金持有成本也将随之变化。

【真题 4.2】宏观经济运行对证券市场的影响主要表现在(　　)。

A. 企业经济效益　B. 居民收入水平

C. 投资者对股价的预期　D. 资金成本

【答案】ABCD

【解析】宏观经济因素是影响证券市场长期走势的唯一因素。宏观经济运行对证券市场的影响主要表现在以下方面：①企业经济效益；②居民收入水平；③投资者对股价的预期；④资金成本。

(2)宏观经济变动与证券市场波动的关系

①国内生产总值(GDP)变动

国内生产总值(GDP)是指一个国家(或地区)所有常住居民在一定时期内(一般按年统计)生产活动的最终成果，是一国(或地区)的经济成就的根本反映。GDP 具有三种表现形态：价值形态、收入形态和产品形态。从长期看，在上市公司的行业结构与该国产业结构基本一致的情况下，股票平均价格的变动与 GDP 的变化趋势是相吻合的，但不能简单地认为 GDP 增长，证券市场就必将伴之以上升的走势，实际走势有时恰恰相反，必须将 GDP 与经济形势结合起来进行考察。不同经济形势下 GDP 变化对证券市场的影响总结在表 4 -1 中。

表 4 -1　不同经济形势下 GDP 变化对证券市场的影响

GDP 变化	对证券市场的影响
持续、稳定、高速的 GDP 增长	证券市场将基于下述原因而呈现上升走势：①伴随总体经济成长，上市公司利润持续上升，股息不断增长，企业经营环境不断改善，产销两旺，投资风险也越来越小，从而公司的股票和债券全面得到升值，促使价格上扬；②人们对经济形势形成了良好的预期，投资积极性得以提高，从而增加了对证券的需求，促使证券价格上涨；③随着 GDP 的持续增长，国民收入和个人收入都不断得到提高，收入增加也将增加证券投资的需求，从而导致证券价格上涨
高通货膨胀下的 GDP 增长	经济中的各种矛盾会突出表现出来，企业经营将面临困境，居民实际收入也将降低，因而失衡的经济增长必将导致证券市场行情下跌
宏观调控下的 GDP 减速增长	如果调控目标得以顺利实现，GDP 仍以适当的速度增长而未导致 GDP 的负增长或低增长，证券市场亦将反映这种好的形势而呈平稳渐升的态势
转折性的 GDP 变动	①GDP 负增长速度逐渐减缓并呈现向正增长转变的趋势时，证券市场走势也将由下跌转为上升；②GDP 由低速增长转向高速增长时，证券市场亦将伴之以快速上涨之势

②经济周期变动

经济周期是一个连续不断的过程，包括衰退、危机、复苏和繁荣四个阶段，表现为扩张和收缩的交替出现。人们对于经济形势的预期较全面地反映了人们对经济发展过程中表现出的有关信息的感受。这种预期又必然反映到投资者的投资行为中，从而影响证券市场的价格。经济周期各阶段对证券市场的影响如表 4 -2 所示。

表 4 -2　不同经济周期阶段对证券市场的影响

经济周期	对证券市场的影响
衰退阶段	股票价格逐渐下跌
危机阶段	股价下跌至最低点
复苏阶段	股价逐步上升，通胀率继续下降，因为空置的生产能力还未耗尽，周期性的生产能力扩充也变得强劲；企业盈利大幅上升，债券的收益率仍处于低位
繁荣阶段	股价上涨至最高点

③通货变动

a. 通货膨胀对证券市场的影响

若通货膨胀是温和的、稳定的，对股价的影响较小，能增加债券的必要收益率，使债券价格下跌；

若通货膨胀在可容忍范围内，而经济处于景气（扩张）阶段，产量、就业持续增长，则股价也将持续上升；

若通货膨胀是严重的，将严重扭曲经济，加速货币贬值，这时人们将会通过购买房屋、囤积商品等进行保值；

政府往往不会长期容忍通货膨胀存在，因而必然会使用某些宏观经济政策工具来抑制通货膨胀，这些政策必然对经济运行造成影响；

通货膨胀时期，相对价格变化引致财富和收入的再分配，因而某些公司可能从中获利，而另一些公司可能蒙受损失；

通货膨胀不仅产生经济影响，还可能产生社会影响，并影响投资者的心理和预期，从而对股价产生影响；

通货膨胀使得各种商品价格具有更大的不确定性，也使得企业未来经营状况具有更大的不确定性，从而增加证券投资的风险；

通货膨胀对企业的微观影响表现为：通货膨胀之初，税收效应、负债效应、存货效应和波纹效应等都有可能刺激股价上涨。但长期严重的通货膨胀必然恶化经济环境、社会环境，股价将受大环境影响而下跌。

b. 通货紧缩对证券市场的影响

通货紧缩带来的经济负增长，使得股票、债券及房地产等资产价格大幅下降，银行资产状况严重恶化。经济危机与金融萧条的出现反过来又影响投资者对证券市场走势的信心。

2. 宏观经济政策分析

（1）财政政策

①财政政策的手段和种类

财政政策的手段包括：国家预算、税收、国债、财政补贴、财政管理体制、转移支付制度等。

财政政策包括扩张性财政政策、紧缩性财政政策和中性财政政策。减少税收、降低税率、扩大减免税范围，扩大财政支出、加大财政赤字，减少国债发行（或回购部分短期国债），增加财政补贴均属于扩张性财政政策。

②财政政策对证券市场的影响

总的来说，紧缩财政政策将使得证券市场走弱，因为这预示未来经济将减速增长或走向衰退；扩张性财政政策则刺激经济发展，证券市场将走强，因为这预示未来经济将加速增长或进入繁荣阶段。

（2）货币政策

①货币政策工具

a. 一般性货币政策工具

包括公开市场操作、存款准备金和再贴现。一般性货币政策工具主要是从总量上对货币供应量和信贷规模进行调节，多属于间接调控工具。

b. 选择性货币政策工具

包括贷款规模控制、特种存款、对金融企业窗口指导等。选择性货币政策工具影响证券市场整体走势和结构性，多属于直接调控工具。

现阶段，中国的货币政策工具主要有公开市场操作、存款准备金、再贷款与再贴现、常备借贷便利、利率政策、汇率政策、道义劝告和窗口指导等。

②货币政策对证券市场的影响

a. 利率

通常，利率下降，股票价格上升；利率上升，股票价格下降。

b. 公开市场业务

宽松的货币政策使货币供给量增加，利率下调，资金成本降低，生产扩张，利润增加，推动股票价格上涨；反之，股票价格将下跌。

c. 货币供应量

中央银行通过再贴现政策和法定存款准备金率调节货币供应量，影响资金供求，进而影响证券市场。如果央行下调法定存款准备金率或降低再贴现率，则社会信用扩大，证券行情趋于上涨。

(3)汇率

通常来讲，汇率制度主要有四种：自由浮动汇率制度、有管理的浮动汇率制度、目标区间管理和固定汇率制度。

①汇率上升，本币贬值，本国产品竞争力增强，出口型企业的收益增加，其债券股票价格将上涨；相反，进口型企业成本增加，利润减少，股票债券价格下跌。

②汇率上升，本币贬值，资本流出本国，本国证券市场需求减少，证券市场价格下跌。

③汇率上升，本币表示的进口商品价格提高，国内物价水平上涨，导致通货膨胀。为稳定汇率，政府抛售外汇，本币供应量减少，证券市场价格下跌，直到汇率均衡，而反面效应可能使证券价格回升。若政府同时抛售外汇和回购国债，会引起国债市场价格上涨。

(4)收入政策

①概述

收入政策是国家为实现宏观调控总目标和总任务在分配方面制定的原则和方针。和财政政策、货币政策相比，收入政策具有更高层次的调节功能，制约着财政政策和货币政策的作用方向和作用力度，而且收入政策最终也要通过财政政策和货币政策来实现。

②收入政策目标

a. 收入总量目标。着眼于近期的宏观经济总量平衡，根据供求不平衡的两种状况分别选择分配政策和超分配政策。

b. 收入政策的结构目标。着眼于中长期的产业结构优化和经济与社会协调发展，着重处理积累与消费、公共消费与个人消费、各种收入的比例、个人收入差距等关系。

③收入政策的形式

a. 工资与物价管制或冻结。即在某个时期内，由政府颁布法令对工资和物价实行管制，甚至实行硬性冻结。

b. 劝说。即政府劝阻工会与资本家把工资与物价的提高限制在一定的范围之内。

c. 工资物价指导线，即由政府根据长期劳动生产率来确定工资和物价的增长限度，要求把工资物价增长限制在劳动生产率平均增长幅度内。

④收入政策对证券市场的影响

民间金融资产的增大、社会总积累向社会分配的趋向，将导致储蓄、证券市场需求增加，促进证券市场规模的扩大和价格水平的逐步提高。

收入总量调控通过财政政策和货币政策的传导影响证券市场。

三、证券市场的供求关系分析

1. 证券市场的供给方和需求方

(1)供给方

证券市场的供给主体是公司(企业)、政府与政府机构以及金融机构。政府与政府机构包括中央政府、地方政府以及中央政府直属机构，其为债券产品的主要供给方。金融机构是证券市场的发行和供给主体，发行股票和债券。

(2)需求方

证券投资者是证券市场的需求主体，同时也是市场资金的供给者。

2. 证券市场供给的决定因素与变动特点

(1)上市公司质量：直接或间接影响证券市场的供给。最根本因素是上市公司质量与经济效益状况。

(2)上市公司数量：直接决定证券市场供给。影响公司数量的因素主要包括宏观经济环境、制度因素和市场因素。

①宏观经济环境。宏观经济运行良好时，投资扩张的企业增多，融资需求相应增加，此时将有更多企业申请公开发行股票；同时，投资者良好的预期会促使其积极参与认购，上市公司数量也随之增加。于是，上市流通股份的数量增加，市场的供给也相应增加。

②制度因素。影响证券市场供给的制度因素主要有发行上市制度、市场设立制度和股权流通制度三大因素。

③市场因素。当证券市场处于牛市的情况下，大量的场外资金流入股市，为上市公司的增发、配股提供了资金支持，也为非上市公司的首次公开募股(IPO)营造了良好的市场氛围，进而能够增加市场上的股票供给量。反之，若证券市场处于熊市，市场的资金面压力增大，不利于股票有效供给的增加。

【真题 4.3】证券市场供给的决定因素包括(　　)。

A. 宏观经济环境　　B. 发行上市制度　　C. 市场设立制度　　D. 市场准入制度

【答案】ABC

【解析】证券市场供给的主体是上市公司，上市公司的质量和数量是证券市场供给方的主要影响因素。影响公司数量的主要因素包括：宏观经济环境、制度因素、市场因素。其中，影响证券市场供给的制度因素主要有发行上市制度、市场设立制度和股权流通制度三大因素。

3. 证券市场需求的决定因素与变动特点

(1)宏观经济环境

若宏观经济运行良好，证券市场资金的有效供给量增加；否则，资金供应量会减少。

(2)政策因素

具体政策包括融资融券政策、市场准入政策、金融监管政策、货币与财政政策等。

(3)居民金融资产结构的调整

随着居民金融资产结构逐步调整，股票与基金投资的比例将逐渐提高，从而为证券市场带来大量的增量资金，使得我国证券市场的资金供应量增加。

(4)机构投资者的培育和壮大

我国证券市场机构投资者现已形成以券商、证券投资基金、保险公司、信托公司、财务公司、社会保障基金、企业法人、QFII以及私募投资机构等为主体的多元化格局。

(5)资本市场的逐步对外开放

资本市场的投资性开放包括两方面的含义：融资的开放和投资的开放。

4. 影响我国证券市场供求关系的基本制度变革

(1)股权分置改革

股权分置是指由于特殊历史原因，我国A股上市公司内部形成的两种不同性质的股票(非流通股和社会流通股)，并且表现出不同股、不同价、不同权特征的特殊市场制度与结构。中国证监会2005年9月4日颁布了《上市公司股权分置改革管理办法》。这一正式法律文件的出台，标志着股权分置改革从试点阶段开始转为积极稳妥地全面铺开的新阶段。

股权分置改革对沪、深证券市场产生深刻、积极的影响，具体包括：

①不同股东之间的利益行为机制在股改后趋于一致化。

②股权分置改革有利于上市公司定价机制的统一，市场的资源配置功能和价值发现功能进一步得到优化。

③股权分置改革完成后，股东之间形成了共同的利益平台，大股东违规行为将被利益牵制，理性化行为趋于突出。

④股权分置改革有利于公司的治理结构的进一步梳理，建立和完善上市公司管理层的激励和约束机制。

⑤股权分置改革后上市公司整体目标趋于一致，即争取上市公司资产市值的最大化。激励机制也将从侧重于短期激励转向长期激励为主。

⑥股权分置改革之后金融创新进一步活跃，上市公司重组并购行为增多。

⑦股权分置改革之后市场上受限股到期解禁，市场供给增加，流动性增强。

股改之后，市场上逐渐受到受限股到期解禁流通所产生的压力。受限股有三大类：第一类是股改所产生的受限股，第二类是“新老划断”后新的IPO公司产生的受限股，第三类是上市公司再融资(如增发等)产生的受限股。

(2)《中华人民共和国证券法》和《中华人民共和国公司法》的重新修订

2005年10月27日，第十届全国人大会议审议通过了修订的《中华人民共和国证券法》和《中华人民共和国公司法》(以下简称“两法”)。修订后的两法于2006年1月1日开始施行，标志着中国证券市场法制建设迈入一个新的历史阶段。两法修订的主要内容和基本精神如下：

①积极稳妥推进市场创新；

②切实加大对投资者的保护力度；

③完善上市公司治理和监管；

④促进证券公司的规范和发展；

⑤完善证券发行、上市制度。

2019年12月28日，第十三届全国人大常委会第十五次会议审议通过了第二次修订后的《中华人民共和国证券法》，自2020年3月1日起施行。

本次证券法修订，系统总结了多年来我国证券市场改革发展、监管执法、风险防控的实践经验，在深入分析证券市场运行规律和发展阶段性特点的基础上，作出了一系列新的制度改革完善，可总结为以下十大亮点：①全面推行证券发行注册制度；②显著提高证券违法违规成本；③完善投资者保护制度；④进一步强化信息披露要求；⑤完善证券交易制度；⑥落实“放管服”要求取消相关行政许可；⑦压实中介机构市场“看门人”法律职责；⑧建立健全多层次资本市场体系；⑨强化监管执法和风险防控；⑩扩大证券法的适用范围。

现行《公司法》为2018年10月26日经第十三届全国人民代表大会常务委员会第六次会议通过《全国人民代表大会常务委员会关于修改〈中华人民共和国公司法〉的决定》，对《中华人民共和国公司法》进行的第四次修正，并自公布之日起施行。此次修正的主要内容包括补充完善允许股份回购的情形、适当简化股份回购的决策程序、补充上市公司股份回购的规范要求等。

2022年12月30日至2023年1月28日，《中华人民共和国公司法（修订草案二次审议稿）》公开征求意见，其中，加强上市公司治理是重点之一，包括完善上市公司独立董事、审计委员会规则和职能等。新《公司法》的通过将有利于资本法律体系的进一步完善。

（3）融资融券业务

融资融券业务是指向客户出借资金供其买入上市证券或者出借上市证券供其卖出，并收取担保物的经营活动。融资融券交易有券商对投资者的融资、融券及金融机构对券商的融资、融券四种形式。

2015年6月3日，中国证券监督管理委员会第96次主席办公会议审议通过《证券公司融资融券业务管理办法》，自2015年7月1日起施行。

①融资融券业务推出对证券市场的积极影响

a. 融资融券业务特别是融券的推出在我国证券市场形成做空机制。

b. 融资融券业务将增加资金和证券的供给，增强证券市场的流动性和连续性，活跃交易，大大提高证券市场的效率。

c. 融资融券业务的推出将连通资本市场和货币市场，促进资本市场和货币市场之间资源的合理有效配置，增加资本市场资金供给，提高了全社会的资金整体配置效率。

d. 融券的推出有利于投资者利用衍生工具的交易进行避险和套利，提高市场效率。

e. 融资融券有利于提高监管的有效性。

②融资融券业务推出对证券市场的消极影响

a. 融资融券业务对标的证券具有助涨助跌的作用。

b. 融资融券业务的推出使得证券交易更容易被操纵。

c. 融资融券业务实行保证金制度，使得现货市场、期货市场波动增加，可能会对金融体系的稳定性带来一定威胁。

四、证券市场传导宏观经济政策的主要途径和内在机制

1. 证券市场传导货币政策的主要途径和内在机制

我国货币政策的传导机制，经历了从直接传导转变为直接传导、间接传导的双重传导，并逐步过渡到以间接传导为主的阶段。

（1）传统体制下的直接传导机制（如图4－1所示）

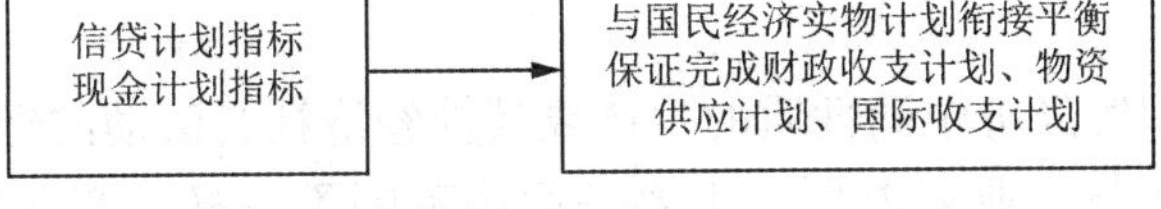

图4－1　传统体制下的直接传导机制

传统体制下的直接传导机制有如下特点：

①时滞短，方式简单，作用效应快；

②信贷、现金计划从属于实物分配计划，中央银行无法主动对经济进行调控；

③缺乏中间变量，政策灵活性不足，会造成经济较大的波动；

④企业对银行依赖性强。

(2)改革以来的双重传导机制(如图4-2所示)

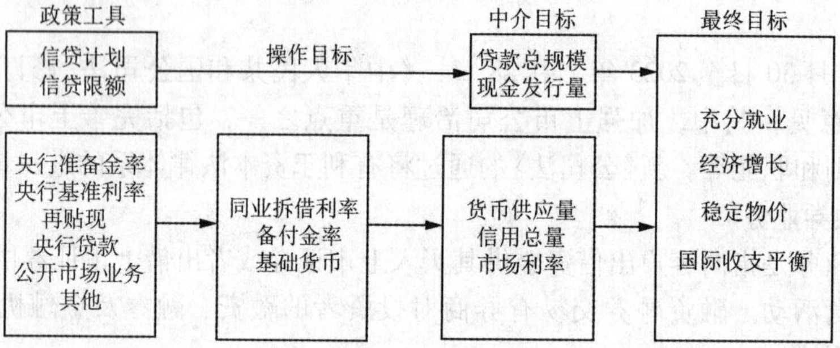

图4-2 双重传导机制

①第一环节。运用货币政策工具影响操作目标——同业拆借利率、备付金率和基础货币，主要调控金融市场的资金融通成本和各金融机构的贷款能力。

②中间环节。操作目标的变动影响到货币供应量、信用总量、市场利率。

③最后环节。货币供应量的变动影响到最终目标的变动。

(3)货币政策传导途径

货币政策传导途径一般有三个基本环节：

①从中央银行到商业银行等金融机构和金融市场。

②从商业银行等金融机构和金融市场到企业、居民等非金融部门的各类经济行为主体。

③从非金融部门经济行为主体到社会各经济变量，包括总支出量、总产出量、物价、就业等。

2. 证券市场传导财政政策的主要途径和内在机制

按政府是否采取行动，财政政策的传导机制分为以下两种情况：

(1)"自动稳定器"传导机制

"自动稳定器"的财政政策是指经济失衡时，政府不需要采取任何行动，财政政策工具就会自动发挥作用，减缓经济的衰退或者膨胀。主要包括超额累进所得税和对个人的转移支付。

(2)"相机抉择"传导机制

"相机抉择"财政政策是指多数总供求失衡时，政府根据不同的情况相机决定采取不同的财政政策手段，影响企业和居民的可支配收入，调节社会总需求。

五、行业分析的主要内容

1. 行业的含义

行业，是指从事国民经济中同性质的生产或其他经济社会活动的经营单位和个体等构成的组织结构体系。行业与产业有差别，主要是适用范围不一样。产业作为经济学的专门术语，有更严格的使用条件。

产业一般具有三个特点：①规模性，即产业的企业数量、产品或服务的产出量达到一定的规模。②职业化，即形成了专门从事这一产业活动的职业人员。③社会功能性，即这一产业在社会经济活动中承担一定的角色，而且是不可缺少的。行业虽然也拥有职业人员，也具有特定的社会功能，但一般没有规模上的约定。证券分析师关注的往往都是具有相当规模的行业，特别是含有上市公司的行业，所以业内一直约定俗成地把行业分析与产业分析视为同义语。

行业虽然也拥有职业人员，也具有特定的社会功能，但一般没有规模上的约定。

2. 行业分析与宏观分析、公司分析的关系

(1)行业分析的任务

①解释行业本身所处的发展阶段及其在国民经济中的地位；

②分析影响行业发展的各种因素以及判断对行业影响的力度；

③预测并引导行业的未来发展趋势，判断行业投资价值，揭示行业投资风险，从而为政府部门、投资者及其他机构提供决策依据或投资依据。

(2)地位及意义

行业经济是宏观经济的构成部分，宏观经济活动是行业经济活动的总和。行业经济活动是介于宏观经济活动和微观经济活动中的经济层面，是中观经济分析的主要对象之一。行业分析是对上市公司进行分析的前提，也是连接宏观经济分析和上市公司分析的桥梁，是基本分析的重要环节。行业分析和公司分析是相辅相成的。一方面，上市公司的投资价值可能会因为所处行业的不同而产生差异；另一方面，同一行业内的上市公司也会千差万别。

3. 行业划分的方法

(1)道·琼斯分类法

道·琼斯分类法是在19世纪末为选取在纽约证券交易所上市的有代表性的股票而对各公司进行的分类，是证券指数统计中最常用的分类法之一。它将大多数股票分为三类：工业、运输业和公用事业。

(2)标准行业分类法

标准行业分类法是联合国经济和社会事务统计局建议各国采用的行业划分方法，它把国民经济划分为10个门类，对每个门类再划分为大类、中类、小类。

4. 行业分析的方法

行业分析的方法主要有历史资料研究法、调查研究法、归纳与演绎法、比较研究法、数理统计法。

(1)历史资料研究法

历史资料研究法是通过对已有资料的深入研究，寻找事实和一般规律，然后根据这些信息去描述、分析和解释过去的过程；同时，揭示当前的状况，并依照这种一般规律对未来进行预测。

(2)调查研究法

调查研究法一般通过抽样调查、实地调研、深度访谈等形式，通过对调查对象的问卷调查、访查、访谈获得资讯，并对此进行研究，在描述性、解释性和探索性的研究中都可以运用该方法。调查研究是收集第一手资料用以描述一个难以直接观察的群体的最佳方法。

5. 行业分析的主要内容

行业分析是指依据经济学原理，综合运用计量经济学、统计学等分析工具对行业要素进一步分析，以发现行业运行的内在经济规律，从而预测未来行业发展的趋势。行业分析的主要内容包括：基本状况分析、一般特征分析以及行业结构分析。

(1)基本状况分析

基本状况分析包括行业概述、行业发展的历史回顾、现状与格局分析、行业发展趋势分析、行业的市场容量、销售增长率现状及趋势预测、行业的毛利率、净资产收益率现状及发展趋势预测等。

(2)基本特征分析

①行业的市场结构分析

行业的市场结构分为四种：完全竞争、垄断竞争、寡头垄断、完全垄断，其特点如表4－3所示。

表4－3　四种行业市场类型的特点

市场类型	厂商数目	产品差别程度	对价格控制的程度	进出一个行业的难易程度	接近哪种商品市场
完全竞争	很多	完全无差别	没有	很容易	初级产品(如农产品)
垄断竞争	很多	有差别	有一些	比较容易	制成品(如纺织、服装等轻工业产品)
寡头垄断	几个	有差别或无差别	相当程度	比较困难	①资本密集型、技术密集型产品，如钢铁、汽车等重工业；②少数储量集中的矿产品如石油等
完全垄断	唯一	唯一的产品，且无相近的替代品	很大程度，但经常受到管制	很困难，几乎不可能	①公用事业(如发电厂、煤气公司、自来水公司和邮电通信等)；②某些资本、技术高度密集型或稀有金属矿藏的开采等

在分析行业的市场结构时，通常会使用到行业集中度。行业集中度又称“行业集中率”或“市场集中度”，是指某行业相关市场内前N家最大的企业所占市场份额(产值、产量、销售额、销售量、职工人数、资产总额等)的总和。行业集中度(CR)一般以某一行业排名前4位的企业的销售额(或生产量等数值)占行业总的销售额的比例来度量，表示为CR4，CR4越大，说明这一行业的集中度越高，市场越趋向于垄断；反之，集中度越低，市场越趋向于竞争。集中度是衡量行业市场结构的一个重要指标。

②行业的经济周期分析

根据各行业变动与国民经济总体周期变动之间的关系，可将行业分为增长型行业、周期型行业和防守型行业，具体如表4－4所示。

表4－4　行业的经济周期分析

行业类型	与经济周期的关系	代表行业
增长型行业	运行状态与经济活动总水平的周期及其振幅并不紧密相关。这些行业收入增长的速率并不会总是随着经济周期的变动而出现同步变动，因为它们主要依靠技术的进步、新产品推出及更优质的服务，从而使其经常呈现出增长形态	计算机等高增长行业
周期型行业	运行状态与经济周期紧密相关。当经济处于上升时期，这些行业会紧随其扩张；当经济衰退时，这些行业也相应衰落，且该类型行业收益的变化幅度往往会在一定程度上夸大经济的周期性	消费品业、耐用品制造业及其他需求收入弹性较高的行业

续表

行业类型	与经济周期的关系	代表行业
防守型行业	经营状况在经济周期的上升和下降阶段都很稳定。这种运动形态的存在是因为该类型行业的产品需求相对稳定，需求弹性小，经济周期处于衰退阶段对这种行业的影响也比较小	食品业和公用事业

【真题 4.4】各行业变动时，往往呈现出明显的、可测的增长或衰退的格局，这些变动与国民经济总体的周期变动是有关系的，据此，可以将行业分为(　　)。

A. 增长型行业　　B. 周期型行业　　C. 防守型行业　　D. 衰退型行业

【答案】ABC

【解析】各行业变动时，往往呈现出明显的、可测的增长或衰退的格局。这些变动与国民经济总体的周期变动是有关系的，但关系密切的程度又不一样。据此，可以将行业分为三类：增长型行业、周期型行业和防守型行业。

③行业生命周期模型

行业的生命周期指行业从出现到完全退出社会经济活动所经历的时间。行业生命周期模型如图 4－3 所示。

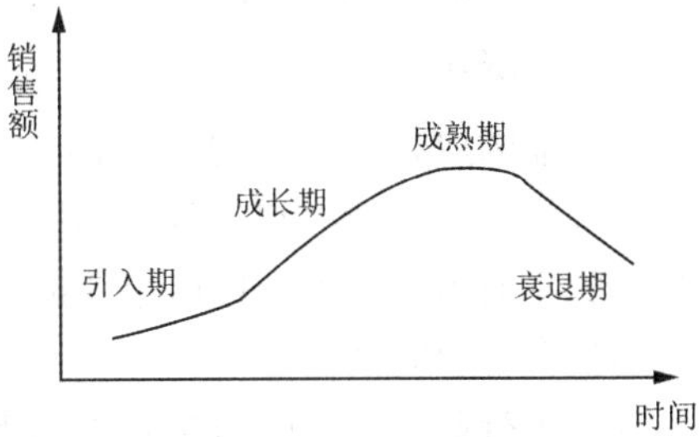

图 4－3　行业生命周期模型

(3)行业结构分析

①产业组织分析 SCP 理论

产业组织分析 SCP 理论是指通过构建系统化的市场结构—市场行为—市场绩效的分析框架，来研究产业内部市场结构、主体市场行为、整个产业的市场绩效的理论。该理论着重突出市场结构的作用，认为市场结构是决定市场行为和市场绩效的关键因素，决定企业在市场中的行为，企业市场行为又决定经济绩效。

行业结构分析的内容主要有：各产品、各地区、各消费群的容量及结构变化。

②波特五力模型分析

美国学者迈克尔·波特认为在一个行业中，存在着潜在的进入者、购买者、供应者、替代品和行业中现有竞争者五种基本的竞争力量，如图 4－4 所示。

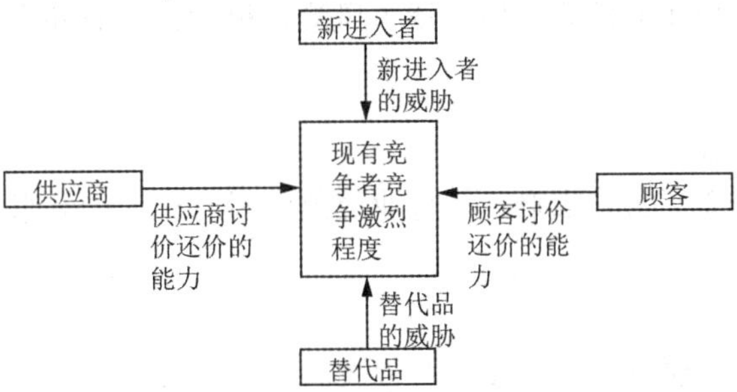

图 4－4　波特五力模型

六、行业竞争情况分析的主要内容和基本方法

1. 产业价值链

价值链理论是由美国教授迈克尔·波特提出的。他认为一般企业都可以视为一个由管理、设计、采购、生产、销售、交货等一系列创造价值的活动所组成的链条式集合体，企业内部各业务单元的联系构成了企业的价值链。根据企业与相应供应方和需求方的关系，将企

业价值链分别向其前、后延伸就形成了产业价值链。

2. 行业竞争结构

迈克尔·波特认为，一个行业激烈竞争的局面源于其内在的竞争结构。一个行业内存在着潜在入侵者、替代产品、供方、需方以及行业内现有竞争者五种基本竞争力量。

七、行业生命周期分析的主要内容和基本方法

通常，每个行业都要经历一个由成长到衰退的发展演变过程，这个过程便称为行业的生命周期，一般地可分为幼稚期、成长期、成熟期和衰退期。

1. 幼稚期

较少的投资公司投资这个新兴的行业，并且创业公司的开发和研究费用较高，产品市场需求较少，销售收入较低。这类企业适合投机者和创业投资者投资。

幼稚期后期，行业生产技术趋于成熟、生产成本有所降低，市场需求不断扩大，新行业逐渐从高风险、低收益的幼稚期步入高风险、高收益的成长期。

2. 成长期

行业的成长即行业的扩大再生产。成长能力主要表现为区域的横向渗透能力、生产能力，规模的扩张能力和自身组织结构的变革能力。这个时期的行业增长非常迅猛，部分优势企业脱颖而出，投资于这些企业的投资者往往获得极高的投资回报，所以成长期阶段有时被称为投资机会时期。

一个行业的成长能力主要由以下几个因素决定：

(1)需求弹性。需求弹性往往和行业成长能力正相关。

(2)生产技术。行业的技术进步快，生产率上升快，创新能力强，成长能力强。

(3)产业关联度。产业关联度往往与成长能力正相关。

(4)市场容量与潜力。行业的市场容量和市场潜力大，其成长空间就大。

(5)行业在空间的转移活动。行业停止在空间的转移活动表示行业成长达到市场需求的边界，成长期随之进入尾声。

(6)产业组织变化活动。行业的成长伴随行业中企业向大型化、集团化的方向发展。

这一阶段期企业的利润增长非常快，竞争风险也很大，被兼并率与破产率相当高。

3. 成熟期

(1)行业成熟的表现

①技术上的成熟；②产品的成熟，是行业成熟的标志；③产业组织上的成熟；④生产工艺的成熟。

(2)成熟期行业的特点

①企业地位显赫、规模空前，产品普及程度高；

②处于产业支柱地位，其生产产值、要素份额、利税份额在国民经济中占有较高比例；

③行业市场需求接近饱和，生产能力也趋于饱和，出现买方市场。

行业成熟期，行业增长速度下降到适度的水平，甚至增长可能会完全停止，产出下降。行业利润处于较高的水平，但由于较稳定的市场结构、新企业不易进入，风险较低。

4. 衰退期

(1)行业衰退的种类

①行业衰退可以分为自然衰退和偶然衰退：前者是一种自然状态下到来的衰退；后者是指在偶然的外部因素作用下，提前或者延后发生的衰退。

②行业衰退可以分为绝对衰退和相对衰退：前者是指行业本身内在的衰退规律起作用而发生的规模萎缩、功能衰退、产品老化；后者是指行业因结构性原因或者无形原因引起行业地位和功能发生衰减的状况，而并不一定是行业实体发生了绝对的萎缩。

(2)衰退期的特点

衰退期出现在较长的稳定期之后。由于大量替代品的出现，原行业产品的市场需求开始不断减少，销售量不断下降，并且一些厂商开始向其他更盈利的行业转移资金，厂商数量减少、利润水平停滞不前甚至逐渐下降，萧条景象出现。整个行业进入衰退期。

可从公司数量、产品价格、利润、风险对行业生命周期进行分析，如图 4－5 所示。

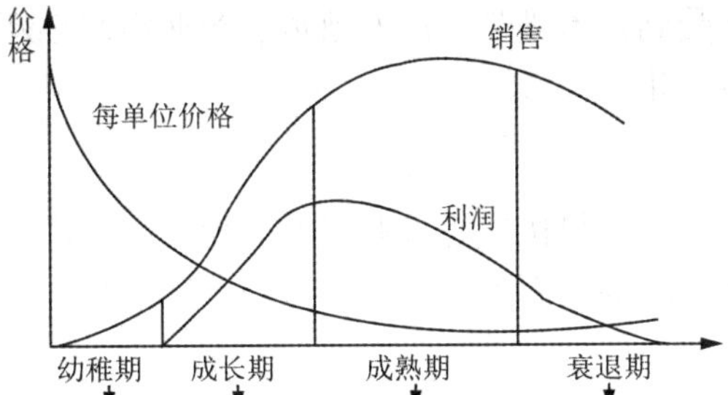

	幼稚期	成长期	成熟期	衰退期
公司数量	少	增加	减少	少
产品价格	高	下降	稳定	
利润	亏损	增加	高	减少→亏损
风险	高	高	降低	增大

图 4－5　行业生命周期分析

一些典型的行业所处的生命周期阶段如图 4－6 所示。

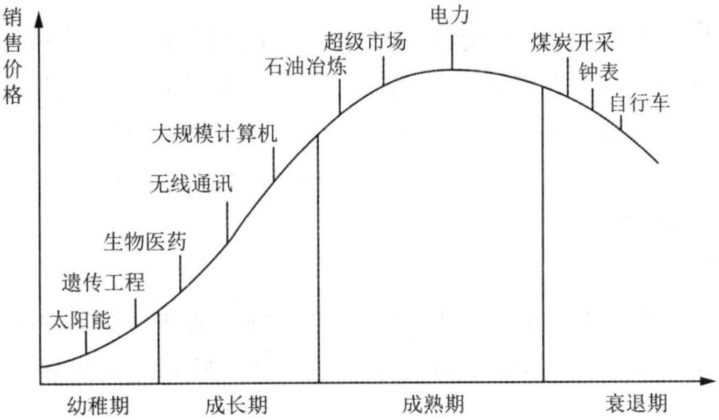

图 4－6　典型行业生命周期图示

分析师具体判断一个行业实际的生命周期阶段时，一般考虑以下几个方面：

(1)产出增长率。成长期产出增长率较高，成熟期以后降低，经验数据一般以 15% 为界；衰退期行业低速运行或出现负增长。

(2)行业规模。行业的市场容量经历“小—大—小”的进程，行业的资产总规模则出现“小—大—萎缩”的阶段。

(3)技术进步和技术成熟程度。行业的创新能力由强增长到逐步衰减，技术成熟程度经历“低—高—老化”的阶段。

(4)利润率水平。通常经历“低—高—稳定—低—严重亏损”的阶段。

(5)从业人员的职业化水平和工资福利收入水平。通常会经历“低—高—低”的阶段。

(6)开工率。行业处在成长或成熟期间，长时期开工充足体现了景气状态。衰退期一般体现为开工不足。

(7)资本进退。成熟期之前，企业数量及资本量的进入量大于退出量；成熟期表现为均衡；衰退期表现为退出量超过进入量，行业规模萎缩，企业转产、倒闭时常发生。

【真题4.5】下列各项中，某行业(　　)的出现一般表明该行业进入了衰退期。

A. 产品价格不断下降　　B. 公司经营风险加大

C. 公司的利润减少并出现亏损　　D. 公司数量不断减少

【答案】ABCD

八、影响行业兴衰的主要因素

一个行业的兴衰会受到技术进步、产业政策、产业组织创新、社会习惯改变和经济全球化等因素的影响而发生变化。

1. 技术进步

技术进步使新兴行业能够很快地超过并代替旧行业，或严重地威胁原有行业的生存，未来优势行业将伴随新的技术创新而到来。

2. 产业政策

产业政策是国家干预或参与经济的一种形式，是国家(政府)系统设计的有关产业发展的政策目标和政策措施的总和。一般认为，产业政策可以包括产业结构政策、产业组织政策、产业技术政策和产业布局政策等部分。其中，产业结构政策与产业组织政策是产业政策的核心。

3. 产业组织创新

产业组织是指同一产业内企业的组织形态和企业间的关系，包括市场结构、市场行为、市场绩效三方面内容。产业组织创新是指同一产业内企业的组织形态和企业间关系的创新。

产业组织创新的直接效应包括实现规模经济、专业化分工与协作、提高产业集中度、促进技术进步和有效竞争等；间接影响包括创造产业增长机会、促进产业增长实现、构筑产业赶超效应、适应产业经济增长等多项功效。

4. 社会习惯改变

随着人们生活水平和受教育程度的提高，消费心理、消费习惯、文明程度和社会责任感会逐渐改变，从而引起对某些商品的需求变化并进一步影响行业的兴衰。

5. 经济全球化

经济全球化是指商品、服务、生产要素与信息跨国界流动的规模与形式不断增加，通过国际分工，在世界市场范围内提高资源配置效率，从而使各国经济相互依赖程度有日益加深的趋势。导致经济全球化的直接原因是国际直接投资与贸易环境出现了新变化。

经济全球化对各国产业发展的重大影响包括：①经济全球化导致产业的全球性转移，发达国家将低端制造技术加速向发展中国家进行产业化转移。②国际分工出现重要变化，体现为国际分工的基础出现了重要变化以及国际分工的模式出现了重要变化。③经济全球化导致贸易理论与国际直接投资理论一体化。

九、行业轮动的特征

1. 概念

行业轮动是利用市场趋势获利的一种主动交易策略，其本质是利用不同投资品种强势时间的错位对行业品种进行切换以达到投资收益最大化的目的。

2. 特征

行业轮动是一种市场短期趋势的表现形式，其主要特征如下：

(1)行业的构成和发展日渐融入国民经济的发展轨迹

中国股市将更深入、更广泛地扎根到国民经济发展的大背景中，成为国家经济形势名副其实的“晴雨表”，股市中各个行业的构成和发展也将日渐融入国民经济的发展轨迹之中。

(2)行业轮动日渐成为中国股市运行的基本规律之一

尽管股市运行情况变化的根本原因在于国家宏观经济的运行情况，但市场走势也需要领涨行业的带领和推动。另外，每个行业都有独立表现的机会，都有其独特的行业、市场或区域背景，当行业投资背景发生变化时，往往会成为市场投资的热点，受到投资者的热烈追捧。同时，在各个行业内部的不同上市公司之间也存在着较为明显的联动效应，行业行情通常由某些龙头企业率先发起，进而引领行业内其他企业相继跟随，最终演变成整个行业的集体走强形势。

(3)行业投资的理念日益鲜明且不断深入人心

随着中国股市的发展和投资者知识素养的普遍提升，受市场舆论导向及流言蜚语影响而导致股市齐涨齐跌、同升同落的现象已经有所减少，代之而起的是行业间交错轮动趋势。随着中国股市市场容量的日益扩大和科技水平的不断提高，行业的炒作将成为市场投资的主流，行业投资理念将更加深入人心。

(4)行业轮动的频率渐次加快使走势预测更具不确定性

早些年股市的每一轮行情，领涨行业持续时间较长、涨幅较大，一年中由哪几个行业领涨也相对比较稳定。近年来，每一轮的行情中行业变换明显加快，持续时间很短，甚至一两天便轮换，且每次上涨或反弹行情的领涨行业也均不相同。行业轮动的频次加快提高了市场的操作难度，助长了短线操作风气，使行业的市场走势难以预测，不确定性增加。

(5)行业龙头企业逐渐成为引导行业发展的原动力

一个行业的长期发展趋势，取决于该行业本身的发展前景以及行业中起龙头作用的上市公司的区域和行业地位及其发展前景。行业的发展前景是行业发展的原动力和生命力，如果某一行业内上市公司的前景普遍看涨，则该行业有望在股市上有所表现，产生联动效应，吸引广大投资者的关注。

十、行业轮动的驱动因素

行业轮动的实质是一种行业受经济周期影响的现象，而不是行业本身的兴起或衰退。行业轮动研究的顺序是由经济的谷底开始，然后发展到高潮，再转向谷底。市场、政府、外需构成了促使经济走出低谷的三大基本动力。

1. 市场驱动

市场驱动的分析从对利率和成本最为敏感的行业展开。

利率和成本的下降，首先刺激房地产和汽车行业的复苏；当先导产业汽车和房地产从低谷逐步上升时，钢铁、有色、建材等行业会随之复苏；随后煤炭和电力行业景气轮动；最后，港口、集装箱运输、船舶行业也会随之联动。与此相反，当先导行业需求下滑的时候，所有行业将因此轮动向下。行业轮动的市场逻辑如图 4 -7 所示。

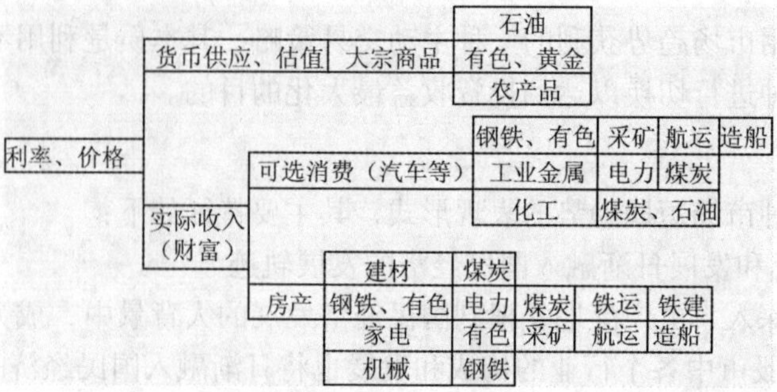

图 4 -7　行业轮动的市场逻辑

2. 政府驱动

政府施行扩张性财政政策，是经济复苏的重要动力。

财政政策一般包括两个方面：

(1)增加财政支出用于基本建设。这样会推动建筑、建材、钢铁、有色等的需求，并沿产业链向下。

(2)鼓励扶持新技术的应用，目的是促进经济的长期持续发展。

行业轮动的财政支出逻辑如图 4 -8 所示。

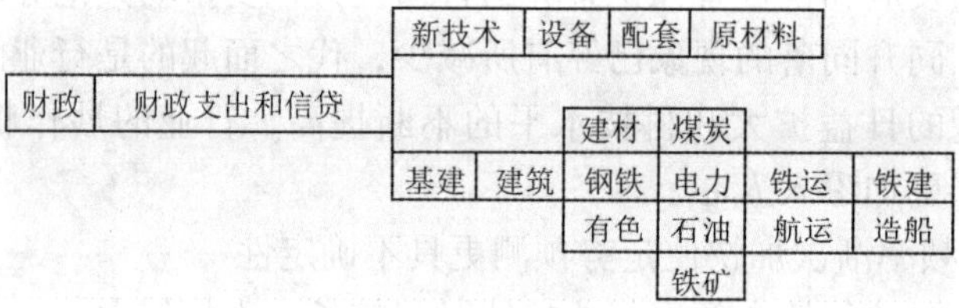

图 4 -8　行业轮动的财政支出逻辑

3. 出口拉动

世界经济的好转会带动一国经济的发展，促进该国出口增加，并沿产业链带动经济全面发展。世界经济对一国经济的影响主要有两条路径：①推动必需品需求，包括纺织服装、家具卫浴等；②推动机电产品出口，并沿产业链向下，如图 4 -9 所示。

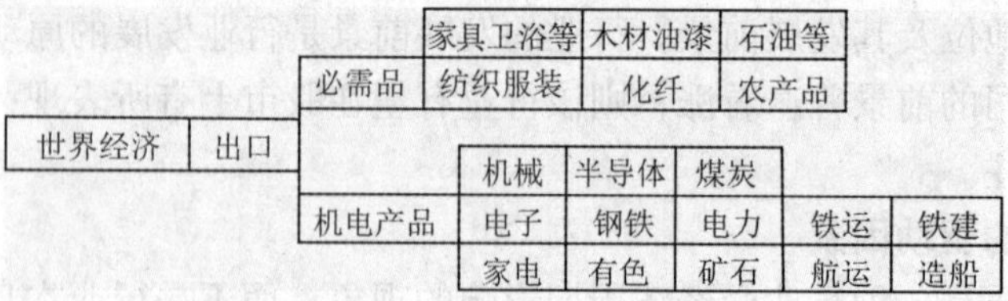

图 4 -9　行业轮动的出口逻辑

十一、行业轮动的主要策略及配置

1. M2 行业轮动策略

(1)数据与轮动策略的建立

①信息的同步性：考虑到 M2 的披露时间及信息的传导时间，所有投资时段都滞后了一个月的时间。

②组合的建构策略：在货币政策处于扩张时等权重配置周期性行业，紧缩时等权重配置非周期性行业。

(2)M2 行业轮动策略的优点

①概念容易理解，且符合自上而下的投资理念，适合机构投资者进行行业配置。

②将行业划分为周期性和非周期性进行投资，这种分类标准与实际投资中对行业属性的认识非常接近，减少了对行业基本面和公司信息的依赖。

③在紧缩时，由于选择投资于非周期性行业，能够避免较大的不确定性，使得整个组合的风险大大降低，抗风险能力得到增强。

④依据货币供应增速 M2 进行轮动，使得策略具有较强的可操作性。

2. 基于市场情绪的行业轮动策略

基于市场情绪设计行业轮动投资策略主要考虑两点：

(1)哪些行业处于上扬趋势，即哪些行业从市场情绪来看变得可投资；

(2)这些可投资行业中哪些行业更具备比较优势，即哪些行业具有比业绩基准更强的上扬趋势。

需要注意的是，一般市场情绪指标由于过度依赖历史信息，在行情剧烈波动时容易发生误判，所以基于市场情绪的行业轮动策略中止损策略的考虑必不可少。

十二、不同行业轮动的关联性和介入时点的选择

行业轮动的关联性是指不同行业轮动的相关性及顺序模式，包括哪些行业同时轮动、哪些行业顺序轮动等。

1. 行业轮动的关联性

(1)强势行业的关联性

我国证券市场行业表现的相关性较强，而理想的行业投资就是选择均能超越指数的多个行业进行组合投资，这就需要研究强势行业的关联性，即当一个行业具有超越指数的能力时，哪些行业同时也具备超越指数的能力。

另外值得注意的是行业强势时段的弱关联，弱关联意味着应避免同时配置，例如能源与信息、金融与信息强势时段的关联最弱，同时配置很可能导致两个行业强弱互抵，从而难以战胜指数。

(2)个股强势轮动的关联性

个股强势轮动的关联强度用股票 A 超越指数的当月股票 B 也超越指数的概率来表示，个股的强势以两种方式表示：①当月超越沪深300 指数；②当月超越沪深300 指数2.00%以上。研究数据表明，个股强势轮动的关联强度相比行业有所增强。

2. 行业轮动介入时点的选择

把握行业轮动的时机，需要对经济周期和市场周期进行前瞻性判断。

(1)四种周期

四种周期，即政策周期、市场周期(估值周期)、经济周期和盈利周期。在市场的不同阶段，这四种周期的演变速度和先后次序不同。熊末牛初，股市见底时这四种周期见底的先后次序为：政策周期、市场周期、经济周期、盈利周期，此时，判断市场走势，资金面和政策面是领先指标，基本面是滞后指标。

(2)三种杠杆

①财务杠杆：对利率的弹性。

②运营杠杆：对经济的弹性。

③估值杠杆：对剩余流动性的弹性。

第一阶段，熊市见底时，经济低迷，但货币政策宽松，利率不断降低，通常是财务杠杆高的企业先见底，剩余企业的市场份额和定价权都得到提高；第二阶段，经济开始复苏，利率稳定于低位，此时行业轮动由运营杠杆高的行业领涨，因为这类企业只需销售收入的小幅反弹就能带来利润的大幅提升，基本面的改善比较显著；第三阶段，经济繁荣，利润快速增长，股票价格涨幅更大，估值扩张替代基本面成为推动股价的主动力，此时估值杠杆高，有想象空间的股票往往能够领涨；第四阶段，熊牛替换时，不应过度在意盈利增长的确定性，而应关注股票对各种正在改善的外部因素的弹性。经济周期四个阶段对行业轮动的影响如表4－5所示。

表4－5　经济周期四阶段对行业轮动的影响

经济周期阶段	表现较好的行业	表现较差的行业
复苏阶段	能源、金融、可选消费	信息技术、医疗保健、公用事业
扩张阶段	能源、材料、金融	信息技术、公用事业、电信服务
滞胀阶段	电信服务、日常消费、医疗保健	信息技术、能源、金融
收缩阶段	医疗保健、公用事业、日常消费	能源、金融、材料

(3)介入时点的选择

选择介入时点时，应注意以下几点：

①牛市和熊市是四个周期和三个杠杆的博弈和互动。

②有周期性就表明有可预测性。

③认识四种周期的先后顺序和相互作用之后，才能在牛熊更替中做出有预见性和前瞻性的判断。

④杠杆的存在会使股价的波动较为激烈。

⑤当股市经过大跌而达到合理估值水平之后，开始在资金和政策面的推动下上涨，此时不应过多担忧基本面。

⑥单纯的行业轮动时机选择是比较困难的，必须结合估值和品质综合考量。

十三、公司分析的主要内容

1. 基本分析

(1)公司行业地位分析

行业地位分析的目的是判断公司在所处行业中的竞争地位，如是否为领导企业，在价格上是否具有影响力，是否有竞争优势等。在大多数行业中，无论其行业平均盈利能力如何，总有一些企业比其他企业具有更强的获利能力。企业的行业地位决定了其盈利能力是高于还是低于行业平均水平，决定了其在行业内的竞争地位。衡量公司行业竞争地位的主要指标是产品的市场占有率。

(2)公司经济区位分析

上市公司的投资价值与区位经济的发展密切相关，对上市公司进行区位分析，就是将上市公司的价值分析与区位经济的发展联系起来，以便分析上市公司未来发展的前景，确定上市公司的投资价值。公司经济区位分析可以从区位内政府的产业政策、自然条件与基础条件及经济特色等角度进行分析。

(3)公司产品竞争能力分析

可以从公司产品的市场占有情况、成本优势、技术优势、质量优势、品牌战略进行分析。

(4)公司经营能力分析

主要从公司法人治理结构的健全性、公司经理层素质的高低、公司从业人员素质和创新能力进行分析。

(5)公司盈利能力和公司成长性分析

包括公司盈利预测、公司经营战略分析、公司规模变动特征及扩张潜力分析。

(6)公司偿债能力分析

通常包括短期偿债能力分析和长期偿债能力分析。

2. 财务分析

公司财务分析，是指通过公司财务报表的有关资料和财务情况说明书提供的信息进行汇总、计算、对比、分析以综合评价公司的财务状况和经营成果的过程。财务分析包括公司主要的财务报表分析、公司财务比率分析、会计报表附注分析和财务状况综合分析。

(1)资产负债表

资产负债表是反映企业在某一特定日期财务状况的会计报表，它表明权益在某一特定日期所拥有或控制的经济资源、所承担的现有义务和所有者对净资产的要求权。通过账户式资产负债表，可以反映资产、负债和所有者权益之间的内在关系，并达到资产负债表左右平衡。同时，资产负债表还提供年初数和期末数的比较资料。

(2)利润表

利润表是反映企业一定期间生产经营成果的会计报表，表明企业运用所拥有的资产进行获利的能力。我国一般采用多步式利润表格式。利润表主要反映以下七个方面的内容：①构成营业收入的各项要素；②构成营业利润的各项要素；③构成利润总额(或亏损总额)的各项要素；④构成净利润(或净亏损)的各项要素；⑤每股收益；⑥其他综合收益；⑦综合收益总额。

(3)现金流量表

现金流量表反映企业一定期间现金的流入和流出，弥补了因使用权责发生制概念编制资产负债表和利润表而发生的不足。现金流量表主要分为经营活动、投资活动和筹资活动产生的现金流量三个部分。

经营活动产生的现金流量可以通过间接法和直接法两种方法反映。间接法是针对净利润(或综合收益)利用非现金交易进行调整后得到经营现金流；直接法是指直接通过现金收入和现金支出的主要类别列示经营活动的现金流量。

(4)所有者权益变动表

所有者权益变动表也称股东权益变动表，是反映公司本期(年度或中期)内截至期末所有者权益各组成部分变动情况的报表。所有者权益变动表应当全面反映一定时期所有者权益变动的情况，包括所有者权益总量的增减变动、所有者权益增减变动的重要结构性信息、直接计入所有者权益的利得和损失。

3. 重大事项分析

重大事项包括《上市公司信息披露管理办法》规定的重大事件、公司的资产重组、公司的关联交易、会计政策和税收政策的变化。

重大事件是指发生可能对上市公司证券及其衍生品种交易价格产生较大影响，但投资者尚未得知的事件。《上市公司信息披露管理办法》规定的重大事件包括：

①公司的经营方针和经营范围的重大变化；

②公司的重大投资行为和重大的购置财产的决定；

③公司订立重要合同，可能对公司的资产、负债、权益和经营成果产生重要影响；

④公司发生重大债务和未能清偿到期重大债务的违约情况，或者发生大额赔偿责任；

⑤公司发生重大亏损或者重大损失；

⑥公司生产经营的外部条件发生的重大变化；

⑦公司的董事、1/3 以上监事或者经理发生变动；董事长或者经理无法履行职责；

⑧持有公司 5% 以上股份的股东或者实际控制人，其持有股份或者控制公司的情况发生较大变化；

⑨公司减资、合并、分立、解散及申请破产的决定；或者依法进入破产程序、被责令关闭；

⑩涉及公司的重大诉讼、仲裁，股东大会、董事会决议被依法撤销或者宣告无效；

⑪公司涉嫌违法违规被有权机关调查，或者受到刑事处罚、重大行政处罚；公司董事、监事、高级管理人员涉嫌违法违纪被有权机关调查或者采取强制措施；

⑫新公布的法律、法规、规章、行业政策可能对公司产生重大影响；

⑬董事会就发行新股或者其他再融资方案、股权激励方案形成相关决议；

⑭法院裁决禁止控股股东转让其所持股份；任一股东所持公司 5% 以上股份被质押、冻结、司法拍卖、托管、设定信托或者被依法限制表决权；

⑮主要资产被查封、扣押、冻结或者被抵押、质押；

⑯主要或者全部业务陷入停顿；

⑰对外提供重大担保；

⑱获得大额政府补贴等可能对公司资产、负债、权益或者经营成果产生重大影响的额外收益；

⑲变更会计政策、会计估计；

⑳因前期已披露的信息存在差错、未按规定披露或者虚假记载，被有关机关责令改正或者经董事会决定进行更正；

㉑中国证监会规定的其他情形。

十四、公司财务报表分析的主要方法

财务报表分析的方法包括比较分析法和因素分析法。进一步细分，比较分析法与因素分析法这两类分析方法又各自包含了不同种类的具体方法，如财务比率分析、结构百分比分析、趋势分析、差额分析、指标分解、连环替代、定基替代等等。

1. 比较分析法

比较分析法是指对两个或两个以上有关的可比数据进行对比，揭示财务指标的差异和变动关系。最常用的有以下三种：

(1) 对公司不同时期的财务报表比较分析。可以对公司持续经营能力、财务状况变动趋势、盈利能力作出分析，从一个较长的时期来动态地分析公司状况。

(2) 单个年度的财务比率分析。是指对公司一个财务年度内的财务报表各项目之间进行比较，计算比率，判断年度内偿债能力、经营效率、资产管理效率、盈利能力等情况。

(3)与同行业其他公司之间的财务指标比较分析。可以了解公司各种指标的优劣，在群体中判断个体。使用本方法时常选用行业平均水平或行业标准水平。

2. 因素分析法

因素分析法是指依据分析指标和影响因素的关系，从数量上确定各因素对财务指标的影响程度。

十五、主要财务比率指标分析

1. 公司资本结构指标

资本结构是指企业各种资本的价值构成及其比例关系，反映了企业一定时期的筹资组合。公司资本结构指标的计算公式和意义如表4－6所示。

表4－6 公司资本结构指标的计算公式和意义

指标种类	计算公式	意义
资产负债率	$\frac{负债总额}{资产总额}\times100\%$	指标越大，说明债务越多，企业财务风险越大
股东权益比率	$\frac{股东权益总额}{资产总额}\times100\%$	反映企业基本财务结构是否稳定
长期负债比率	$\frac{长期负债}{资产总额}\times100\%$	反映企业总体债务状况
股东权益与固定资产比率	$\frac{股东权益总额}{固定资产总额}\times100\%$	反映公司财务结构稳定性

2. 偿债能力指标

(1)短期偿债能力

短期偿债能力是指企业以流动资产对流动负债及时足额偿还的保证程度，是衡量企业当前财务能力，特别是流动资产变现能力的重要指标。其主要包括流动比率、速动比率和现金比率。

①流动比率

流动比率是流动资产除以流动负债的比值。其计算公式为：

$$流动比率=\frac{流动资产}{流动负债}$$

流动比率可以反映短期偿债能力。流动比率是个相对数，排除了公司规模不同的影响，更适合公司间以及同一公司不同历史时期的比较。

一般认为，生产型公司合理的最低流动比率是2。流动比率只有和同行业平均流动比率、本公司历史的流动比率进行比较，才能知道这个比率是高还是低。一般情况下，营业周期、流动资产中的应收账款数额和存货的周转速度是影响流动比率的主要因素。

②速动比率

速动比率，也被称为酸性测试比率，是从流动资产中扣除存货部分，再除以流动负债的比值。速动比率的计算公式为：

$$速动比率=\frac{速冻资产}{流动负债}=\frac{流动资产-存货}{流动负债}$$

在计算速动比率时，要把存货从流动资产中剔除的主要原因是：a. 在流动资产中，存货的变现能力最差；b. 由于某种原因，部分存货可能已损失报废，还没处理；c. 部分存货已抵押给某债权人；d. 存货估价还存在着成本与当前市价相差悬殊的问题。

通常认为正常的速动比率为1，低于1的速动比率被认为是短期偿债能力偏低。影响速动比率可信度的重要因素是应收账款的变现能力。

③现金比率

现金比率的计算公式如下：

$$现金比率 = \frac{速动资产 - 应收账款}{流动负债}$$

该指标越大，表明企业经营活动产生的净流量越多，越能保障企业按时偿还到期债务。

(2)长期偿债能力

长期偿债能力是指公司偿付到期长期债务的能力，通常以反映债务与资产、净资产的关系的负债比率来衡量。负债比率主要包括：资产负债率、产权比率、有形资产净值债务率、已获利息倍数、长期债务与营运资金比率等。

①资产负债率

资产负债率是负债总额除以资产总额的百分比。其计算公式如下：

$$资产负债率 = \frac{负债总额}{资产总额} \times 100\%$$

资产负债率反映债权人所提供的资本占全部资本的比例，也被称为举债经营比率。

②产权比率

产权比率是负债总额与股东权益总额之间的比率，也称为债务股权比率。其计算公式如下：

$$产权比率 = \frac{负债总额}{股东权益} \times 100\%$$

产权比率反映由债权人提供的资本与股东提供的资本的相对关系，反映公司基本财务结构是否稳定。产权比率高，是高风险、高报酬的财务结构；产权比率低，是低风险、低报酬的财务结构。

③有形资产净值债务率

有形资产净值债务率是公司负债总额与有形资产净值的百分比。有形资产净值是股东权益减去无形资产净值后的净值，即股东具有所有权的有形资产的净值。其计算公式为：

$$有形资产净值债务率 = \frac{负债总额}{股东权益 - 无形资产净值} \times 100\%$$

有形资产净值债务率指标实质上是产权比率指标的延伸，其更为谨慎、保守地反映了公司清算时债权人投入的资本受到股东权益的保障程度。从长期偿债能力来讲，有形资产净值债务率越低越好。

④已获利息倍数

已获利息倍数指标是指公司经营业务收益与利息费用的比率，用以衡量偿付借款利息的能力，也称利息保障倍数。其计算公式如下：

$$已获利息倍数 = \frac{税息前利润}{利息费用}(倍)$$

已获利息倍数指标反映公司经营收益为所需支付的债务利息的多少倍。只要已获利息倍数足够大，公司就有充足的能力偿付利息；否则相反。

3. 盈利能力指标

盈利能力是指公司赚取利润的能力。

公司盈利能力指标的计算公式和意义如表 4 -7 所示。

表 4 -7 盈利能力指标的计算公式和意义

指标种类	计算公式	意义
营业净利率	$\frac{净利润}{营业收入}\times100\%$	反映单位营业收入带来的净利润
营业毛利率	$\frac{营业收入-营业成本}{营业收入}\times100\%$	反映单位营业收入扣除营业成本后，可以用于各项期间费用和形成盈利的比例
资产净利率	$\frac{净利润}{平均资产总额}\times100\%$	反映公司资产利用的综合效果
净资产收益率	$\frac{净利润}{净资产}\times100\%$	反映公司所有者权益的投资报酬率

4. 营运能力指标

营运能力是指公司经营管理中利用资金运营的能力，主要表现为资产管理和资产利用的效率，通常用公司资产管理比率来衡量。

营运能力指标的计算公式和意义如表 4 -8 所示。

表 4 -8 营运能力指标的公式和意义

指标种类	计算公式	意义
存货周转率	$\frac{营业成本}{平均存货余额}$(次)	反映年度内存货周转的平均次数，衡量存货管理水平、公司的变现能力
存货周转天数	$\frac{360}{存货周转率}$(天) $=\frac{存货平均余额\times360}{营业成本}$(天)	反映存货转换成现金平均需要的时间
应收账款周转率	$\frac{营业收入}{平均应收账款}$(次)	反映年度内应收账款转为现金的平均次数，衡量应收账款流动的速度
应收账款周转天数	$\frac{360}{应收账款周转率}$(天) $=\frac{平均应收账款\times360}{营业收入}$(天)	表示公司从取得应收账款的权利到收回款项转换为现金所需要的时间
流动资产周转率	$\frac{营业收入}{平均流动资产}$(次)	反映流动资产的周转速度
总资产周转率	$\frac{营业收入}{平均资产总额}$(次)	反映资产总额的周转速度

5. 成长能力指标

成长能力是指企业的长远扩展能力。成长能力指标的计算公式和意义如表 4 -9 所示。

表4－9　成长能力指标的计算公式和意义

指标种类	计算公式	意义
营业收入增长率	$\frac{当年营业收入增长额}{上年营业收入总额}\times 100\%$	指标值越高，企业营业收入增长越快，市场前景越好
资本保值增值率	扣除客观因素后的本年末所有者权益总额/年初所有者权益总额×100%	比率越高，表明企业资本保全状况越好。所有者权益增长越快，债权人的债务越有保障
资本积累率	$\frac{当年所有者权益增长额}{年初所有者权益}\times 100\%$	比率越高，表明企业的资本积累越多，应对风险、持续发展的能力越强
总资产增长率	$\frac{当年总资产增长额}{年初资产总额}\times 100\%$	比率越高，表明企业一定时期内资产经营规模扩张的速度越快。需关注资产规模扩张的质和量的关系及企业后续发展能力，避免盲目扩张
营业利润增长率	$\frac{当年营业利润增长额}{上年营业利润总额}\times 100\%$	反映企业营业利润的增减变动情况
净利润增长率	$\frac{当期净利润-上期净利润}{上期净利润}\times 100\%$	净利润的连续增长是公司成长性的基本特征。净利润增幅大，表明公司经营业绩突出，市场竞争力强
技术投入比率	$\frac{当年科技支出合计}{当年营业收入}\times 100\%$	反映企业在科技进步方面的投入，一定程度上体现企业的发展潜力

6. 现金流量指标

现金流量分析是在现金流量表出现以后发展起来的，其方法体系不完善，一致性也不充分。现金流量分析需要结合现金流量表、资产负债表及利润表。现金流量指标的计算公式和意义如表4－10所示。

表4－10　现金流量指标的公式和意义

指标种类		计算公式	意义
流动性指标	现金到期债务比	$\frac{经营现金净流量}{本期到期的债务}$	反映公司偿还债务的能力
	现金流动负债比	$\frac{经营现金净流量}{流动负债}$	比值越高，表明公司承担债务的能力越强，反映企业当期偿付短期负债的能力
	现金债务总额比	$\frac{经营现金净流量}{债务总额}$	体现企业的最大付息能力。比值越高，表明公司承担债务的能力越强，是评估企业中长期偿债能力的重要指标
获取现金能力指标	营业现金比率	$\frac{经营现金净流量}{营业收入}$	反映单位营业收入得到的净现金，数值越大越好
	每股营业现金净流量	$\frac{经营现金净流量}{普通股股数}\times 100\%$	反映公司最大的分派股利能力，超过此限度，要借款分红
	全部资产现金回收率	$\frac{经营现金净流量}{资产总额}\times 100\%$	反映公司资产产生现金的能力

续表

指标种类		计算公式	意义
财务弹性指标	现金股利保障倍数	$\frac{每股营业现金净流量}{每股现金股利}$(倍)	比率越大，说明支付现金股利的能力越强
	现金满足投资比率	$\frac{近5年经营活动现金净流量}{近5年资本支出+存货增加+现金股利}$	比率越大，表明资金自给率越高。达到1，表明公司可以用经营活动获取的现金扩充所需资金
收益质量指标	营运指数	$\frac{经营现金净流量}{经营所得现金}$	营运指数小于1，说明收益质量不够好

7. 投资收益分析指标

投资收益分析指标的计算公式和意义如表4－11所示。

表4－11 投资收益分析指标的公式和意义

指标种类	计算公式	意义
每股收益	$\frac{归属于普通股股东的当期净利润}{当期发行在外普通股的加权平均数}$	衡量上市公司盈利能力最重要的财务指标，反映普通股的获利水平
市盈率	$\frac{每股市价}{每股收益}$(倍)	也称本益比，反映投资者对每1元净利润所愿意支付的价格，可用于估计公司股票的投资报酬与风险，是市场对公司的共同期望指标
股利支付率	$\frac{每股股利}{每股收益}\times100\%$	反映公司股利分配政策和支付股利的能力
每股净资产	$\frac{年末净资产}{发行在外的年末普通股股数}$	反映发行在外的每股普通股所代表的净资产成本即账面权益
市净率	$\frac{每股股价}{每股净资产}$(倍)	市净率越小，说明股票的投资价值越高，股价的支撑越有保障

【真题4.6】下列属于流动性比率/指标的是(　　)。

A. 现金头寸指标　　B. 大额负债依赖度

C. 贷款总额与总资产的比率　　D. 总资产报酬率

【答案】ABC

【解析】流动性风险管理常用的比率/指标包括：①现金头寸指标；②核心存款指标；③贷款总额与总资产的比率；④贷款总额与核心存款的比率；⑤流动资产与总资产的比率；⑥易变负债与总资产的比率；⑦大额负债依赖度。D项属于盈利能力比率。

十六、公司杜邦分析

1. 杜邦分析法的含义

杜邦分析法是指利用几种主要的财务比率之间的关系来评价公司盈利能力和股东权益回报水平，从财务角度评价企业绩效的方法。

2. 杜邦分析法的特点

杜邦模型最显著的特点是将若干个用以评价企业经营效率和财务状况的比率按其内在联系有机地结合起来，形成一个完整的指标体系，并最终通过权益收益率来综合反映。

3. 杜邦分析法的应用

(1)使财务比率分析的层次更清晰、条理更突出，方便报表分析者全面仔细地了解企业的经营和盈利状况。

(2)有助于企业管理层更加明晰决定权益基本收益率的因素，销售净利润与债务比率、总资产周转率间的关系，明晰地考察公司资产管理效率和是否最大化股东投资回报。

4. 杜邦分析法的基本思路

(1)权益净利率：杜邦分析系统的核心。

(2)资产净利率：资产净利率取决于销售净利率和总资产周转率的高低。

(3)权益乘数：反映公司经营活动利用财务杠杆的程度。资产负债率越高，权益乘数越大，则公司负债程度越高，杠杆利益越多，风险也越高；否则相反。

5. 财务指标关系

财务指标的关系可表示为：

净资产收益率＝总资产净利率(净利润/总资产)×权益乘数(总资产/总权益资本)

其中，总资产净利率＝销售净利率(净利润/营业总收入)×总资产周转率(营业总收入/总资产)；因此，净资产收益率(ROE)＝销售净利率(NPM)×总资产周转率(AU，资产利用率)×权益乘数(EM)。

【真题4.7】根据杜邦分析体系，下列哪些措施可以提高净资产收益率？(　　)

A. 提高营业利润率　　B. 加快总资产周转率

C. 增加股东权益　　D. 增加负债

【答案】ABD

【解析】杜邦分析法中的几种主要的财务指标关系为：净资产收益率＝销售净利率(净利润/营业总收入)×资产周转率(营业总收入/总资产)×权益乘数(总资产/总权益资本)。C项，增加股东权益会使权益乘数减小，净资产收益率降低。

6. 局限性

(1)过分重视短期财务结果，忽略企业长期的价值创造。

(2)无法分析顾客、供应商、雇员、技术创新等对企业经营业绩的影响。

(3)不能解决无形资产的估值问题。

十七、公司调研

1. 公司调研的内容

公司调研的内容主要包括：①公司基本情况，包括重大股权变动、重大重组、主要股东及相关利益人情况、历史沿革及独立情况、商业信用等；②业务与技术，包括行业优势与竞争、购产销环节、核心技术与研发情况等；③同业竞争与关联交易，包括关联方情况等；④高级管理人员信息，包括高级管理人员变动及持股投资情况等；⑤组织结构与内部控制；⑥财务与会计信息；⑦业务发展目标，包括发展战略、经营理念及模式、发展计划执行及实现情况、募集资金投向及使用情况等；⑧公司风险因素及其他重要事项。

2. 公司调研的流程

公司调研通常遵循以下的流程：①调研前的室内案头工作，包括资料收集和分析；②编写调研计划，计划内容包括调研目的、调研对象、调研内容、调研参与人员、调研时间、调研费用等；③实地调研，包括访谈、考察、笔录；④编写调研报告，主要包括调研成果和投资建议；⑤报告发表，报告发表应当遵循相关的法律法规。

十八、公司分红派息

1. 分红派息的含义

分红派息是指公司以税后利润弥补以前年度亏损、提取法定公积金及任意公积金后，将剩余利润以现金或股票的方式，按股东持股比例或按公司章程规定的办法进行分配的行为。

2. 交付方式

股利分配的形式主要有现金红利和股票红利两种。

(1)现金股利。以现金形式向股东支付，是最常见、最普通的形式。

(2)股票股利。也称送股，是指股份公司对原有股东无偿派发股票的行为。送股不会改变公司股东权益总额，但会改变股东权益的构成。

3. 四个重要日期

(1)股息宣布日，指公司董事会将分红派息的消息公布于众的时间。

(2)股权登记日，指统计确认参加本次股息红利分配的股东的日期，在此期间持有公司股票的股东方能享受股利发放。

(3)除权除息日，通常为股权登记日之后的一个工作日，本日之后(含本日)买入的股票不再享有本期股利。

(4)发放日，股息正式发放给股东的日期。

4. 一般程序

(1)董事会根据公司的盈利水平和股息政策确定股利分派方案，提交股东大会和主管机关审议；

(2)董事会根据审议的结果向社会公告分红派息方案，并规定股权登记日；

(3)发行公司所在地的股权登记机构按分红派息方案向上市公司收取红股和现金股息。

5. 送红股

送红股是上市公司按比例无偿向股民赠送一定数额的股票。沪市所送红股在股权登记日后的第一个交易日——除权日即可上市流通；深市所送红股在股权登记日后第三个交易日上市流通。

十九、通过分析公司的历史财务数据和未来发展预测来估算公司内在价值的方法

证券估值方法主要包括绝对估值法和相对估值法。

1. 绝对估值

绝对估值是指通过对证券基本财务要素的计算和处理得出该证券的绝对金额。各种基于现金流贴现的方法均属此类，如表 4 – 12 所示。

表 4 – 12　绝对估值法

模型	预期现金流	采用的贴现率
红利贴现模型	预期红利	必要回报率
企业自由现金流贴现模型	企业自由现金流	加权平均资本成本
股东现金流贴现模型	股东自由现金流	必要回报率
经济利润估值模型	经济利润	加权平均资本成本

2. 相对估值

相对估值是指运用证券的市场价格与某个财务指标之间存在的比例关系对证券进行估值，包括常见的市盈率、市净率、市销率、市值回报增长比等，如表 4 – 13 所示。

表 4 – 13　相对估值法

指标	指标简称	适用行业或企业	不适用行业或企业
市盈率	P/E	周期性较弱企业、一般制造业、服务业	亏损公司、周期性公司
市净率	P/B	周期性公司、重组型公司	重置成本变动较大的公司、固定资产较少的服务行业
市销率	P/S	销售收入和利润率较稳定的公司	销售不稳定的公司
经济增加值与利息折旧摊销前收入比	EV/EBITDA	资本密集、准垄断或具有巨额商誉的收购型公司	固定资产更新变化较快的公司
市值回报增长比	PEG	IT 等成长性行业	成熟行业

【真题 4.8】某公司某年度净利润 10000 万元，并已知年初与年末发行在外的普通股股数均为 50000 万股，每股面值 1 元，每股市场价格为 6 元，应付普通股利 7500 万元，下列财务指标正确的是(　　)。

A. 每股收益为 0.2 元　　B. 市盈率为 30 倍

C. 每股股利为 0.15 元　　D. 股利支付率为 60%

【答案】ABC

【解析】A 项，该公司的每股收益 = 净利润/普通股股数 = 10000/50000 = 0.2(元)；B 项，市盈率 = 每股市价/每股收益 = 6/0.2 = 30 倍；C 项，每股股利 = 应付普通股利/普通股股数 = 7500/50000 = 0.15(元)；D 项，股利支付率 = 每股股利/每股收益 × 100% = 0.15/0.2 × 100% = 75%。

二十、股票价格与股票价值的关系

股票价值和价格的区别如下：

1. 概念不同

股票价格是指股票在证券市场上买卖的价格。股票本身没有价值，只是一种资本凭证，其存在价格的原因是可以给持有者带来股息红利，因此股票交易实际上就是对未来收益权的转让买卖，股票价格就是对未来收益的评定。

股票价值是一种本身没有价值的虚拟资本，股票本质上只是一种所有权凭证。股票之所以有价值，是因为股票的持有者，即股东，不仅可以参加股东大会，对股份公司的经营决策施加影响，还可以享有参与分红和分红的权利，获得相应的经济利益。

2. 实际意义不同

股票的内在价值即理论价值，即股票未来收益的现值。股票的内在价值决定股票的市场价格，股票的市场价格总是围绕其内在价值波动。虽然市场的短期波动往往会使价格偏离价值，但从长期来看，偏离价值的股票价格终将回归价值。股票价值通常采用会计方法计算。

3. 影响因素不同

当股价高于上市公司的内在价值时，投资者会抛出股票；当股价低于上市公司的内在价值时，投资者则会买入股票。投资者的决策是综合考虑企业业绩、行业地位、经济基础，基于公司价值本身的长期投资做出的，股市也因此形成了价值投资氛围。

但在投资领域，价格严重偏离其价值的情况长期存在。股票价格变动的直接原因是供求关系的变化或者说是买卖双方力量强弱的转换，与一定时期的价值无关。根据供求规律，如果买方的意愿购买量超过此时卖方的意愿出售量，股价将会上涨；反之，股价将会下跌。从根本上说，股票供求以及股票价格主要取决于预期。

二十一、绝对估值法的基本原理

绝对估值法认为，价值来源于未来流入的现金流，将这一系列的现金流分别以一定比率折现到现在，再进行加总便得到相应价值。因此，绝对估值法也就是现金流折现法。

现金流折现法(DCF)是运用收入的资本化定价方法来决定普通股票内在价值的方法。按照收入的资本化定价方法，任何资产的内在价值都取决于拥有资产的投资者在未来时期所接受的现金流。由于现金流是未来时期的预期值，因此必须按照一定的折现率返还成现值。也就是说，一种资产的内在价值等于预期现金流的折现值。如果这些现金流仅属于股权出资人，折现加总即得到股权价值(股票价值)；如果这些现金流属于所有得出资人，折现加总得到的则是企业价值，通过下列价值等式可得到股权价值(股票价值)：

股权价值 = 企业价值 - 净债务 = 企业价值 -(债务 - 现金)

常用的现金流折现模型有股利贴现模型(DDM)和自由现金流贴现模型。

二十二、股利贴现模型和自由现金流贴现模型

1. 股利贴现模型

(1)一般公式

$$V = \frac{D_1}{1+k} + \frac{D_2}{(1+k)^2} + \frac{D_3}{(1+k)^3} + \cdots + \frac{D_\infty}{(1+k)^\infty} = \sum_{t=1}^{\infty} \frac{D_t}{(1+k)^t}$$

式中：V 为股票在期初的内在价值；D_t为时期 t 末以现金形式表示的每股股息；k 为一定风险程度下现金流的适合贴现率，即必要收益率。

根据公式，可以引出净现值的概念。净现值(NPV)等于内在价值(V)与成本(P)之差，即：

$$NPV = V - P = \sum_{t=1}^{\infty} \frac{D_t}{(1+k)^t} - P$$

式中：P 为在 $t=0$ 时购买股票的成本。

若 $NPV<0$，则所有预期的现金流入的现值之和小于投资成本，股票价格被高估，不可购买这种股票；

若 $NPV>0$，则所有预期的现金流入的现值之和大于投资成本，股票价格被低估，可购买这种股票。

股利贴现模型是股票估值的一种模型，是收入资本化法运用于普通股价值分析中的模型。以适当的贴现率将股票未来预计将派发的股利折算为现值，以评估股票的价值。资本利得取决于股票的未来出售价格。由于股票的未来出售价格依赖于那时对股利的预测，对股利的预测实际上决定了资本利得，因此股利贴现模型隐含地包括了资本利得。

(2)内部收益率

内部收益率是指使得投资净现值等于零的贴现率。如果用 k^* 代表内部收益率，根据内部收益率的定义可得下式：

$$P = \sum_{t=1}^{\infty} \frac{D_t}{(1+k^*)^t}$$

内部收益率实际上是使得未来股利流贴现值恰好等于股票市场价格的贴现率。由此可以解出内部收益率 k^*。

将 k^* 与具有同等风险水平股票的必要收益率 k 相比较：若 $k^* > k$，可以考虑购买这种股票；若 $k^* < k$，则考虑不要购买这种股票。

2. 自由现金流贴现模型

自由现金流量，就是企业产生的、在满足了再投资需要之后剩余的现金流量，这部分现金流量是在不影响公司持续发展的前提下可供分配给企业资本供应者(股东和债权人)的最大现金额。通常，可以将自由现金流分为企业自由现金流(FCFF)和股东自由现金流(FCFE)两种。

(1)企业自由现金流贴现模型

①企业自由现金流的计算

计算公式如下：

FCFF = 息税前利润 ×（1 - 所得税率）+ 折旧和摊销 - 净营运资本量 - 资本性投资 + 其他现金来源

②贴现率

企业自由现金流贴现模型采用企业加权平均资本成本(WACC)为贴现率。计算公式如下：

$$WACC = \frac{E}{E+D} \times K_E + \frac{D}{E+D} \times K_D \times (1-T)$$

式中，E——股票市值；D——负债市值(通常采用账面值)；T——公司所得税税率；K_E——公司股本成本；K_D——公司负债成本。

③计算步骤

a. 根据预期企业自由现金流数值，用加权平均资本成本作为贴现率，计算企业的总价值；

b. 用企业的总价值减去企业的负债价值，得到企业股权价值；

c. 用企业股权价值除以发行在外的总股数，得到每股价格。

(2)股东自由现金流贴现模型

①股东自由现金流的定义与计算

股东自由现金流(FCFE)，指公司经营活动中产生的现金流量，在扣除公司业务发展的投资需求和对其他资本提供者的分配后，可分配给股东的现金流量。

计算公式如下：

FCFE = FCFF - 用现金支付的利息费用 + 利息税收抵减 - 优先股股利

②贴现率。采用股东要求的必要回报率作为贴现率。

③计算步骤

a. 计算未来各期期望 FCFE；

b. 确定股东要求的必要回报率，将其作为贴现率计算企业的权益价值 VE；

c. 计算出股票的内在价值。

3. 股息增长模型

(1)零增长模型

①公式

$$V = D_0/k$$

式中：V 为股票的内在价值；D_0为未来每期支付的每股股息；k 为必要收益率。

②内部收益率

用证券的当前价格 P 代替 V，用 k^*(内部收益率)替换 k，可得：

$$k^* = D_0/P \times 100\%$$

③应用

零增长模型的应用受到相当的限制，特定情况下，可用于决定优先股的内在价值。

(2)不变增长模型

①公式

$$V = D_1/(k-g)$$

式中，V 为股票的内在价值；D_1为下一期股利；k 为必要收益率；g 为股利增长率。股利增长率可通过公式 $g = ROE \times b$ 计算，其中，ROE 为再投资的股权收益率，b 为再投资率，$b = 1 -$ 红利分配率。

②内部收益率

用股票的市场价格 P 代替 V；其次，用 k^* 代替 k，经变换可得公式为：

$$k^* = \left(D_0 \times \frac{1+g}{P} + g\right) \times 100\% = \left(\frac{D_1}{P} + g\right) \times 100\%$$

③应用

不变增长模型很多情况下仍然是不现实的，但作为多元增长模型的基础，仍极为重要。

(3)可变增长模型

①二元可变增长模型

假定在时间 L 以前，股息以一个速度 g_1 增长；时间 L 后，股息以速度 g_2 增长。在此假定下，构建二元可变增长模型：

$$\begin{aligned} V &= \sum_{t=1}^{L} D_0 \frac{(1+g_1)^t}{(1+k)^t} + \sum_{t=L+1}^{\infty} D_L \frac{(1+g_2)^{t-L}}{(1+k)^t} \\ &= \sum_{t=1}^{L} D_0 \frac{(1+g_1)^t}{(1+k)^t} + \frac{1}{(1+k)^L} \times \sum_{t=L+1}^{\infty} D_L \frac{(1+g_2)^{t-L}}{(1+k)^{t-L}} \\ &= \sum_{t=1}^{L} D_0 \frac{(1+g_1)^t}{(1+k)^t} + \frac{1}{(1+k)^L} \times \frac{D_{L+1}}{k-g_2} \end{aligned}$$

$$D_{L+1} = D_0(1+g_1)^t(1+g_2)$$

②内部收益率

用股票的市场价格 P 代替 V，k^* 代替 k，采取试错法来计算 k^*。

试错法的主要思路：先估计一个收益率水平 k^*，将其代入可变增长模型中。若计算出在此收益率水平下股票的理论价值低于股票的市场价格，则认为估计的收益率水平高于实际的内部收益率 k^*。反之，则低于实际的内部收益率 k^*。通过反复试错，将所估计的收益率水平逐步逼近实际的内部收益率水平。

③应用

阶段增长模型较为接近实际情况，可构建三阶段甚至多阶段增长模型。

二十三、市盈率、市净率、企业价值倍数等相对估值法

1. 市盈率估值法

市盈率(P/E)又称价格收益比或本益比，是每股价格与每股收益之间的比率，其计算公式为：

$$市盈率 = 每股价格/每股收益$$

(1)简单估计法

这一方法主要利用历史数据进行估计，包括：

①算术平均数法或中间数法

算术平均法是指将股票各年的市盈率历史数据排成序列，剔除异常数据，求取算术平均数或是中间数，用来作为对未来市盈率的预测。适用于市盈率比较稳定的股票。

②趋势调整法

趋势调整法是根据方法①求得市盈率的一个估计值，再分析市盈率时间序列的变化趋势，以画趋势线的方法求得一个增减趋势的量的关系式，最后对上面的市盈率的估计值进行修正的方法。

③回归调整法

回归调整法是根据方法①求出一个市盈率的估计值，然后对下一年的市盈率作如下预测：若本年市盈率高于估计值，就认为下一年的市盈率值将会向下调整；反之，会向上调整。

(2)市场决定法

①市场预期回报率倒数法

在不变增长模型中，进一步假设：

公司利润内部保留率为固定不变的 b；

再投资利润率为固定不变的 r，股票持有者的预期回报率与再投资利润率相当。

则不变增长模型变形为：

$$P_0 = \frac{D_0(1+g)}{r-br}$$

$$r = k = \frac{D_0(1+g)}{(1-b)P_0} = \frac{D_1}{(1-b)P_0} = \frac{E_1}{P_0}$$

$$D_1 = (1-b)E_1$$

根据上式可知，股票持有者预期的回报率恰好是市盈率的倒数。因此，可通过对各种股票市场预期回报率的分析预测市盈率。

【真题 4.9】王某在 20 元买入某公司的股票，该股票红利分配率一直为 20%，上一年每股盈利 5 元，预计该公司所有再投资的股权收益率为 25%，假设无风险收益率为 5%，市场资产组合的期望收益率为 15%，股票的 β 系数为 2，下列说法正确的是(　　)。

A. 该公司下一期股利支付为 1.5 元　　B. 当期股票内在价值为 12 元

C. 该公司下一期股利支付为 1.2 元　　D. 当期股票内在价值为 24 元

【答案】CD

【解析】根据资本资产定价模型可得股票的预期收益率为：$k = R_f + \beta \times (R_m - R_f) = 5\% +$

$2\times(15\%-5\%)=25\%$；再投资率 $b=1-20\%=80\%$，则股利增长率 $g=ROE\times b=25\%\times80\%=20\%$。该公司下一期股利支付 $D_1=D_0\times(1+g)=5\times20\%\times(1+20\%)=1.2$（元）；当期股票内在价值 $V_0=D_1/(k-g)=1.2/(25\%-20\%)=24$（元）。

②市场归类决定法

在有效市场的假设下，选取风险结构类似的公司求取市盈率的平均数，以此作为市盈率的估计值。

(3)回归分析法

回归分析方法是指利用回归分析的统计方法，通过考察股票价格、收益、增长、风险、货币的时间价值和股息政策等各种因素变动与市盈率之间的关系，得出能够最好解释市盈率与这些变量间线性关系的方程，进而根据这些变量的给定值对市盈率大小进行预测的分析方法。

历史上，市盈率(P/E)比率倾向于在通货膨胀率高时比较低，它反映了市场对这段期间内的盈利的评价是“低质量”的，由于通货膨胀率而被人为地扭曲。

2. 市净率估值法

市净率(P/B)又称净资产倍率，是每股市场价格与每股净资产之间的比率，其计算公式为：

市净率 = 每股价格/每股净资产

其中，每股净资产又称账面价值，指每股股票所含的实际资产价值，是支撑股票市场价格的物质基础，也代表公司解散时股东可分得的权益，通常被认为是股票价格下跌的底线。每股净资产的数额越大，表明公司内部积累越雄厚，抵御外来因素影响的能力越强。

市净率反映的是，相对于净资产，股票当前市场价格是处于较高水平还是较低水平。市净率越大，说明股价处于较高水平；反之，市净率越小，说明股价处于较低水平。

市净率与市盈率相比，前者通常用于考察股票的内在价值，多为长期投资者所重视；后者通常用于考察股票的供求状况，更为短期投资者所关注。

3. 市销率估值法

市销率(P/S)为股票价格与每股销售收入之比，其计算公式为：

市销率 = 股票价格/每股销售收入

市销率定价通常由待估值股票的每股销售收入乘以可比公司市销率计算而得。对于一些成立时间不长、利润也不显著的公司股票，市销率定价有一定的合理性。

4. 市值回报增长比

市值回报增长比(PEG)即市盈率对公司利润增长率的倍数，计算公式为：

市值回报增长比 = 市盈率/增长率

当 PEG 等于 1 时，表明市场赋予这只股票的估值可以充分反映其未来业绩的成长性。如果 PEG 大于 1，则这只股票的价值就可能被高估，或市场认为这家公司的业绩成长性会高于市场的预期。

5. 企业价值倍数

企业价值倍数(EV/EBITDA)是一种用于衡量公司价值的相对估值方法。企业价值倍数等于企业价值除以息税折旧摊销前利润(EBITDA)。主要计算公式如下：

企业价值 = 市值 +（总负债 - 总现金）= 市值 + 净负债

企业价值倍数 = 企业价值/企业摊销前的收益

一般而言，EV/EBITDA 值低于 10 是一个合理或高于平均水平的一个标准。

息税折旧摊销前利润（EBITDA）是在扣除利息、所得税、折旧及摊销之前的利润，可用来衡量公司的整体财务表现和盈利能力。EV/EBITDA 适用于资本密集、准垄断或具有巨额商誉的收购型公司，不适用于固定资产更新变化较快的公司。

企业价值倍数的优点：

(1)由于不受所得税税率不同的影响，使得不同国家和市场的上市公司估值更具可比性。

(2)不受资本结构不同的影响，公司对资本结构的改变不会影响估值，同样有利于比较不同公司的估值水平。

(3)剔除了折旧、摊销等非现金成本的影响（现金比账面利润重要），可以更准确地反映公司价值。但该估值方法更适用于业务单一或合并子公司数目较少的企业估值，如果业务或合并子公司数量众多，需要进行复杂调整，有可能会降低其准确性。

二十四、债券估值原理与债券收益率

1. 债券估值原理

债券估值的基本原理就是现金流贴现。债券投资者持有债券，会获得利息和本金偿付。把现金流入用适当的贴现率进行贴现并求和，便可得到债券的理论价格。

(1)债券现金流的确定

债券发行条款规定了债券的现金流，在不发生违约事件的情况下，债券发行人应按照发行条款向债券持有人定期偿付利息和本金。

①债券的面值和票面利率

除少数本金逐步摊还的债券外，多数债券在到期日按面值还本。票面利率通常采用年单利表示，票面利率乘以付息间隔和债券面值即得到每期利息支付金额。短期债券一般不付息，而是到期一次性还本，因此要折价交易。

②计付息间隔

债券在存续期内定期支付利息，我国发行的各类中长期债券通常是每年付息一次，欧美国家则是半年一次。付息间隔短的债券，风险相对较小。

③债券的嵌入式期权条款

一般来说，凡是有利于发行人的条款都会相应降低债券价值，反之，有利于持有人的条款都会提高债券的价值。

④债券的税收待遇

投资者拿到的实际上是税后的现金流，因此，免税债券（如政府债券）与可比的应纳税债券（如公司债券、资产证券化债券等）相比，价值要大一些。

⑤其他因素

债券的付息方式（浮动、可调、固定）、债券的币种（单一货币、双币债券）等因素都会影响债券的现金流。

(2)债券贴现率的确定

债券的贴现率是投资者对该债券要求的最低回报率，也称为必要回报率。其计算公式为：

债券必要回报率 = 真实无风险收益率 + 预期通货膨胀率 + 风险溢价

①真实无风险收益率

真实无风险收益率是指真实资本的无风险回报率，理论上由社会资本平均回报率决定。

②预期通货膨胀率

预期通货膨胀率是对未来通货膨胀率的估计值。

③风险溢价

风险溢价根据各种债券的风险大小而定，是投资者因承担投资风险而获得的补偿。债券投资的主要风险因素包括违约风险(信用风险)、流动性风险、汇率风险等。投资学中，通常把前两项之和称为名义无风险收益率，一般用相同期限零息国债的到期收益率(也称即期利率或零利率)来近似表示。

(3)债券估值模型

根据现金流贴现的基本原理，不含嵌入式期权的债券理论价格计算公式为：

$$P = \sum_{t=1}^{T} \frac{C_t}{(1 + y_t)^t}$$

其中，P 表示债券理论价格；T 表示债券距到期日时间长短(通常按年计算)；t 表示现金流到达的时间；C 表示现金流金额；y 表示贴现率，通常为年利率。

2. 债券收益率

(1)债券收益率的主要类型

债券收益率的类型主要包括当期收益率、到期收益率、持有期收益率和赎回收益率等，具体如表 4 - 14 所示。

表 4 - 14　债券收益率的类型

类型	含义	计算公式
当期收益率	指债券的年利息收入与买入债券的实际价格的比率	$Y = \frac{C}{P} \times 100\%$。式中，$Y$ 表示当期收益率；C 表示每年利息收益；P 表示债券价格
到期收益率	是使债券未来现金流现值等于当前价格所用的相同的贴现率，也称为内部报酬率	$P = \sum_{t=1}^{T} \frac{C_t}{(1+y)^t}$。式中，$P$ 表示债券价格；C 表示现金流金额；y 表示到期收益率；T 表示债券期限(期数)；t 表示现金流到达时间
持有期收益率	指买入债券到卖出债券期间所获得的年平均收益，它与到期收益率的区别仅仅在于末笔现金流是卖出价格而非债券到期偿还金额	$P = \sum_{t=1}^{T} \frac{C_t}{(1+y_h)^t} + \frac{P_t}{(1+y_h)^T}$。式中，$P$ 表示债券买入价格；P_t 表示债券卖出时价格；y_h 表示持有期收益率；C 表示债券每期付息金额；T 表示债券期限(期数)；t 表示现金流到达时间
赎回收益率	使预期现金流量的现值等于债券价格的利率。通常以首次赎回收益率为代表。首次赎回收益率是累计到首次赎回日止，利息支付额与指定的赎回价格加总的现金流量的现值等于债券赎回价格的利率	$P = \sum_{t=1}^{n} \frac{C}{(1+y)^t} + \frac{M}{(1+y)^n}$。式中，$P$ 表示债券发行价格；n 表示直到第一个赎回日的年数；M 表示赎回价格；C 表示每年利息收益

(2)到期收益率隐含两个重要假设：①投资者持有至到期；②利息再投资收益率不变。

到期收益率的主要影响因素包括：①票面利率；②计息方式；③债券市场价格；④再投资收益率。

(3)债券当期收益率与到期收益率之间的关系

①债券市场价格越接近债券面值，期限越长，则其当期收益率就越接近到期收益率。

②债券市场价格越偏离债券面值，期限越短，则当期收益率就越偏离到期收益率。但不管当期收益率与到期收益率近似程度如何，当期收益率的变动总是预示着到期收益率的同向变动。

【真题4.10】假设市场中存在一张面值为1000元，息票率为7%(每年支付一次利息)，存续期为2年的债券，当投资者要求的必要投资回报率为10%时，投资该债券第一年的当期收益率为(　　)。

A. 5.00%　　B. 10.00%　　C. 7.38%　　D. 3.52%

【答案】C

【解析】当期收益率是债券的年利息收入与买入债券的实际价格的比率。第一年的利息收入为：$C=1000\times7\%=70$(元)，债券当前市场价格为：$P=1070/(1+10\%)^2+70/(1+10\%)\approx947.9$(元)。所以，该债券第一年的当期收益率为：$Y=C/P\times100\%=70/947.9\times100\%\approx7.38\%$。

二十五、利率的风险结构与期限结构

1. 利率的风险结构

利率的风险结构是指到期期限相同的金融工具但利率水平不同的现象。影响因素主要有三个：违约风险、流动性和所得税。

(1)违约风险

违约风险是指借款人无法按时支付利息或偿还本金而给投资人带来的风险。公司债券的违约风险往往高于同等条件下政府债券的违约风险，低信用等级的公司债券的违约风险比信用等级较高的公司债券的违约风险要大。一般来说，债券的违约风险越大，利率水平越高。

(2)流动性

流动性是指资产能够以一个合理的价格顺利变现的能力，它是一种投资的时间尺度(卖出它所需时间)和价格尺度(与公平市场价格相比的折扣)之间的关系。一般来说，国债的流动性强于公司债券，短期限的债券流动性强于期限较长的债券。同等条件下，债券的流动性越强，其风险越小，利率越低；反之，债券流动性越差，其利率相对较高。

(3)所得税

在同等条件下，享受税收优惠的债券，其利率更低。

2. 利率的期限结构

利率的期限结构是指具有相同风险、流动性和税收特征的债券，由于期限不同，其收益率也不同。

(1)期限结构与收益率曲线

收益率曲线即不同期限的即期利率的组合所形成的曲线。

(2)收益率曲线的基本类型

从形状上来看，收益率曲线主要包括以下四种类型，如表4－15所示。

表 4－15　收益率曲线的类型及其含义

类型	含义
正向的利率曲线	一条向上倾斜的利率曲线，表示期限越长的债券利率越高
反向的利率曲线	一条向下倾斜的利率曲线，表示期限越长的债券利率越低
一条平直的利率曲线	表示不同期限的债券利率相等，这通常是正利率曲线与反利率曲线转化过程中出现的暂时现象
拱形利率曲线	表示期限相对较短的债券，利率与期限呈正向关系，期限相对较长的债券，利率与期限呈反向关系

在经济周期的不同阶段可以观察到所有这四种利率曲线。

(3)利率期限结构的相关理论

利率期限结构的相关理论主要包括市场预期理论、流动性偏好理论及市场分割理论。

第二节　技术分析

【大纲要求】

了解技术分析的基本假设；熟悉技术分析使用的线形图、棒形图、阴阳矩形图和点数图；熟悉技术分析的趋势线；熟悉技术分析的阻力位与支持位；掌握移动平均数、相对强弱指数、移动平均值背离指标等常用技术分析指标；熟悉道氏理论、K 线理论、形态理论和艾氏波浪理论等分析方法。

熟悉技术分析方法的分类及其特点；了解技术分析方法的局限性。

【要点详解】

一、技术分析的基本假设

技术分析法是仅从证券的市场行为来分析证券价格未来变化趋势的方法。证券市场中，价格、成交量、时间和空间是技术分析的要素。这几个因素的具体情况和相互关系是正确分析的基础。

技术分析的基本假设为：

(1)市场行为涵盖一切信息

该假设是进行技术分析的基础。主要思想是：任何一个影响证券市场的因素，最终都必然体现在股票价格的变动上。

(2)证券价格沿趋势移动

该假设是进行技术分析最核心、最根本的条件。主要思想是：证券价格的变动是有一定规律的，具有保持原来运动方向的惯性，而证券价格的运动方向是由供求关系决定的。

(3)历史会重演

这条假设是从人的心理因素角度考虑的。该假设认为根据历史资料概括出来的规律已经包含了未来证券市场的一切变动趋势，即可以根据历史预测未来。

【真题 4.11】证券技术分析的基本假设包括(　　)。

A. 市场随着信息和知晓内幕者的行动而迅速变化

B. 市场行为涵盖一切信息

C. 证券价格沿趋势移动

D. 历史会重演

【答案】BCD

【解析】技术分析的基本假设为：①市场行为涵盖一切信息，即任何一个影响证券市场的因素，最终都必然体现在股票价格的变动上；②证券价格沿趋势移动，即证券价格的变动是有一定规律的，具有保持原来运动方向的惯性，而证券价格的运动方向是由供求关系决定的；③历史会重演，该假设认为根据历史资料概括出来的规律已经包含了未来证券市场的一切变动趋势。

二、技术分析使用的线形图、棒形图、阴阳矩形图和点数图

1. 线形图

线形图是指以所定的股价频率即交易时间（如果预测短期趋势，则以日、周为时间单位；中期趋势则以月、季为时间单位；长期趋势则以年为时间单位）作为横坐标，以股价（个股图一般运用收盘价；大势图则采用股价平均数和股价指数）作为纵坐标的坐标图，如图4－10所示。

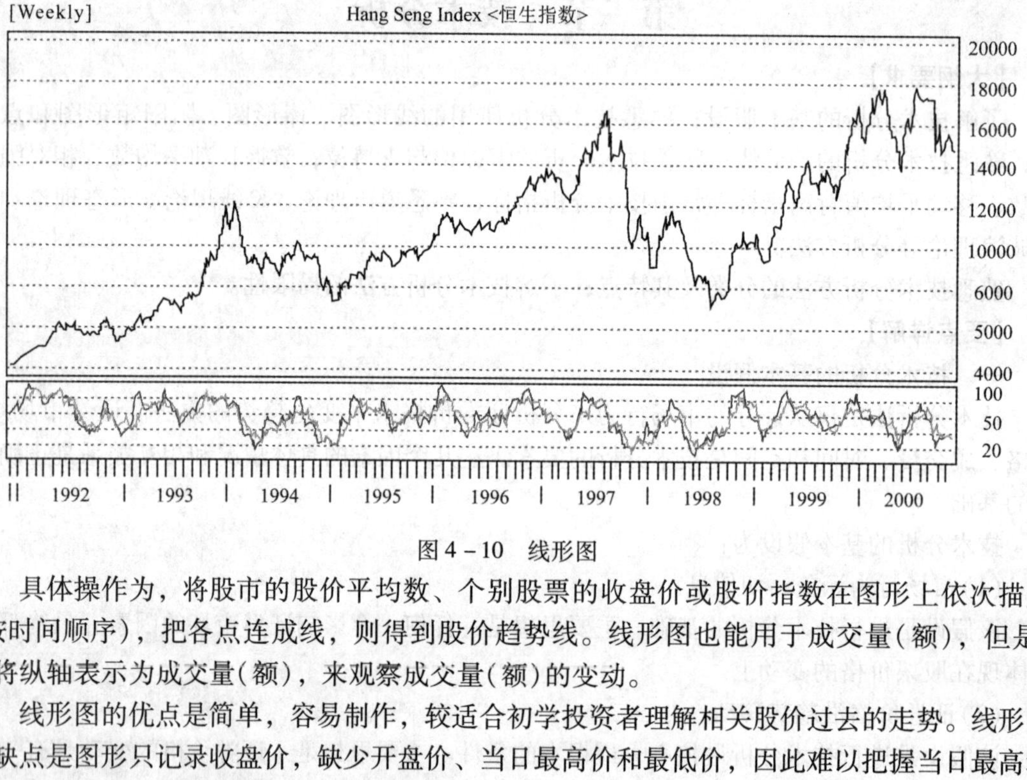

图4－10　线形图

具体操作为，将股市的股价平均数、个别股票的收盘价或股价指数在图形上依次描点（按时间顺序），把各点连成线，则得到股价趋势线。线形图也能用于成交量（额），但是，须将纵轴表示为成交量（额），来观察成交量（额）的变动。

线形图的优点是简单，容易制作，较适合初学投资者理解相关股价过去的走势。线形图的缺点是图形只记录收盘价，缺少开盘价、当日最高价和最低价，因此难以把握当日最高和最低变动幅度，难以捕捉短线和中线趋势。

2. 棒形图

棒形图以竖棒来表现股票价格的高低，在画线时，有两种不同的画法：

（1）竖棒的顶部为最高价，底部为最低价，竖棒左边的横线代表开盘价，右边的横线代表收盘价，如图4－11(a)所示。

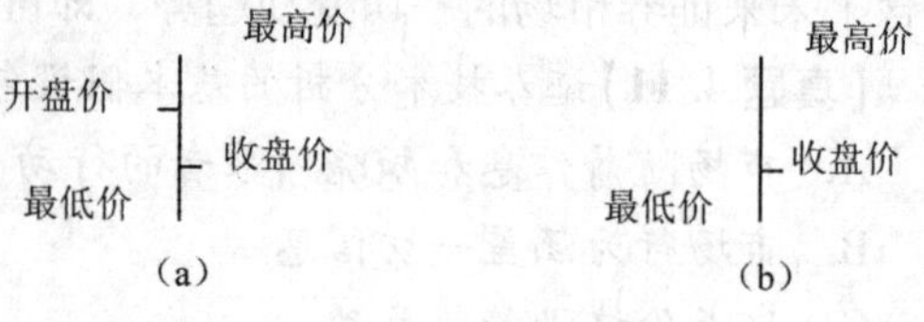

图4－11　棒形图

（2）只画收盘价，不画开盘价。棒体越长，表明当日的股票成交价格起伏越大；反之，则

价格起伏小。如图 4－11(b)所示。

3. 阴阳矩形图(K 线图)

(1)K 线的画法

阴阳矩形图又称“K 线图”，是以每个分析周期的开盘价、最高价、最低价和收盘价绘制而成，如图 4－12 所示。

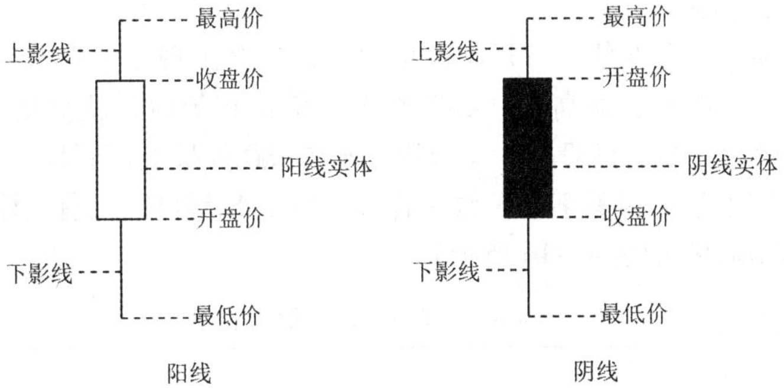

图 4－12　K 线的两种常见形状

日开盘价是指每个交易日的第一笔成交价格，日收盘价是指每个交易日的最后一笔成交价格，日最高价和日最低价是每个交易日成交股票的最高成交价格和最低成交价格。如果收盘价格高于开盘价格，则 K 线被称为阳线，用空心的实体表示。反之称为阴线，用黑色实体或白色实体表示。在国内股票和期货市场，通常用红色表示阳线，绿色表示阴线。最高价和实体之间的线被称为上影线，最低价和实体间的线称为下影线。

(2)K 线的主要形状

除了图 4－12 所画的 K 线形状以外，由于 4 个价格的不同取值，还会产生其他形状的 K 线，如图 4－13 所示。

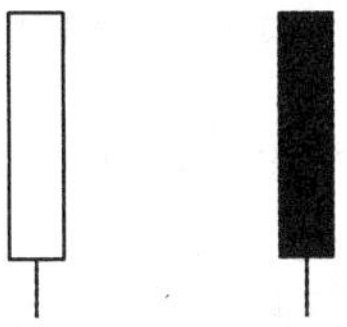

图 4－13(a)　光头阳线和光头阴线

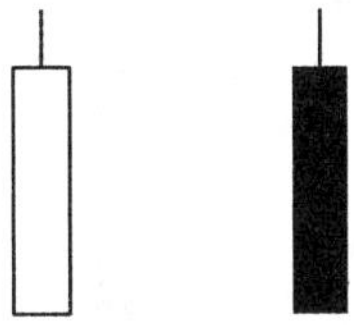

图 4－13(b)　光脚阳线和光脚阴线

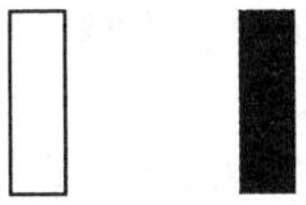

图 4－13(c)　光头光脚的阳线和阴线

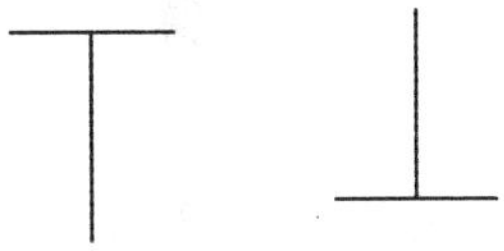

图 4－13(d)　T 字形和倒 T 字形

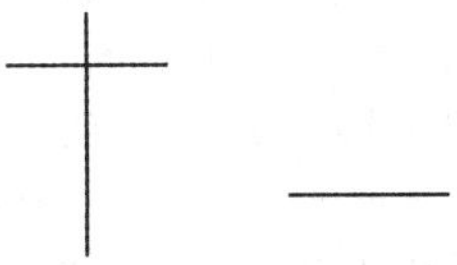

图 4－13(e)　十字形和一字形

①光头阳线和光头阴线。是指没有上影线的 K 线。当收盘价或开盘价正好与最高价相等时，就会出现这种 K 线。

②光脚阳线和光脚阴线。是指没有下影线的 K 线。当开盘价或收盘价正好与最低价相

等时，就会出现这种K线。

③光头光脚的阳线和阴线。是指既没有上影线也没有下影线的K线。当收盘价和开盘价分别与最高价和最低价中的一个相等时，就会出现这种K线。

④T字形和倒T字形。当收盘价、开盘价和最高价三价相等时，就会出现T字形K线图；当收盘价、开盘价和最低价三价相等时，就会出现倒T字形K线图。它们没有实体，也没有上影线或者下影线。

⑤十字形和一字形。当收盘价与开盘价相同时，就会出现十字形K线，它的特点是没有实体。当收盘价、开盘价、最高价、最低价4个价格相等时，就会出现一字形K线图。在存在涨跌停板制度时，当一只股票一开盘就封死在涨跌停板上，而且一天都不打开时，就会出现这种K线。同十字形和T字形K线一样，一字形K线同样没有实体。

(3)单根K线的应用(如表4－16所示)

表4－16　单根K线的应用

分类		图示	应用
大阳线实体和大阴线实体	光头光脚大阳线		是大幅低开高收的阳线，实体很长以至于可以忽略上下影线的存在。这种K线说明多方已经取得了决定性胜利，这是一种涨势的信号。如果这条长阳线出现在一段盘局的末端，它所包含的内容将更有说服力
	光头光脚大阴线		表明空方已取得优势地位，是一种跌势的信号。如果这条长阴线出现在一段上涨行情的末端，行情下跌的可能性将更大
有上下影线的阳线和阴线	有上下影线的阳线		表明多空双方争斗很激烈。双方一度都占据优势，把价格抬到最高价或压到最低价，但是，又都被对方顽强地拉回。阳线是到了收尾时多方才勉强占优势，阴线则是到收尾时空方勉强占优势。 对多方与空方优势的衡量，主要依靠上下影线和实体的长度来确定，体现在： ①一般说来，上影线越长，下影线越短，阳线实体越短或阴线实体越长，越有利于空方占优； ②上影线越短，下影线越长，阴线实体越短或阳线实体越长，越有利于多方占优。 上影线和下影线相比的结果，可以判断多方和空方的努力对比。上影线长于下影线，利于空方；下影线长于上影线，则利于多方
	有上下影线的阴线		
十字星	大十字星	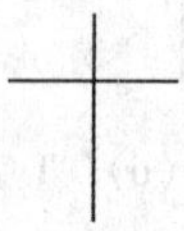	表明多空双方力量暂时平衡，使市势暂时失去方向，但却是一个值得警惕、随时可能改变趋势方向的K线图形。 ①大十字星：有很长的上下影线，表明多空双方争斗激烈，最后回到原处，后市往往有变化； ②小十字星：上下影线较短，表明窄幅盘整，交易清淡
	小十字星	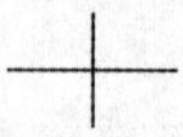	

应用一根K线进行分析时，多空双方力量的对比取决于影线的长短与实体的大小。一般来说，指向一个方向的影线越长，越不利于股价今后朝这个方向变动。阴线实体越长，越有利于下跌；阳线实体越长，越有利于上涨。另外，当上下影线相对实体较短时，可忽略影线的存在。

(4)K线组合的应用：由多根K线的组合推测行情(如表4－17所示)

表 4－17　K 线组合的应用

分类	图示	特征概述
锤形线 与上吊线	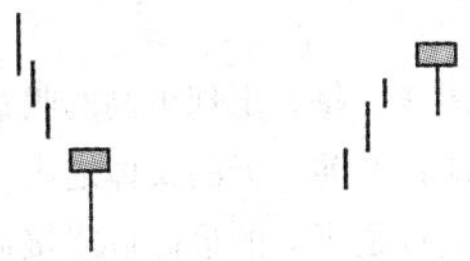	①小实体在交易区域偏上的部分； ②实体的颜色是不重要的； ③下影线的长度应该比实体的长度长得多，通常是 2～3 倍； ④没有上影线或者非常短
鲸吞型	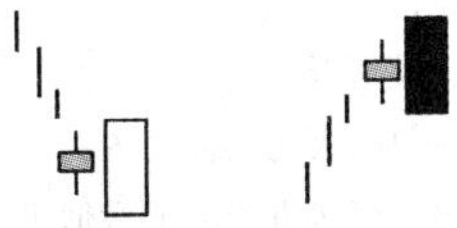	①出现之前一定有相当明确的趋势； ②第二天的实体必须完全包含前一天的实体； ③前一天的颜色反映趋势，黑色是下降趋势，白色是上升趋势； ④鲸吞型的第二根实体的颜色最好与第一天的颜色相反
孕育型	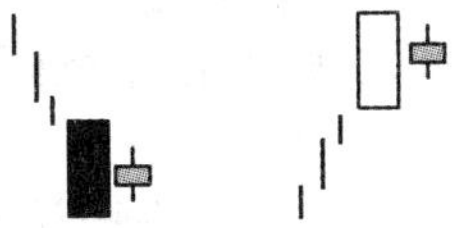	①长实体之前有合理的趋势存在； ②第一天长实体的颜色最好是反映市场趋势的颜色； ③长实体之后是小实体，它的实体被完全包含在长实体的实体区域之内； ④小实体的颜色最好与长实体的颜色相反
倒锤线 与射击之星	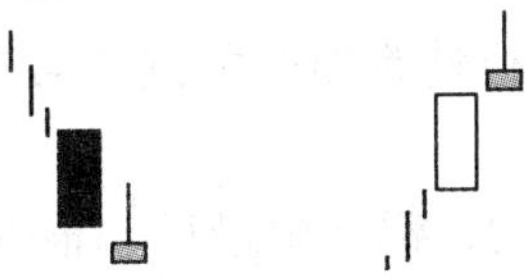	倒锤线： ①小实体在价格区域的较低部分形成； ②不要求有缺口，只要在一个趋势之后下降就可以； ③上影线的长度一般不比实体长度的 2 倍长； ④下影线短到可以认为不存在。 射击之星： ①在上升趋势之后，以向上的价格缺口开盘； ②小实体在价格区域的较低部分形成； ③上影线的长度至少是实体长度的 3 倍； ④下影线短到可以认为不存在
刺穿线 与乌云盖顶		刺穿线： ①第一天是反映继续下降的长黑实体； ②第二天是白色实体，它的开盘低于前一天的最低点； ③第二天的收盘在第一天的实体之内，但是高于第一天实体的中点； ④刺穿线的两根线都应该是长实体。 乌云盖顶： ①第一天是继续反映上升趋势的长阳线； ②第二天是开盘高于第一天最高点的阴线； ③第二天阴线的收盘低于第一天阳线实体的中部
早晨之星 与黄昏之星		①第一天的实体颜色与趋势方向一致；早晨之星是阴线，黄昏之星是阳线； ②第二天的星型线与第一天之间有缺口，颜色是不重要的； ③第三天的颜色与第一天相反； ④第一天是长实体，第三天基本上也是长实体

续表

分类	图示	特征概述
三白兵 与三乌鸦	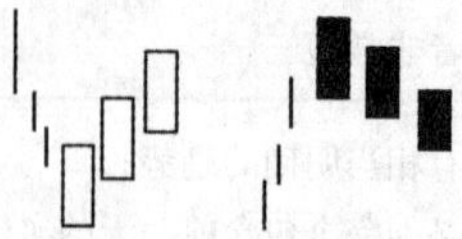	三白兵： ①三根连续的长阳线，每天出现更高的收盘价； ②每天的开盘价应该在前一天的实体之内； ③每天的收盘价应该是当天的最高价或接近最高价。 三乌鸦： ①连续三天长阴线； ②每天的收盘价出现新低； ③每天的开盘价在前一天的实体之内； ④每天的收盘价等于或接近当天的最低价
上升三法 与下降三法	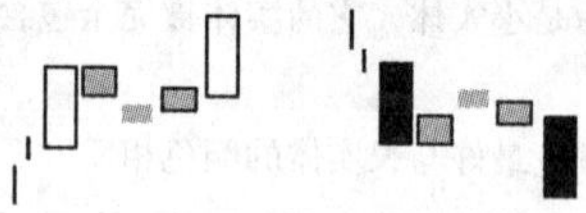	上升三法： ①长实体的形成表示了当前的趋势； ②长实体被一组小实体所跟随，小实体的颜色最好与长实体相反； ③小实体沿着与当前趋势相反的方向或高或低地排列，并保持在第一天实体的最高价和最低价所限定的范围之内； ④最后一天应该是强劲的一天，其收盘价高于第一天的收盘价，并维持了原来的趋势。 下降三法的特征相反

对于两根K线的组合来说，第二天的K线是进行行情判断的关键。第二天多空双方争斗的区域越高，越有利于上涨；越低，越有利于下跌。

无论K线的组合多复杂，考虑问题的方式是相同的，都是由最后一根K线相对于前面K线的位置来判断多空双方的实力大小。由于三根K线组合比两根K线组合多了一根K线，获得的信息就多些，得出的结论相对于两根K线组合来讲要准确些，可信度更大些。即，K线多的组合要比K线少的组合得出的结论可靠。

4. 点数图

点数图是利用带方格的图表来记录、分析和预测市场交易价格变动趋势的图表。用“○”代表下降，“×”代表上升。当由“○”转“×”时，买入，由“×”转“○”时，卖出。

(1)点数图的具体绘制方法如下：

①设定格值，即反映在图纸上的价格变动的最小幅度。格值的大小影响点数图的灵敏度。

②设定转向格数，指价格上涨或下跌几个格值才由画“○”(或“×”)转为画“×”(或“○”)。转向格数也会影响点数图的灵敏度。

③确定应用哪种价格

a. 根据收盘价来画图，此方法较为简单；

b. 根据最高、最低价来画图，此方法更为精确。

(2)趋势突破形态

○×图上可以画出趋势线，当“○”或“×”向上突破趋势线时买入(如图4-14所示)；当“○”或“×”向下突破趋势线时卖出(如图4-15所示)。

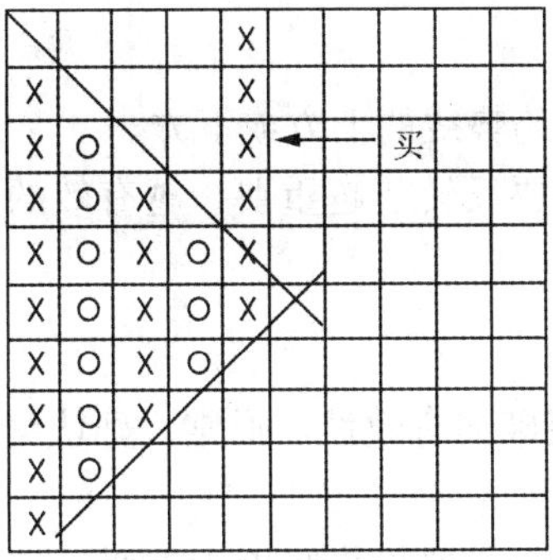

图 4－14　对称三角形突破(向上)

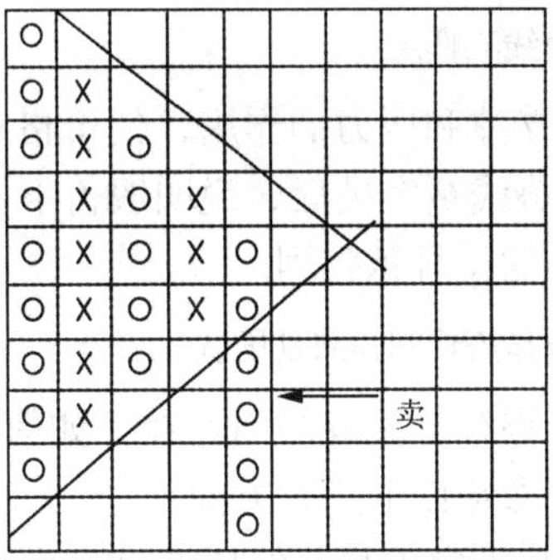

图 4－15　对称三角形突破(向下)

三、技术分析的趋势线

1. 趋势线的含义

趋势线是表示证券价格变化方向的直线。

反映价格向上波动发展的趋势线称为上升趋势线；反映价格向下波动发展的趋势线称为下降趋势线。描述价格变动的趋势线分为长期趋势线、中期趋势线与短期趋势线三种。

2. 趋势的方向

趋势的方向有三类：

(1)上升方向。如果图形中每个后面的峰和谷都高于前面的峰和谷，则趋势就是上升方向。这就是常说的一底比一底高或底部抬高。

(2)下降方向。如果图形中每个后面的峰和谷都低于前面的峰和谷，则趋势就是下降方向。这就是常说的一顶比一顶低或顶部降低。

(3)水平方向(无趋势方向)。如果图形中后面的峰和谷与前面的峰和谷相比，没有明显的高低之分，几乎呈水平延伸，这时的趋势就是水平方向。

3. 趋势线的画法

在上升趋势中，将两个低点连成一条直线，就得到上升趋势线；在下降趋势中，将两个高点连成一条直线，就得到下降趋势线。标准的趋势线必须由两个以上的高点或低点连接而成。如图 4－16 中的直线 L 所示。

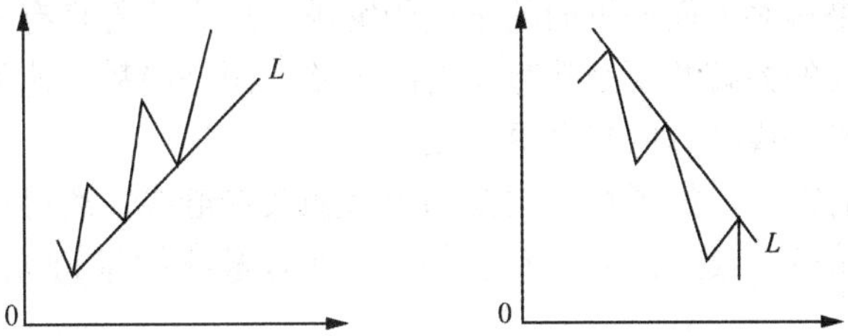

图 4－16　趋势线

4. 趋势线的确认条件

(1)必须确实有趋势存在。

(2)画出直线后，还应得到第三个点的验证才能确认这条趋势线是有效的。

(3)这条直线延续的时间越长，越具有有效性。

5. 趋势线的作用

(1)起支撑和压力的作用，使价格总保持在这条趋势线的上方或下方。

(2)趋势线被突破后，说明股价下一步的走势将要反转。越重要、越有效的趋势线被突破，其转势的信号越强烈。

6. 突破趋势线的有效性确认

应用趋势线最关键的问题在于如何确认趋势线突破的有效性。通常，确认突破趋势线是否有效，需参考以下三个方面：

(1)收盘价突破趋势线比交易日内最高价和最低价突破趋势线更为重要，一般以收盘价的突破为有效突破。

(2)穿越趋势线后，离趋势线越远，突破越有效。

(3)穿越趋势线后，在趋势线的另一方停留的时间越长，突破越有效。

7. 轨道线及作用

(1)轨道线的含义

轨道线又称通道线或管道线，是基于趋势线的一种方法。在已经得到了趋势线后，通过第一个高峰和低谷可以画出这条趋势线的平行线，这条平行线就是轨道线，如图 4 – 17 中的虚线。两条平行线组成一个轨道，这就是上升和下降轨道，如图 4 – 17 所示。

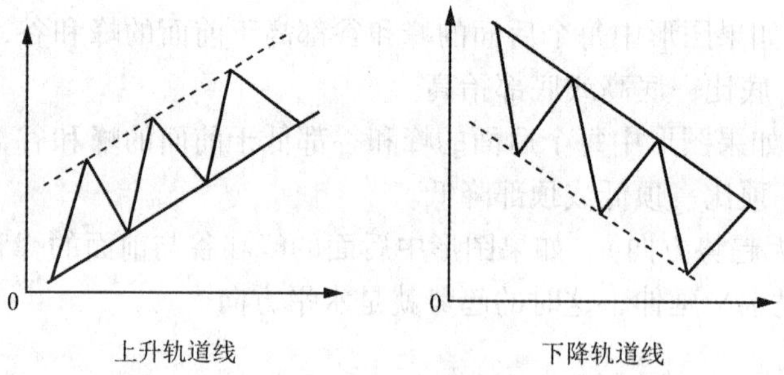

图 4 – 17　上升轨道线和下降轨道线

(2)轨道线的作用

①限制股价的变动范围，让它不能变得太离谱。一个轨道一旦得到确认，那么价格将在这个通道里变动。如果有对上面或下面的直线的突破，这意味着将有一个大的变化。与突破趋势线不同，对轨道线的突破并不是趋势反转的开始，而是趋势加速的开始，即原来的趋势线的斜率将会增加。趋势线的方向将会更加陡峭。

②提出趋势转向的警报。如果在一次波动中未触及轨道线，离得很远就开始掉头，这往往是趋势将要改变的信号。这说明，市场已经没有力量继续维持原有的上升或下降的趋势了。

(3)轨道线的确认

一般而言，轨道线被触及的次数越多，延续的时间越长，其被认可的程度和重要性越高。

(4)趋势线与轨道线的关系

轨道线和趋势线是相互合作的一对。先有趋势线，后有轨道线。趋势线比轨道线重要。趋势线可以单独存在，而轨道线则不能单独存在。

8．成交量与价格趋势的一般关系

(1)价格随成交量的上涨而上升，这种价量关系表示价格将继续上升；如果价格出现了新高，而成交量没有创出新高，则此上升趋势是令人怀疑的，是价格潜在的反转信号。

(2)价格随着缓慢增加的成交量而逐步上升，某一天平缓的走势突然变成直线上升的“井喷”，成交量剧烈增加，价格暴涨。之后是成交量萎缩，价格大幅度下降，这表明上升已经到了末期。

(3)在长期下降后，价格形成了“波谷”，并开始回升，成交量没有因价格的上升而放大。之后，价格再度回到“波谷”。如果此时的成交量低于前一个“波谷”，就是价格将要上升的信号。

(4)市场出现了一段时间的上升趋势行情后，出现大的成交量，而价格没有同时向上升，说明卖压很重，形成价格下降的因素。

四、技术分析的阻力位与支持位

1．阻力位与支持位

支持位是指在股价下跌时，可能遇到支撑从而止跌回稳的价位。

阻力位是指在股价上升时，可能遇到压力从而反转下跌的价位。

2．支撑线和压力线的含义

(1)支撑线由多个支撑位组成，是指当股价下跌到某价位附近时，出现买方增加、卖方减少的情况，使股价停止下跌的直线。

(2)压力线由多个阻力位组成，是指当股价上涨到某价位附近时，出现卖方增加、买方减少的情况，使股价停止上涨的直线，又称阻力线。

3．支撑线和压力线的作用

支撑线和压力线的作用是阻止或暂时阻止股价朝一个方向继续运动。

支撑线和压力线有被突破的可能，不会长久地阻止股价保持原来的变动方向，如图4－18所示。同时，支撑线和压力线又有彻底阻止股价按原方向变动的可能，如图4－19所示。

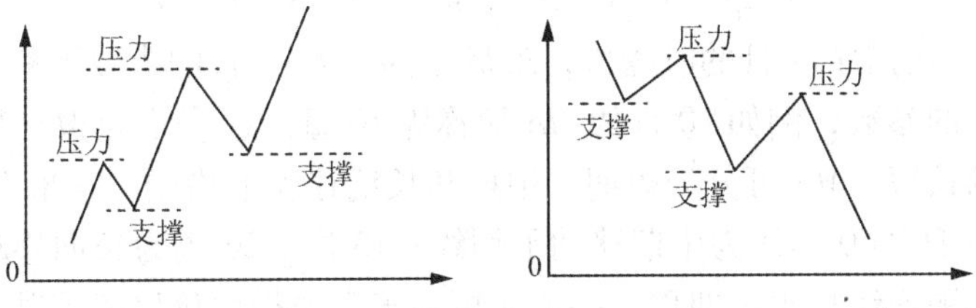

图4－18　支撑线和压力线

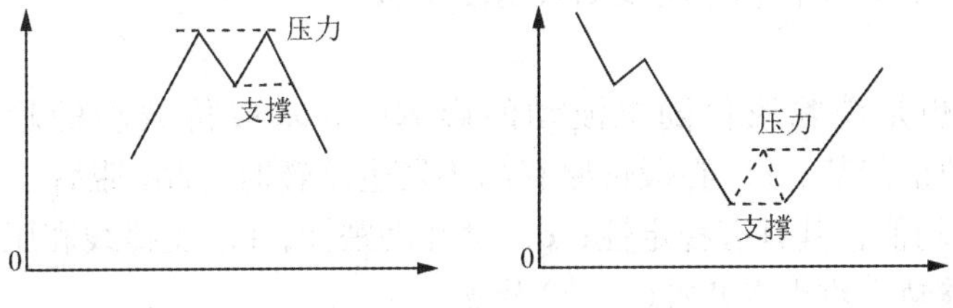

图4－19　支撑线和压力线

4．支撑线和压力线的相互转化

一条支撑线如果被跌破，则成为压力线；一条压力线被突破，则成为支撑线。即，支撑线和压力线的地位是可以改变的，但必须被有效的、足够强大的股价变动突破，两者才能相互转化，如图4－20所示。

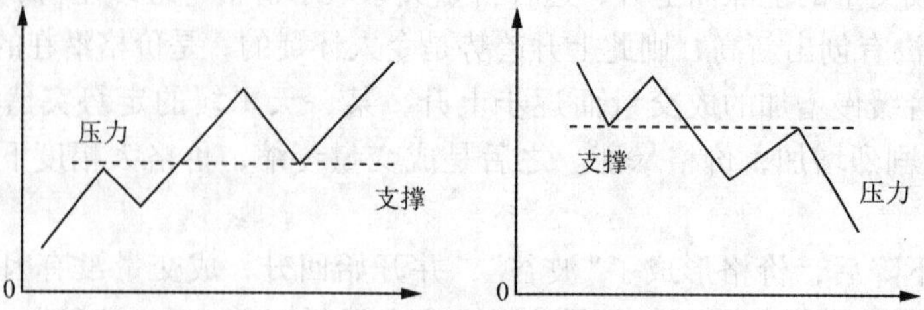

图4－20 支撑线和压力线的转化

5. 支撑线和压力线的确认和修正

对支撑线和压力线的修正过程是对现有各个支撑线和压力线重要性的确认。一条支撑线或压力线对当前影响的重要性有三个方面的考虑：

(1)股价在这个区域停留时间的长短。

(2)股价在这个区域伴随的成交量大小。

(3)这个支撑区域或压力区域发生的时间距离当前这个时期的远近。

股价停留的时间越长、离现在越近、伴随的成交量越大，则这个支撑或压力区域对当前的影响就越大；否则就越小。

五、常用技术分析指标

1. 趋势型指标

(1)移动平均线(*MA*)

①*MA*的计算公式

移动平均可分为算术移动平均线(*SMA*)、加权移动平均线(*WMA*)和指数平滑移动平均线(*EMA*)三种。在实际应用中常使用指数平滑移动平均线，第*N*日的指数平滑移动平均数[$EMA_t(N)$]的计算公式为：

$$EMA_t(N)=C_t/N+EMA_{t-1}\times(N-1)/N$$

式中：C_t为计算期中第t日的收盘价；EMA_{t-1}为第$t-1$日的指数平滑移动平均数。

天数*N*是*MA*的参数，例如10日的*MA*简称为10日线，表示为*MA*(10)。

按照计算期的长短，*MA*可分为短期、中期和长期移动平均线。一般5日、10日线为短期移动平均线；30日、60日线为中期移动平均线；13周、26周为长期移动平均线。

因为短期移动平均线相比长期移动平均线更易于反映行情价格的涨跌，通常把短期移动平均线称为快速*MA*，长期移动平均线则表示慢速*MA*。

②*MA*的特点

*MA*的基本思想是消除股价随机波动的影响，寻求股价波动的趋势。其特点包括：a. 表示并追踪股价的趋势；b. 在股价原有趋势发生反转时，*MA*滞后于大趋势；c. *MA*是股价几天变动的平均值，其具有稳定性；d. 助涨助跌性；e. 支撑线和压力线的特性。

【真题4.12】移动平均线不具有(　　)特点。

A. 助涨助跌性　　　　B. 支撑线和压力线特性

C. 超前性　　　　D. 稳定性

【答案】C

③*MA* 的应用法则

在 *MA* 的应用上，最常见的是葛兰威尔的移动平均线八大买卖法则。如图 4-21 所示。

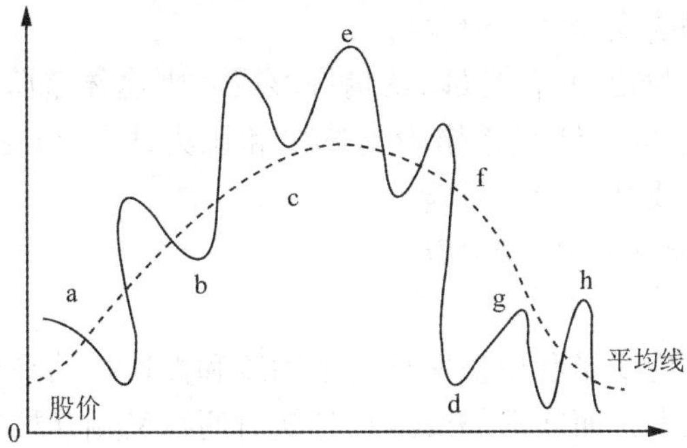

图 4-21　葛兰威尔买卖八大法则

葛兰威尔法则的内容是：

a. 买入信号(四种)：*MA* 从下降开始走平，股价从下上穿平均线(a 点处)；股价跌破平均线，但平均线呈上升态势(b 点处)；股价连续上升远离平均线，突然下跌，但在平均线附近(c 点处)再度上升；股价跌破平均线，并连续暴跌，远离平均线(d 点处)。

b. 卖出信号(四种)：移动平均线呈上升状态，股价突然暴涨且远离平均线(e 点处)；平均线从上升转为盘局或下跌，而股价向下跌破平均线(f 点处)；股价走在平均线之下，且朝着平均线方向上升，但未突破平均线又开始下跌(g 点处)；股价向上突破平均线，但又立刻向平均线回跌，此时平均线仍持续下降(h 点处)。

④*MA* 的组合应用

a. 黄金交叉与死亡交叉

当现在价位站稳在长期与短期 *MA* 之上，短期 *MA* 又向上突破长期 *MA* 时，为买进信号，此种交叉称为黄金交叉；反之，则为卖出信号，交叉称之为死亡交叉。黄金交叉和死亡交叉，实际上就是向上突破压力线或向下突破支撑线。如图 4-22 所示。

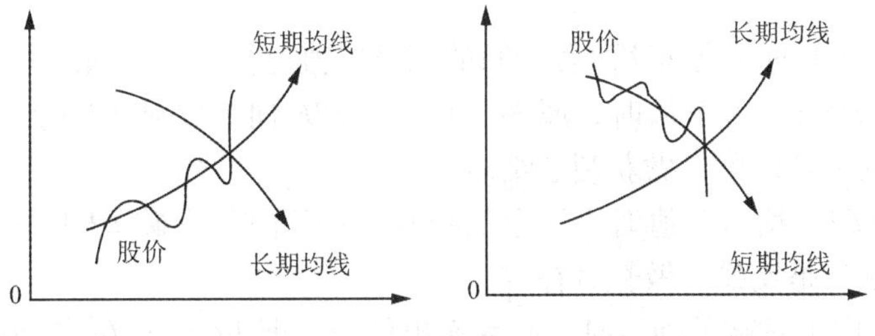

图 4-22　移动平均线的交叉

b. 长、中、短期移动平均线的组合使用

第一，方向一致的情况。空头市场，长时间下跌后，从下到上依次为股价、10 日均线、50 日均线和 250 日均线。若股市出现转机，股价开始回升，10 日平均线首先跟着股价从下跌转为上升；随着股价继续攀升，50 日平均线才逐渐向上方移动。250 日平均线的方向改变，则是股市基本趋势的转变，多头市场来临的标志。

第二，方向不一致的情况。股价进入整理期，短期平均线、中期平均线与股价缠绕，不能正确判断运动方向。短期均线在中期均线之上或之下，表示整个股市缺乏弹性，需要静待多方或空方打破僵局，使得行情再度上升或下跌。

中期平均线向上移动，股价和短期平均线向下移动，表示股市上升趋势并未改变，只是暂时出现回档调整现象。当股价和短期均线相继跌破中期均线，同时中期均线亦出现向下反转迹象时，说明上升趋势改变。

在盘整阶段或局部反弹或回落阶段以及趋势形成后中途休整阶段，*MA* 极易发出错误的信号，应该予以注意。此外，*MA* 只是作为支撑线和压力线，*MA* 之上虽然有利于上涨，但并不一定会涨，存在支撑线被击穿的可能。

(2)指数平滑异同移动平均线(*MACD*)

①概念

指数平滑异同移动平均线是利用快速移动平均线和慢速移动平均线，在一段上涨或下跌行情中两线之间的差距拉大，而在涨势或跌势趋缓时两线又相互接近或交叉的特征，通过双重平滑运算后研判买卖时机的方法。

②计算公式

MACD 是由正负差(*DIF*，又称离差值)和异同平均数(*DEA*)两部分组成，*DIF* 是核心，*DEA* 是辅助。*DIF* 是快速平滑移动平均线与慢速平滑移动平均线的差。在实际应用 *MACD* 时，常以 12 日 *EMA* 为快速移动平均线，26 日 *EMA* 为慢速移动平均线，计算出两条移动平均线数值间的离差值(*DIF*)作为研判行情的基础，然后再求 *DIF* 的 9 日平滑移动平均线，即 *MACD* 线，作为买卖时机的判断依据。以常用参数 12 日和 26 日为例，*DIF* 的计算过程如下：

$$今日\ EMA(12)=今日收盘价\times 2/(12+1)+昨日\ EMA(12)\times 11/(12+1)$$

$$今日\ EMA(26)=今日收盘价\times 2/(26+1)+昨日\ EMA(12)\times 25/(26+1)$$

$$DIF=EMA(12)-EMA(26)$$

$$今日\ DEA(MACD)=今日\ DIF\times 2/10+昨日\ DEA\times 8/10$$

此外，另一个分析指标柱状线(*BAR*)，是 *DIF* 值减去 *DEA* 值的差再乘以 2，公式如下：

$$BAR=(DIF-DEA)\times 2$$

③应用法则

a. 以 *DIF* 和 *DEA* 的取值和这两者之间的相对取值对行情进行预测。

第一，*DIF* 和 *DEA* 均为正值时，属多头市场。*DIF* 向上突破 *DEA* 是买入信号；*DIF* 向下跌破 *DEA* 只能认为是回落，做获利了结。

第二，*DIF* 和 *DEA* 均为负值时，属空头市场。*DIF* 向下突破 *DEA* 是卖出信号；*DIF* 向上穿破 *DEA* 只能认为是反弹，做暂时补空。

第三，当 *DIF* 向下跌破零轴线时，此为卖出信号，即 12 日 *EMA* 与 26 日 *EMA* 发生死亡交叉；当 *DIF* 上穿零轴线时，为买入信号，即 12 日 *EMA* 与 26 日 *EMA* 发生黄金交叉。

b. 指标背离原则。

第一，当股价走势出现 2 个或 3 个近期低点时，而 *DIF*(*DEA*)并不配合出现新低点，可做多。

第二，当股价走势出现 2 个或 3 个近期高点时，而 *DIF*(*DEA*)并不配合出现新高点，可做空。

④优缺点

a. 优点：*MACD* 除掉了移动平均线产生的频繁出现买入与卖出信号，避免一部分假信号的出现，用起来比移动平均线更有把握。

b. 缺点：在股市没有明显趋势而进入盘整时，失误的时候较多。另外，对未来股价的上升和下降的深度不能提供有帮助的建议。

2. 超买超卖型指标

(1)威廉指标(*WMS*)

威廉指标通过分析一段时间内股价高低价位和收盘价之间的关系，来量度股市的超买超卖状态，是短期投资信号的一种技术指标。

①计算公式

$$WMS(n)=(H_n-C_t)\times 100/(H_n-L_n)$$

其中，H_n、L_n 分别为最近 n 日内(包括当天)出现的最高价和最低价；C_t为当天的收盘价；n 为时间参数。

WMS 指标的含义是当天的收盘价在过去的一段时日全部价格范围内所处的相对位置。如果 *WMS* 的值比较小，则当天的价格处在相对较高的位置，要小心回落；如果 *WMS* 的值较大，则说明当天的价格处在相对较低的位置，要注意反弹。*WMS* 的取值范围为 0～100。

②应用法则

a. 从 *WMS* 的取值看。当 *WMS* 高于 80 时，处于超卖状态，行情即将见底，应当考虑买进；当 *WMS* 低于 20 时，处于超买状态，行情即将见顶，应当考虑卖出。其中，80 和 20 只是一个经验数字，并不是绝对的。同时需注意，在盘整过程中，*WMS* 的准确性较高；而在上升或下降趋势当中，却不能只以 *WMS* 超买超卖信号作为行情判断的依据，注意与其他技术指标相配合。

b. 从 *WMS* 曲线的形状考虑。在 *WMS* 进入低数值区位后(此时为超买)，一般要回头。如果这时股价还继续上升，就会产生背离，是卖出的信号；在 *WMS* 进入高数值区位后(此时为超卖)，一般要反弹。如果这时股价还继续下降，就会产生背离，是买进的信号；*WMS* 连续几次撞顶(底)，局部形成双重或多重顶(底)，则是卖出(买进)的信号。其中，*WMS* 的顶部数值为 0，底部数值为 100。

(2)随机指标(*KDJ*)

①计算公式

KDJ 指标的计算需以未成熟随机值(*RSV*)为基础。

$$RSV(n)=(C_t-L_n)\times 100/(H_n-L_n)$$

其中，H_n、L_n、C_t 的意义同 $WMS(n)$的计算公式。

对 $RSV(n)$进行 3 日指数移动平滑平均，可得到 K 值：

今日 K 值 $=2/3\times$昨日 K 值 $+1/3\times$今日 RSV

对 K 值进行 3 日指数移动平滑平均，可得到 D 值：

今日 D 值 $=2/3\times$昨日 D 值 $+1/3\times$今日 K 值

初始的 K、D 值，可以用当日的 $RSV(n)$值或以 50 代替。

J 指标是 D 指标加上一个修正值，其公式为：

$$J=3D-2K=D+2(D-K)$$

②应用法则

a. 从 K、D 的取值看。K、D 的取值范围都是 0～100，将其划分为几个区域：80 以上为超买区，20 以下为超卖区，其余为徘徊区。

b. 从 K、D 曲线的形状看。当 K、D 指标在较高或较低的位置形成头肩形和多重顶

(底)时，是采取行动的信号。这些形态一定要在较高位置或较低位置出现，位置越高或越低，结论越可靠。

c. 从 K、D 指标的交叉方面看。K 线上穿 D 线是金叉，为买入信号，但是否应买入，还需看三个条件：第一，金叉的位置是在超卖区的位置，越低越好；第二，交叉的次数以 2 次为最少，越多越好；第三，交叉点相对于 K、D 线低点的位置，需满足右侧相交原则，K 线是在 D 线已经抬头向上时才同 D 线相交，比 D 线还在下降时与之相交要可靠得多。

d. 从 K、D 指标的背离方面看。当 K、D 处在高位，并形成两个依次向下的峰，而此时股价还在上涨，则出现顶背离，是卖出的信号；当 K、D 处在低位，并形成一底比一底高，而股价还继续下跌，则出现底背离，是买入信号。

e. 使用 J 指标。J 指标的取值超过 100 和低于 0，都属于价格的非正常区域，大于 100 为超买，小于 0 为超卖。

(3)相对强弱指数(*RSI*)

相对强弱指数是通过比较一段时期内的平均收盘涨数和平均收盘跌数来分析市场买沽盘的意向和实力，从而作出未来市场的走势。

①计算公式

$$RSI(n)=A/(A+B)\times 100$$

其中，A 表示 n 日中股价向上波动的大小；B 表示 n 日股价向下波动的大小；$A+B$ 表示股价总的波动大小。

RSI 实际上是表示股价向上波动的幅度占总波动的百分比。如果比例大就是强市，否则就是弱市。

②应用法则

a. 根据 *RSI* 取值的大小判断行情。

将 100 分成四个区域，根据 *RSI* 的取值落入的区域进行操作，*RSI* 取值的大小不同，投资操作不同，如表 4－18 所示。

表 4－18　划分区域的方法

RSI(*n*)	市场特征	投资操作
80～100	极强	卖出
50～80	强	买入
20～50	弱	卖出
0～20	极弱	买入

通常，股票越活跃，*RSI* 所能达到的高度越高，分界线离 50 应该越远；参数越大，分界线离 50 越近。

b. 两条或多条 *RSI* 曲线的联合使用。

参数小的 *RSI* 为短期 *RSI*，参数大的 *RSI* 为长期 *RSI*。若短期 *RSI* > 长期 *RSI*，则属多头市场；若短期 *RSI* < 长期 *RSI*，为空头市场。

c. 从 *RSI* 的曲线形状判断行情。

当 *RSI* 在较高或较低的位置形成头肩形和多重顶(底)，是采取行动的信号。这些形态一定要出现在较高位置和较低位置，离 50 越远，结论越可靠。

d. 从 *RSI* 与股价的背离方面判断行情。

RSI 处于高位，并形成一峰比一峰低的两个峰，而此时，股价却对应的是一峰比一峰高，为顶背离，是比较强烈的卖出信号。与此相反的是底背离：RSI 在低位形成两个底部抬高的谷底，而股价还在下降，是可以买入的信号。

(4)乖离率指标(BIAS)

BIAS 是测算股价与移动平均线偏离程度的指标。如果股价偏离移动平均线太远，不管是在移动平均线上方或下方，都有向平均线回归的要求。

①计算公式

$$BIAS(n)=\frac{C_t-MA(n)}{MA(n)}\times 100\%$$

其中，C_t为 n 日中第 t 日的收盘价；$MA(n)$为 n 日的移动平均数；n 为时间参数。

②应用法则

a. 从 BIAS 的取值大小和正负看。一般来说，正的乖离率愈大，表示短期多头的获利愈大，获利回吐的可能性愈高；负的乖离率愈大，则空头回补的可能性愈高。

b. 从 BIAS 的曲线形状方面看。形态学和切线理论在 BIAS 上也可以适用。

c. 从两条 BIAS 线结合方面看。当短期 BIAS 在高位下穿长期 BIAS 时，是卖出信号；在低位，短期 BIAS 上穿长期 BIAS 时是买入信号。

【真题 4.13】乖离率(BIAS)是测算股价与移动平均线偏离程度的指标，其应用法则包括(　　)。

A. 从 BIAS 的取值大小考虑　　B. 从 BIAS 的曲线形状方面考虑

C. 从两条 BIAS 线结合方面考虑　　D. 从 BIAS 的正负考虑

【答案】ABCD

3. 人气型指标

(1)心理线指标(PSY)

PSY 是从投资者的买卖趋向心理方面，将一定时期内投资者看多或看空的心理事实转化为数值，来研判股价未来走势的技术指标。

①计算公式

$$PSY(N)=A/N\times 100$$

其中，N 为天数，一般为 12；A 表示 N 天之中股价上涨的天数。$PSY(N)$的取值范围为 0～100，以 50 为中心，50 以上是多方市场，50 以下是空方市场。

②应用法则

a. $PSY(N)$的取值在 25～75，说明多空双方基本处于平衡状态。超出这个平衡状态，则是超卖或超买。

b. $PSY(N)$的取值过高或过低，都是行动的信号。通常，当 $PSY(N)<10$ 或 $PSY(N)>90$ 这两种极端情况出现时，是强烈的买入和卖出信号。

c. $PSY(N)$的取值第一次进入采取行动的区域时，往往容易出错。一般都要求 $PSY(N)$进入高位或低位两次以上才能采取行动。

d. PSY 的曲线如果在低位或高位出现大的 W 底或 M 头，也是买入或卖出的行动信号。

e. PSY 线可同股价曲线配合使用，并适用背离原则。

(2)能量潮指标(OBV)

能量潮指标的理论基础是市场价格的有效变动必须有成交量配合，量是价的先行指标。

①计算公式

$$今日 OBV = 昨日 OBV + sgn \times 今天的成交量$$

其中，sgn 为符号函数，当今日收盘价≥昨日收盘价时，$sgn = 1$，成交量记入多方的能量；当今日收盘价<昨日收盘价时，$sgn = -1$，成交量记入空方的能量。OBV 的初始值可以自行确定，一般用第一日的成交量代替。

②应用法则

a. OBV 不能单独使用，必须与股价曲线结合使用才能发挥作用。

b. OBV 曲线的变化对当前股价变化趋势的确认。当股价上升(下降)，而 OBV 也相应上升(下降)，则可确认当前的上升(下降)趋势；当股价上升(下降)，但 OBV 并未相应上升(下降)，出现背离现象，则对目前上升(下降)趋势的认定程度要大打折扣。

c. 形态学和切线理论的内容也同样适用于 OBV 曲线。

d. 在股价进入盘整区后，OBV 曲线会率先显露出脱离盘整的信号，向上或向下突破，且成功率较大。

4. 大势型指标

大势型指标主要对整个证券市场的多空状况进行描述，只能用于研判证券市场整体形势，而不能应用于个股。

(1)腾落指数(ADL)

ADL 是以股票每天上涨或下跌的家数作为观察的对象，通过简单算术加减来比较每日上涨股票和下跌股票家数的累积情况，形成升跌曲线，并与综合指数相互对比，对大势的未来进行预测。

①计算公式

$$今日 ADL = 昨日 ADL + N_A - N_D$$

其中，N_A表示当天所有股票中上涨的家数；N_D表示当天下跌的股票家数；ADL 的初始值可取为零。

②应用法则

a. ADL 的应用重在相对走势，而不看重取值的大小。

b. ADL 不能单独使用，要同股价曲线联合使用才能显示出作用。

首先，ADL 与股价同步上升(下降)，创新高(低)，则可以验证大势的上升(下降)趋势，短期内反转的可能性不大；其次，ADL 连续上涨(下跌)了很长时间，而指数却向相反方向下跌(上升)了很长时间，则为买进(卖出)信号，至少有反弹存在；再次，在指数进入高位(低位)时，ADL 并没有同步行动，而是开始走平或下降(上升)，这是趋势进入尾声的信号；最后，ADL 保持上升(下降)趋势，指数却在中途发生转折，但很快又恢复原有的趋势，并创新高(低)，这是买进(卖出)信号，是后市多方(空方)力量强盛的标志。

c. 形态学和切线理论的内容也可以用于 ADL 曲线。

d. 经验证明，ADL 对多头市场的应用比对空头市场的应用效果好。

(2)涨跌比指标(ADR)

ADR 是根据股票的上涨家数和下跌家数的比值，推断证券市场多空双方力量的对比，进而判断出证券市场的实际情况。

①计算公式

$$ADR(N) = P_1/P_2$$

其中，$P_1 = \sum N_A$，为 N 日内股票上涨家数之和；$P_2 = \sum N_D$，为 N 日内股票下跌家数之和；N 为选择的天数，一般为10。

②应用法则

a. 从 *ADR* 的取值看大势。*ADR* 在0.5～1.5之间是常态情况，此时多空双方处于均衡状态。超过了 *ADR* 常态状况的上下限，就是采取行动的信号，表示上涨或下跌的势头过于强烈，股价将有回头的可能。

b. *ADR* 可与综合指数配合使用，其应用法则与 *ADL* 相同，也有一致与背离两种情况。

c. 从 *ADR* 曲线的形态上看大势。*ADR* 从低向高超过0.5，并在0.5上下来回移动几次，是空头进入末期的信号。*ADR* 从高向低下降到0.75之下，是短期反弹的信号。*ADR* 先下降到常态状况的下限，但不久就上升并接近常态状况的上限，则说明多头已具有足够的力量将综合指数拉上一个台阶。

d. 在大势短期回档或反弹方面，*ADR* 有先行示警作用。若股价指数与 *ADR* 成背离现象，则大势即将反转。

【真题4.14】涨跌比指标(*ADR*)的应用法则包括(　　)。

A. 从 *ADR* 的取值看大势　　B. *ADR* 可与综合指数配合使用

C. 从 *ADR* 曲线的形态上看大势　　D. 股价指数与 *ADR* 背离，则大势即将反转

【答案】ABCD

(3)超买超卖指标(*OBOS*)

OBOS 是用一段时间内上涨和下跌股票家数的差距来反映当前股市多空双方力量的对比和强弱。

①计算公式

$$OBOS(N) = \sum N_A - \sum N_D$$

其中，$\sum N_A$为 N 日内每日上涨股票家数的总和；$\sum N_D$为 N 日内每日下跌股票家数的总和；N 表示天数，一般为10。

当$\sum N_A = \sum N_D$时，$OBOS(N) = 0$，多空双方处于平衡状态；当 $OBOS(N) > 0$ 时，多方占优势；当 $OBOS(N) < 0$ 时，空方占优势。

②应用法则

a. 根据 *OBOS* 的数值判断行情。当 *OBOS* 达到一定正数值时，大势处于超买阶段，可择机卖出；反之，当 *OBOS* 达到一定负数时，大势超卖，可伺机买进。

b. 当 *OBOS* 的走势与指数背离时，是采取行动的信号，大势可能反转。

c. 形态理论和切线理论中的结论也可用于 *OBOS* 曲线。

d. 当 *OBOS* 曲线第一次进入发出信号的区域时，应该特别注意是否出现错误。

e. *OBOS* 比 *ADR* 的计算简单，意义直观易懂，所以使用 *OBOS* 的时候较多，使用 *ADR* 的时候较少，但放弃 *ADR* 是不对的。

六、常用分析方法

1. 道氏理论

(1)形成过程

道氏理论是技术分析的理论基础，该理论的创始人是美国人查尔斯·亨利·道。为了反映市场总体趋势，与爱德华·琼斯创立了著名的道·琼斯平均指数。随后在《华尔街日报》

上发表的有关证券市场的文章，经后人整理而形成了道氏理论。

(2)主要原理

①市场平均价格指数可以解释和反映市场的大部分行为。

②市场波动具有某种趋势，可以归为三种趋势：主要趋势、次要趋势和短暂趋势。

③主要趋势有三个阶段。以上升趋势为例，包括以下三个阶段：a. 累积阶段；b. 上涨阶段；c. 市场价格达到顶峰后出现的又一个累积期。

④两种平均价格指数必须相互加强。工业、运输业平均指数必须在同一方向上运行时方能确认某一市场趋势的形成。

⑤趋势必须得到交易量的确认。交易量是确定趋势重要的附加信息，交易量应放大主要趋势的方向。

⑥一个趋势形成后将持续，直到趋势出现明显的反转信号。

【真题 4.15】趋势分析中，趋势类型包括(　　)。

A. 主要趋势　　B. 次要趋势　　C. 集中趋势　　D. 分散趋势

【答案】AB

【解析】道氏理论认为，市场波动具有某种趋势，可以归为三种趋势：主要趋势、次要趋势和短暂趋势。主要趋势是那些持续 1 年或 1 年以上的趋势，看起来像大潮；次要趋势是那些持续 3 周 ~3 个月的趋势，看起来像波浪，是对主要趋势的调整；短暂趋势持续时间不超过 3 周，看起来像波纹，其波动幅度更小。

(3)应用及应注意的问题

①道氏理论对大形势的判断有较大的作用。

②无法判断小波动、次要趋势。

③可操作性较差。首先，道氏理论结论落后于价格变化，信号太迟；其次，理论本身有缺陷，使得一个很优秀的道氏理论分析师在进行行情判断时，也会因得到一些不明确的信号而产生困惑。

(4)应用的局限性

①道氏理论只能侧重于长期的分析而不能作出短期分析，更不能指明最佳的买卖时机。

②发出的信号具有滞后性。

③过于强调股价平均数。

④两种指数的波动不可能完全同步。

2. 形态理论

股价曲线的形态可以分为两大类型：反转突破形态和持续整理形态，前者打破平衡，后者持续平衡。

(1)反转突破形态

①头肩形态。头肩形态包括头肩顶(底)形态、复合头肩形态。典型的头肩顶(底)形态如图 4－23 所示。

头肩顶形态是一个可靠的沽出时机。这一形态具有如下特征：a. 一般来说，左肩与右肩高点大致相等，有时右肩较左肩低，即颈线向下倾斜；b. 就成交量而言，左肩最大，头部次之，而右肩成交量最小，即呈梯状递减；c. 突破颈线不一定需要大成交量配合，但日后继续下跌时成交量会放大。

头肩底是头肩顶的倒转形态，是一个可靠的买进时机。头肩顶形态与头肩底形态在成交量配合方面的最大区别是：头肩顶形态完成后，向下突破颈线时，成交量不一定放大；而头肩底形态向上突破颈线，若没有较大的成交量出现，可靠性将大为降低，甚至可能出现假的头肩底形态。

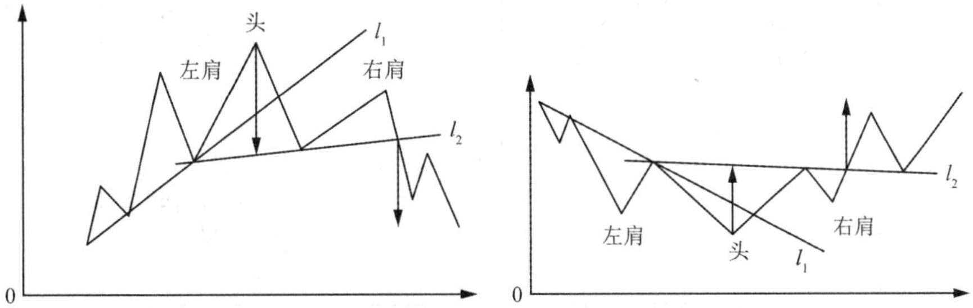

图 4－23　头肩顶(底)

②双重顶(底)形态。双重顶形态即 M 头，双重底形态即 W 底，如图 4－24 所示。

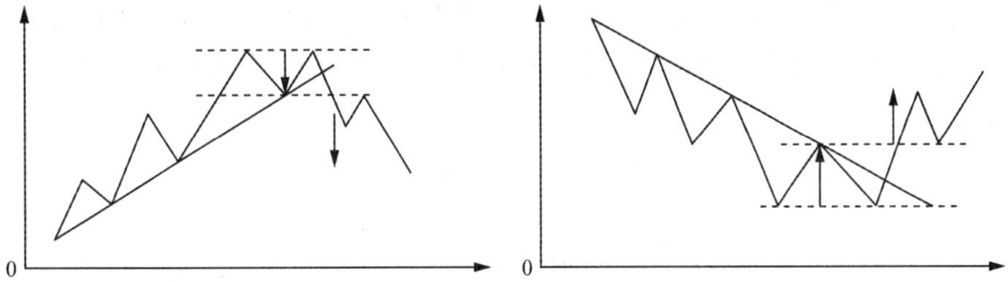

图 4－24　双重顶(底)

双重顶反转形态一般具有如下特征：a. 双重顶的两个高点不一定在同一水平，两者相差少于 3% 就不会影响形态的分析意义；b. 向下突破颈线时不一定有大成交量伴随，但日后继续下跌时成交量会扩大；c. 双重顶形态完成后的最小跌幅度量度方法是由颈线开始，至少会下跌从双头最高点到颈线之间的差价距离。

双重底的特征与双重顶类似。但双重底的颈线突破时必须有大成交量的配合，否则即可能为无效突破。

③三重顶(底)形态。三重顶(底)形态是双重顶(底)形态的扩展形式，由三个一样高或一样低的顶和底组成，如图 4－25 所示。

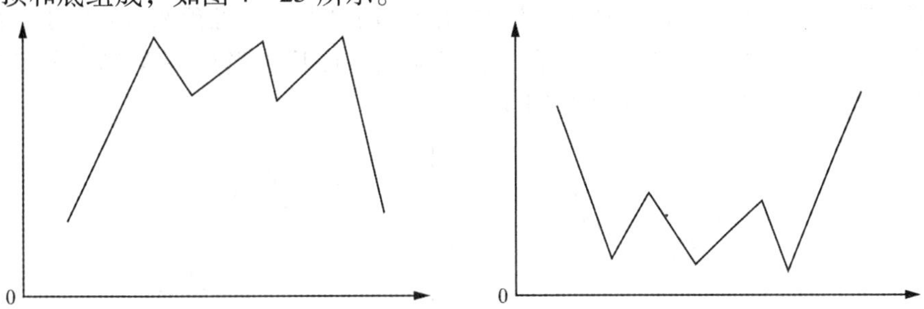

图 4－25　三重顶(底)

与一般头肩形态最大的区别是，三重顶(底)的颈线和顶部(底部)连线是水平的，这就使得三重顶(底)具有矩形的特征。比起头肩形态来说，三重顶(底)更容易演变成持续形态，而不是反转形态。

④圆弧顶(底)形态。将股价在一段时间的顶部高点用折线连起来，每一个局部的高点

都考虑到，可能得到一条类似于圆弧的弧线，盖在股价之上；将每个局部的低点连在一起也能得到一条弧线，托在股价之下，如图 4－26 所示。

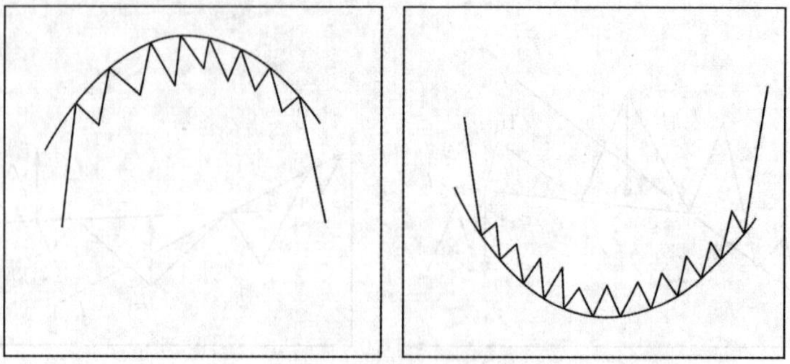

图 4－26　圆弧顶(底)

圆弧形态具有如下特征：a. 形态完成、股价反转后，行情多属暴发性，涨跌急速，持续时间也不长，一般是一口气走完，中间极少出现回档或反弹。b. 在圆弧顶或圆弧底形态的形成过程中，成交量的变化都是两头多，中间少。c. 圆弧形态形成的时间越长，今后反转的力度就越强。

⑤喇叭形。喇叭形是一种较为可靠的看跌形态。一个标准的喇叭形态应该有 3 个高点、2 个低点。股票投资者应该在第三峰(图 4－27 中的 5)调头向下时就抛出手中的股票，这在大多数情况下是正确的。如果股价进一步跌破了第二个谷(图 4－27 中的 4)，则喇叭形完全得到确认，抛出股票更成为必然。

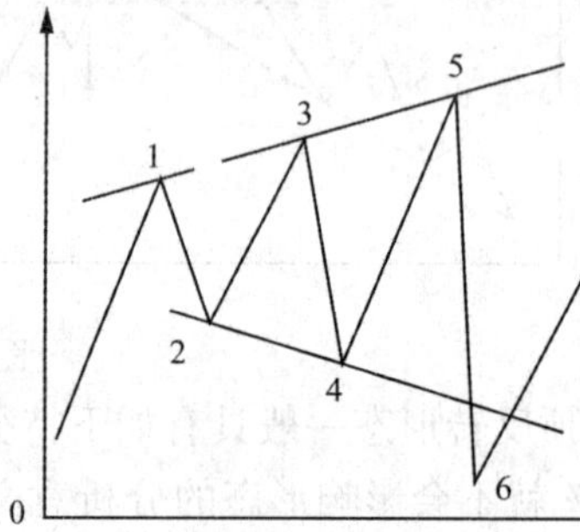

图 4－27　喇叭形

喇叭形态具有如下特征：a. 喇叭形一般是一个下跌形态，只有在少数情况下股价在高成交量配合下向上突破时，才会改变其分析意义；b. 在成交量方面，整个喇叭形态形成期间都会保持不规则的大成交量，否则难以构成该形态；c. 喇叭形走势的跌幅是不可量度的，一般说来，跌幅都会很大；d. 喇叭形源于投资者的非理性，因而在投资意愿不强、气氛低沉的市道中，不可能形成该形态。

⑥V 形形态。V 形形态往往出现在剧烈波动的市场之中，较难预测。V 形走势的一个重要特征是在转势点必须有大成交量的配合，且成交量在图形上形成倒 V 形。若没有大成交量，则 V 形走势不宜信赖。V 形形态如图 4－28 所示。

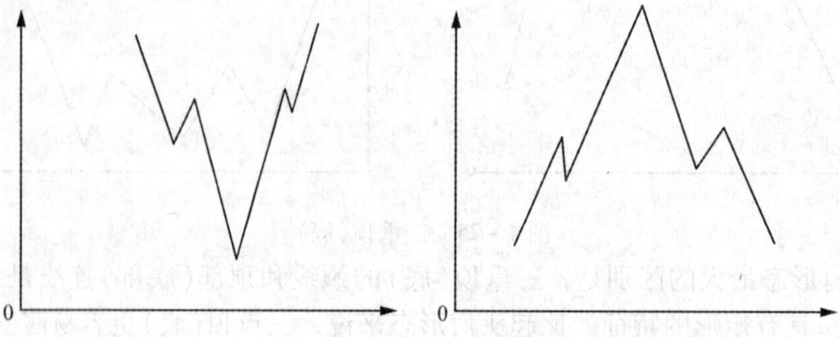

图 4－28　V 形形态

【真题 4.16】反转突破的几种形态中，未来走势向下的可能性较大的有(　　)。

A. 头肩顶形态　　B. 头肩底形态　　C. 双重顶形态　　D. 圆弧顶形态

【答案】ACD

【解析】B 项，头肩底是头肩顶的倒转形态，是一个可靠的买进时机，未来走势向上的可能性较大。

(2)持续整理形态

持续整理形态描述的是，股价向一个方向经过一段时间的快速运行后，不再继续原趋势，而在一定区域内上下窄幅波动，等待时机成熟后再继续前进。持续整理形态主要包括三角形、矩形、旗形和楔形。

①三角形。三角形整理形态可分为对称三角形、上升三角形和下降三角形。

对称三角形情况大多是发生在一个大趋势进行的途中，它表示原有的趋势暂时处于休整阶段，之后还要随着原趋势的方向继续行动。

上升三角形比对称三角形有更强烈的上升意识，多方比空方更为积极。通常以三角形的向上突破作为这个持续过程终止的标志。如果股价原有的趋势是向上，遇到上升三角形后，几乎可以肯定今后是向上突破；但如果原有的趋势是下降，则出现上升三角形后，前后股价的趋势判断起来有些难度。

下降三角形是一种看跌形态，其成交量一直十分低沉，突破时不必有大成交量配合。如果股价原有的趋势是向上的，则遇到下降三角形后，趋势的判断有一定的难度；但如果在上升趋势的末期，出现下降三角形后，可以看成是反转形态的顶部。

②矩形。矩形也称为箱形，其股票价格在两条横着的水平直线之间上下波动，呈现横向延伸的运动。如果原来的趋势是上升，那么经过一段矩形整理后，会继续原来的趋势，多方会占优势并采取主动，使股价向上突破矩形的上界；如果原来是下降趋势，则空方会采取行动，突破矩形的下界。

③旗形和楔形。旗形和楔形在股票价格曲线图上出现的频率很高，它们代表一个趋势的中途休整过程，休整之后，还要保持原来的趋势方向。其特征在于，有明确的形态方向，如向上或向下，并且形态方向与原有的趋势方向相反。例如，如果原有的趋势方向是上升，则这两种形态的方向就是下降。

3. 艾氏波浪理论

(1)形成过程及基本思想

①形成过程

艾氏波浪理论最初由艾略特首先发现并应用于证券市场，但没有形成完整的体系，在他在世的时候没有得到社会的广泛承认。直到 20 世纪 70 年代，柯林斯的专著《波浪理论》出版后，波浪理论才正式确立。

②基本思想

艾略特认为，由于证券市场是经济的晴雨表，而经济发展具有周期性，所以股价的上涨和下跌也应该遵循周期发展的规律。

艾略特的波浪理论以周期为基础。将运动周期分成时间长短不同的各种周期，同时指出在一个大周期中可能存在一些小周期，而小的周期可以细分成更小的周期。每个周期都包括上升(或下降)的 5 个过程和下降(或上升)的 3 个过程。8 个过程完结以后进入另一个周期，新的周期同样遵循上述的模式。

(2) 主要原理

①波浪理论考虑的因素

a. 股价走势所形成的形态；

b. 股价走势图中各个高点和低点所处的相对位置；

c. 完成某个形态所经历的时间长短。

其中，股价的形态即波浪的形状和构造最为重要，是波浪理论分析的基础。

②价格走势的基本形态结构

艾略特发现每一个周期(无论是上升还是下降)可以分成 8 个小的过程，这 8 个小过程一结束，则一次大的行动相对结束，紧接着的是另一次大的行动。

一个完整周期有上升趋势和下降趋势；这里趋势是有层次的，处于层次较低的几个浪能够合并成一个较高层次的大浪，而处于层次较高的一个浪又能够细分成几个层次较低的小浪。虽然趋势的规模不同，但 8 浪的基本形态结构不变。

(3) 应用及应注意的问题

①波浪理论的应用

预测股价走势，首先要明确当前所在的位置，根据波浪理论所指明的各种浪的数目就可以判断下一步应该如何做。清楚判断目前的位置，最重要的是认真、准确地识别 3 浪结构和 5 浪结构。

②应用波浪理论应注意的问题

a. 波浪理论最大的不足是应用上的困难，也就是学习和掌握上的困难。波浪理论从理论上讲是 8 浪结构完成一个完整的过程，但是，主浪的变形和调整浪的变形会产生复杂多变的形态，波浪所处的层次又会产生大浪套小浪、浪中有浪的多层次形态，这些都会使应用者在具体数浪时发生偏差。浪的层次确定和起始点确认是应用波浪理论的两大难点。

b. 波浪理论的第二个不足是面对同一个形态，不同的人会产生不同的数法，而且都有道理，谁也说服不了谁。例如，一个下跌的浪可以被当成第二浪，也可能被当成 a 浪。如果是第二浪，那么紧接而来的第三浪将是很诱人的；如果是 a 浪，那么这之后的下跌可能是很深的。具体结果如何尚需实践的检验。

4. 量价关系理论

(1) 葛兰碧九大法则

葛兰碧九大法则是最为经典的量价关系理论，具体内容如下：

①价格随着成交量的递增而上涨，为市场行情的正常特性，此种量增价升的关系，表示股价将继续上升。

②股价创新高，成交量却未创新高，则涨势令人怀疑，有可能反转。

③价升量减，股价上升动力不足，有可能反转。

④成交量大幅增加、股价暴涨，但随后却是成交量大幅萎缩、股价暴跌。这表明涨势已到末期。

⑤股价走势因成交量的递增而上升，是十分正常的现象，并无特别暗示趋势反转的信号。

⑥股价经过长期下跌后，如果第二谷底的成交量低于第一谷底，是股价将要上升的信号。

⑦股价经过长期下跌后，如果出现恐慌性抛售，成交量明显放大，则空头市场有望

结束。

⑧股价下跌，向下突破股价形态、趋势线或移动平均线，同时出现了大成交量，是股价下跌的信号，明确表示出下跌的趋势。

⑨股价持续上涨(下跌)数月之后，成交量急剧增加，股价却上涨(下跌)无力，为股价下跌(上涨)征兆。

(2)涨跌停板制度下的量价关系分析

在涨跌停板制度下，量价分析基本判断为：

①涨停量小，将继续上扬；跌停量小，将继续下跌。

②涨停中途被打开次数越多、时间越久、成交量越大，反转下跌的可能性越大；同样，跌停中途被打开的次数越多、时间越久、成交量越大，则反转上升的可能性越大。

③涨停关门时间越早，次日涨势可能性越大；跌停关门时间越早，次日跌势可能越大。

④封住涨停板的买盘数量大小和封住跌停板时卖盘数量大小说明买卖盘力量大小。这个数量越大，继续当前走势的概率越大，后续涨跌幅度也越大。

七、技术分析方法的分类及其特点

1．技术分析方法的分类

(1)指标类

指标类是根据价、量的历史资料，通过建立一个数学模型，给出数学上的计算公式，得到一个体现证券市场的某个方面内在实质的指标值。常见的指标有相对强弱指标、随机指标、趋向指标、平滑异同移动平均线、能量潮、心理线、乖离率等。

(2)切线类

切线类是按一定方法和原则，在根据股票价格数据所绘制的图表中画出一些直线，然后根据这些直线的情况推测股票价格的未来趋势。常见的切线有趋势线、轨道线、黄金分割线、甘氏线、角度线等。

(3)形态类

形态类是根据价格图表中过去一段时间走过的轨迹形态来预测股票价格未来趋势的方法。主要的形态有 M 头、W 底、头肩顶、头肩底等十几种。

(4)K 线类

K 线类是根据若干天的 K 线组合情况，推测证券市场中多空双方力量的对比，进而判断证券市场行情的方法。K 线图是进行各种技术分析最重要的图表。

(5)波浪类

波浪理论是把股价的上下变动和不同时期的持续上涨、下跌看成是波浪的上下起伏，认为股票的价格运动遵循波浪起伏的规律，数清楚各个浪就能准确地预见到跌势已接近尾声、牛市即将来临，或是牛市已到了强弩之末、熊市即将来到。

2．技术分析方法的特点

(1)量化指标特性。技术分析提供的量化指标，可以指示出行情转折之所在。

(2)趋势追逐特性。技术分析得出的结论告诉人们如何去追逐趋势，并非是创造趋势或引导趋势。

(3)直观特性。技术分析所提供的图表，是历史轨迹的记录，无虚假与臆断的弊端。

八、技术分析的应用前提、适用范围、局限性及应注意的问题

1. 技术分析的应用前提

(1)市场行为涵盖一切信息；

(2)价格沿趋势移动；

(3)历史会重演。

2. 技术分析的适用范围

(1)技术分析适用于预测未来一段较短时间的行情，并不适用于进行周期较长的分析。

(2)技术分析法的经济金融理论基础不足，对证券价格行为模式的判断有很大随意性。

3. 技术分析方法的局限性

(1)技术分析所用信息都是已经发生的，它相对滞后于行情的发展，对现实走势存在一定的时间差距，由此得出的买卖信号存在超前或滞后的可能，无法指导人们长期投资。

(2)技术分析有可能出现“骗线”现象，即数据图表得出的结论与实际不符，投资者如照此操作，有可能掉入走势陷阱。这种“骗线”的产生，既可是机构大户有意作为，利用人们对技术分析结论的偏信，联手炮制出某种明显买入或卖出走势、结论，以达到让别人受骗上当，为自己抬轿、轻松获利的目的，也可是市场各因素的相互作用而出现的海市蜃楼，如机械套用公式则会得出错误结论，结果难免亏损惨重。

(3)技术分析无法指出每次行情波动的上下限，给人们在峰顶抛出底谷购入的机会；也无法揭示每次行情的确切时间，让人们早作准备。技术分析虽然能判断出未来走势处于上升还是下降通道，但无法得出在什么时间以什么价格买入或卖出，初学者常常会在行情最高点买入和在行情低迷时抛出。

4. 技术分析方法应用时应注意的问题

技术分析作为一种证券投资分析工具，在应用时应该注意以下问题：

(1)技术分析必须与基本分析结合起来使用；

(2)多种技术分析方法综合研判，提高决策的准确性；

(3)理论与实践相结合，要注意掌握各种分析方法的精髓，并根据实际情况作适当调整。

【真题 4.17】应用技术分析方法时，应注意的问题包括(　　)。

A. 技术分析必须与基本分析结合起来使用

B. 理论与实践相结合

C. 使用多种技术分析方法综合研判

D. 要掌握各种分析方法的精髓，并根据实际情况作适当调整

【答案】ABCD

第五章　风险管理

【知识结构】

- 风险管理
  - 业务风险管理
    - 证券投资顾问业务的主要风险类别
    - 证券投资顾问业务风险管理流程
    - 证券投资顾问业务风险管理的主要方法
  - 信用风险管理
    - 信用风险类别
    - 信用风险识别的内容和方法
    - 计量证券信用风险的客户评级和债项评级的内容和计量方法
    - 监测信用风险的主要指标和计算方法
    - 信用风险缓释技术的主要内容及处理方法
  - 市场风险管理
    - 市场风险的特征与分类
    - 市场风险计量相关的基本概念
    - 久期分析、风险价值、压力测试、情景分析的基本原理和适用范围
    - 市场风险管理流程
    - 控制市场风险的限额管理、风险对冲等方法
  - 流动性风险管理
    - 资产负债期限结构、分布结构影响流动性的途径和机制
    - 流动性风险评估方法
    - 流动性风险的监测指标和预警信号

第一节　业务风险管理

【大纲要求】

熟悉证券投资顾问业务的主要风险类别；掌握证券投资顾问业务风险管理流程；掌握证券投资顾问业务风险管理的主要方法。

【要点详解】

一、证券投资顾问业务的主要风险类别

1．按风险发生的原因分类

根据风险发生的原因不同，证券投资顾问业务的主要风险类别包括信用风险、市场风险、流动性风险、操作风险、国别风险、声誉风险、法律风险、合规风险和战略风险等。

2．按性质分类

根据风险性质不同，可分为系统性风险和非系统性风险。

（1）系统性风险

系统性风险是指由于全局性事件引起的投资收益变动的不确定性。这种风险不能通过多样化投资来抵消，因此又称为不可分散风险或不可多样化风险。系统性风险主要包括市场风险、国家风险、法律风险、经济周期风险等。

（2）非系统性风险

非系统性风险是指由于非全局事件引起的投资收益变动的不确定性，可以通过证券多样化消除这种风险，因此又称为可分散风险或可多样化风险。非系统性风险主要包括信用风险、操作风险、财务风险、合规风险等。

二、证券投资顾问业务风险管理流程

证券投资顾问业务风险管理流程包括风险识别、风险计量、风险监测和风险控制四个步骤。

1. 风险识别/分析

(1)风险识别的含义

风险识别，是指证券投资顾问业务管理部门结合自身发展战略、经营状况和风险变化趋势，识别出可能影响其战略目标实施的潜在事项的过程。风险识别的目的在于能够帮助相关机构了解自身面临的风险及风险的严重程度，为下一步的风险计量和防控打好基础。

(2)风险识别的环节

①感知风险：通过系统化的方法发现证券投资顾问业务所面临的风险种类和性质。

②分析风险：深入理解各种风险的成因及变化规律。

(3)风险识别的原则

①全面性：应尽可能多地识别证券投资业务所面临的风险类别，确保覆盖证券投资顾问业务所面临的所有实质性风险。

②前瞻性：风险识别不仅是对已知风险的分析，更重要的是要前瞻性地考察风险的变化趋势以及可能出现的新的风险类别和性质。

(4)风险识别的方法

①制作风险清单

这是识别和分析风险最基本、最常用的方法，是指采用类似于备忘录的形式，根据不同的风险类别，将所面临的风险逐一列举，并联系相关业务活动对这些风险进行深入理解和分析。

②资产财务状况分析法

风险管理人员通过实际调查研究以及对客户的资产负债表、损益表、财产目录等财务资料进行分析，从而发现潜在的风险。

③失误树分析方法

通过图解来识别和分析风险事件发生前存在的各种风险因素，由此判断和总结哪些风险因素最可能引发风险事件。

④分解分析法

风险管理人员将复杂的风险分解为多个相对简单的风险因素，从中识别可能造成严重风险损失的风险因素。

2. 风险计量/评估

(1)风险计量的含义

风险计量是指在风险识别的基础上，对风险发生的可能性、风险将导致的后果及严重程度进行充分的分析和评估，从而确定风险水平的过程。

(2)风险计量的方式

风险计量可以基于历史记录以及专家经验，并根据风险类型、风险分析的目的以及信息数据的可获得性，采取定性、定量或者定性与定量相结合的方式。

(3)风险计量模型的监督检查

①建立各类风险计量模型的原理、逻辑和模拟函数是否正确合理。

②是否积累足够的历史数据，用于计量、监测风险的各种主要假设、参数是否恰当。

③是否建立对管理体系、业务、产品发生重大变化，以及其他突发事件的例外安排。

④是否建立对风险计量模型的修正、检验和内部审查的程序。

⑤对风险计量目标、方法、结果的制定、报告体系是否健全。

⑥风险管理人员是否充分理解模型设计原理，并充分应用其结果。

3. 风险监测/报告

风险监测包含两层含义：

(1)监测各种可量化的关键风险指标，以及不可量化的风险因素的变化和发展趋势，确保可以将风险在进一步加大之前识别出来；

(2)报告证券投资业务中面临的所有风险的定性、定量评估结果，以及所采取的风险管理和控制措施的实施质量与效果。

4. 风险控制/缓释

(1)风险控制的含义

风险控制，是指风险管理部门对经过识别和计量的风险，采取分散、对冲、转移、规避和补偿等措施，进行有效管理和控制风险的过程。

(2)风险控制的目标

①风险管理战略和策略符合经营目标的要求；

②所采取的具体措施符合风险管理战略和策略的要求，并在成本/收益的基础上保持有效性；

③通过对风险诱因的分析，发现管理中存在的问题，以完善风险管理程序。

(3)风险控制的原则

①回避风险原则；

②减少风险原则；

③留置风险原则；

④分散风险原则。

(4)风险控制的计划

①趋势投资计划；

②公式投资计划；

③保本或停损投资计划。

(5)风险控制的方法

①技术分析法：主要依据统计数据和图表。

②投资组合法：有效的投资组合应具备以下条件：

a. 所选择的各类资产，其风险可以部分地互相冲抵；

b. 在投资总额一定的前提下其预期收益与其他组合相同，但可能承受的风险比其他投资组合小，或其风险程度与其他投资组合相同但预期的收益较其他投资组合高。

三、证券投资顾问业务风险管理的主要方法

证券投资顾问业务风险管理的主要方法主要包括风险规避、风险分散、风险对冲、风险转移和风险补偿，具体如表5－1所示。

表5-1　证券投资顾问业务风险管理的主要方法

方法	含义
风险规避	是指机构通过拒绝或退出某一业务或市场，以消除本机构对该业务或市场的风险暴露
风险分散	是指在不影响收益率的情况下，通过多样化的投资尽可能地分散和降低风险的一种策略性选择
风险对冲	是指通过投资或购买与标的资产收益波动负相关的某种资产或衍生产品，来冲销标的资产潜在损失的一种策略性选择。比较常见的风险对冲手段是套期保值。 ①自我对冲：指投资顾问对利用客户资产负债表或某些具有收益负相关性质的业务组合本身所具有的对冲特性进行风险对冲； ②市场对冲：指对于无法通过资产负债表和相关业务调整进行自我对冲的风险，通过衍生品市场进行对冲
风险转移	是指投资者通过购买某种金融产品或采取某些合法的手段将风险转移给愿意和有能力承接的主体。 ①保险转移：指通过购买保险，向保险公司支付保费的方式，将风险转移给保险公司； ②非保险转移：指通过担保、备用信用证等方式将风险转移给第三方
风险补偿	是指在所从事的业务活动造成实质性损失之前，对于无法通过分散或转嫁等方法进行管理，而且又无法规避、不得不承担的风险进行价格补偿的一种策略性选择。风险补偿主要是指事前(损失发生以前)的价格补偿

第二节　信用风险管理

【大纲要求】

熟悉信用风险类别；掌握信用风险识别的内容和方法；掌握计量证券信用风险的客户评级和债项评级的内容和计量方法；熟悉监测信用风险的主要指标和计算方法；掌握信用风险缓释技术的主要内容及处理方法。

【要点详解】

一、信用风险类别

信用风险是指交易对手未能履行合同所规定的义务或信用质量发生变化，影响金融产品价值，从而给金融产品持有人造成经济损失的风险。

按照不同的标准，信用风险可以分为不同的类型：

(1)按授信方的不同，信用风险可分为国家风险、行业风险、个体风险。

(2)按信用风险产生的原因，信用风险可分为道德性信用风险和非道德性信用风险。

(3)按信用风险可控程度，信用风险可分为可控信用风险和非可控信用风险。

二、信用风险识别的内容和方法

1. 单一法人客户信用风险识别

(1)基本信息分析

在对单一法人客户进行信用风险识别和分析时，必须对客户的基本情况和证券投资顾问业务相关的信息进行全面了解，以判断客户的类型(企业法人客户还是机构法人客户)、基本经营情况(业务范围、盈利情况)、信用状况(有无违约记录)等。

(2)财务状况分析

对法人客户的财务状况分析主要采取财务报表分析、财务比率分析以及现金流量分析三种方法。

①财务报表分析

财务报表分析应特别关注以下内容：

a. 识别和评价财务报表风险；

b. 识别和评价经营管理状况；

c. 识别和评价资产管理状况；

d. 识别和评价负债管理状况。

②财务比率分析(如表5－2所示)

表5－2 财务比率分析

盈利能力比率	用于衡量管理层将销售收入转换成实际利润的效率，体现管理层控制费用并获得投资收益的能力
效率比率（营运能力比率）	体现管理层管理和控制资产的能力
杠杆比率	用于衡量企业所有者利用自有资金获得融资的能力，判断企业的偿债资格和能力
流动比率	用于判断企业归还短期债务的能力，即分析企业当前的现金支付能力和应付突发事件和困境的能力

③现金流量分析

现金流主要分为经营活动的现金流、投资活动的现金流和融资活动的现金流。

【真题5.1】在对法人客户进行信用风险识别时，采取财务报表分析法应特别关注的内容包括(　　)。

A. 识别和评价财务报表风险　　B. 识别和评价经营管理状况

C. 识别和评价资产管理状况　　D. 识别和评价负债管理状况

【答案】ABCD

(3)非财务因素分析

考察和分析企业的非财务因素，主要从管理层风险，行业风险，生产与经营风险，宏观经济、社会及自然环境等方面进行分析和判断。

(4)担保分析

担保是指为维护债权人和其他当事人的合法权益，提高贷款偿还的可能性，降低资金损失的风险，由借款人或第三方对贷款本息的偿还或其他授信产品提供的一种附加保障，为商业银行提供一个可以影响或控制的潜在还款来源。

担保方式主要有保证、抵押、质押、留置与定金。

2. 集团法人客户信用风险识别

(1)整体状况分析

投资机构首先应当参照单一法人客户信用风险识别和分析方法，对集团法人客户的基本信息、经营状况、财务状况、非财务因素及担保状况等进行逐项分析，以识别其潜在的信用风险。其次，对集团内各关联方之间的关联交易进行正确的分析和判断至关重要。

(2)信用风险特征

与单一法人客户相比，集团法人客户的信用风险具有以下特征：

①内部关联交易频繁；

②连环担保十分普遍；

③真实财务状况难以掌握；

④系统性风险较高；

⑤风险识别和贷后管理难度大。

3. 个人信用风险识别

(1)基本信息分析

①投资机构在对个人客户的信用风险进行识别和分析时，同样需要个人客户提供各种能够证明个人年龄、职业、收入、财产、信用记录、教育背景等的相关资料。

②应当通过与借款人面谈、电话访谈、实地考察等方式，了解/核实借款人及保证人、出质人、抵押人的身份证件是否真实、有效，担保资料是否符合监管部门和投资机构内部的有关规定，借款人提供的居住情况、婚姻状况、家庭情况、联系电话等是否真实，借款人提供的职业情况、所在单位的任职情况等是否真实，尽可能地从多种渠道调查、识别个人客户潜在的信用风险。

(2)个人信贷产品分类及风险分析(如表5－3所示)

表5－3　个人信贷产品分类及风险分析

我国个人信贷产品	个人住房按揭贷款的风险分析	①经销商风险； ②“假按揭”风险； ③由于房产价值下跌而导致超额押值不足的风险； ④借款人的经济状况变动风险
	其他个人零售贷款的风险分析	①借款人的真实收入状况难以掌握，尤其是无固定职业者和自由职业者； ②借款人的偿债能力有可能不稳定(如职业不稳定的借款人、面临就业困难的大学生等)； ③贷款购买的商品质量有问题或价格下跌导致消费者不愿履约； ④抵押权益实现困难； ⑤个人生产或者销售活动失败，资金周转发生困难

4. 贷款组合的信用风险识别(如表5－4所示)

表5－4　贷款组合的信用风险识别

宏观经济因素	系统性风险对贷款组合的信用风险的影响，主要是由宏观经济因素的变动反映出来
行业风险	是指当某些行业出现产业结构调整或原材料价格上升或竞争加剧等不利变化时，贷款组合中处于这些行业的借款人可能因履约能力整体下降而给投资机构造成系统性的信用风险损失
区域风险	是指当某个特定区域的政治、经济、社会等方面出现不利变化时，贷款组合中处于该区域的借款人可能因履约能力整体下降而给投资机构造成系统性的信用风险损失

三、计量证券信用风险的客户评级和债项评级的内容和计量方法

1. 客户评级

(1)基本概念(如表5－5所示)

表5－5　客户评级的基本概念

含义	客户评级是对客户偿债能力和偿债意愿的计量和评价，反映客户违约风险的大小
评价主体	商业银行
评价目标	客户违约风险
评价结果	信用等级和违约概率

(2)客户评级的内容

①违约

违约是估计违约概率、违约损失率(LGD)、违约风险暴露(EAD)等信用风险参数的基础。

②违约概率

违约概率是指借款人在未来一定时期内发生违约的可能性。在巴塞尔新资本协议中，违约概率一般被定义为借款人内部评级 1 年期违约概率与 0.03% 中的较高者。

违约概率的估计包括单一借款人的违约概率和某一信用等级所有借款人的违约概率两个层面。

(3)客户信用评级的计量方法

①专家判断法

专家判断法即专家系统，是依赖高级信贷人员和信贷专家自身的专业知识、技能和丰富经验，运用各种专业性分析工具，在分析评价各种关键要素基础上依据主观判断来综合评定信用风险的分析系统。

专家系统在分析信用风险时主要考虑以下两方面因素：

a. 与借款人有关的因素，包括声誉、杠杆、收益波动性；

b. 与市场有关的因素，包括经济周期、宏观经济政策、利率水平。

目前常用的专家系统中，使用最为广泛的是 5Cs 系统(品德、资本、还款能力、抵押、经营环境)。此外，使用较为广泛的专家系统还有对企业信用分析的 5Ps 系统(个人因素、资金用途因素、保障因素、还款来源因素、企业前景因素)和针对商业银行等金融机构的骆驼(CAMEL)分析系统(资本充足性、资产质量、管理水平、盈利水平、流动性)。

专家系统的突出特点在于将信贷专家的经验和判断作为信用分析和决策的主要基础，这种主观性很强的方法带来的一个突出问题是对信用风险的评估缺乏一致性。

②信用评分模型

信用评分模型是一种传统的信用风险量化模型，利用可观察到的借款人特征变量计算出一个数值(得分)来代表债务人的信用风险，并将借款人归类于不同的风险等级。对个人客户而言，可观察到的特征变量包括收入、资产、年龄、职业以及居住地等；对法人客户而言，包括现金流量、各种财务比率等。应用最广泛的信用评分模型有线性概率模型、Logit 模型、Probit 模型和线性辨别模型。

信用评分模型的关键在于特征变量的选择和各自权重的确定。其突出问题在于：

a. 建立在对历史数据(而非当前市场数据)模拟的基础上，是一种向后看的模型；

b. 对借款人历史数据的要求相当高；

c. 信用评分模型虽然可以给出客户信用风险水平的分数，却无法提供客户违约概率的准确数值，而后者往往是信用风险管理最为关注的。

③违约概率模型

违约概率模型属于现代信用风险计量方法，能够直接估计客户的违约概率，但是需积累至少五年的数据。目前，比较常用的模型有穆迪的 RiskCalc 模型、KMV 的 Credit Monitor 模型、KPMG 的风险中性定价模型和死亡率模型。

【真题 5.2】信用评分模型，对法人客户而言，可观察到的特征变量主要包括(　　)。

A. 现金流量　　B. 财务比率　　C. 历史数据　　D. 竞争对手数据

【答案】ABC

【解析】信用评分模型是一种传统的信用风险量化模型，利用可观察到的借款人特征变量计算出一个数值(得分)来代表债务人的信用风险，并将借款人归类于不同的风险等级。对法人客户而言，可观察到的特征变量包括现金流量、各种财务比率等。信用评分模型对借款人历史数据的要求较高，商业银行需要建立起一个包括大多数企业历史数据的数据库。

2. 债项评级

债项评级是对交易本身的特定风险进行计量和评价，反映客户违约后的债项损失大小。特定风险因素包括抵押、优先性、产品类别、地区、行业等。债项评级不但可以只反映债项本身的交易风险，还可以同时反映客户的债项交易风险和信用风险。

债项评级与客户评级是反映信用风险水平的两个维度。一个债务人只能有一个客户评级，而同一债务人的不同交易可能会有不同的债项评级。

(1)违约风险暴露(EAD)

违约风险暴露是指债务人违约时预期表内项目和表外项目的风险暴露总额。包括已使用的授信余额、应收未收利息、未使用授信额度的预期提取数量以及可能发生的相关费用等。

若客户已经违约，则违约风险暴露为其违约时的债务账面价值；若客户尚未违约，则违约风险暴露对于表内项目为债务账面价值，对于表外项目为：已提取金额 + 信用转换系数 × 已承诺未提取金额。

(2)违约损失率(LGD)

违约损失率是指估计的某一债项违约后损失的金额占该违约债项风险暴露的比例，即损失占风险暴露总额的百分比(损失的严重程度，LGD = 1 - 回收率)。违约损失率的计量方法主要有市场价值法和回收现金法两种。

四、监测信用风险的主要指标和计算方法

信用风险监测是指风险管理人员通过各种监控技术，动态捕捉信用风险指标的异常变动，判断其是否已达到引起关注的水平或已经超过阈值。

1. 不良贷款率

不良贷款率 = (次级类贷款 + 可疑类贷款 + 损失类贷款)/各项贷款 × 100%

2. 预期损失率

预期损失率 = 预期损失/资产风险暴露 × 100%

预期损失是指信用风险损失分布的数学期望，代表大量贷款或交易组合在整个经济周期内的平均损失，是商业银行已经预计到将会发生的损失。

3. 单一(集团)客户授信集中度

单一(集团)客户贷款集中度 = 最大一家(集团)客户贷款总额/资本净额 × 100%

最大一家(集团)客户贷款总额是指报告期末各项贷款余额最高的一家(集团)客户的各项贷款的总额。

4. 关联授信比例

关联授信比例 = 全部关联方授信总额/资本净额 × 100%

全部关联方授信总额是指商业银行全部关联方的授信余额，扣除关联方提供的保证金存款以及质押的银行存单和我国中央政府债券。关联方包括关联自然人、法人或其他组织。

5. 贷款风险迁徙率

风险迁徙类指标衡量商业银行信用风险变化的程度，表示为资产质量从前期到本期变化的比率，属于动态监测指标，具体包括：

(1)正常贷款迁徙率

正常贷款迁徙率＝(期初正常类贷款中转为不良贷款的金额＋期初关注类贷款中转为不良贷款的金额)/(期初正常类贷款余额－期初正常类贷款期间减少金额＋期初关注类贷款余额－期初关注类贷款期间减少金额)×100%

期初正常类贷款(关注类贷款)中转为不良贷款的金额，是指期初正常类贷款(关注类贷款)中，在报告期末分类为次级类/可疑类/损失类的贷款余额之和。

期初正常类贷款(关注类贷款)期间减少金额，是指期初正常类贷款(关注类贷款)中，在报告期内，由于贷款正常收回、不良贷款处置或贷款核销等原因而减少的贷款。

(2)正常类贷款迁徙率

正常类贷款迁徙率＝期初正常类贷款向下迁徙金额/(期初正常类贷款余额－期初正常类贷款期间减少金额)×100%

期初正常类贷款向下迁徙金额，是指期初正常类贷款中，在报告期末分类为关注类、次级类、可疑类、损失类的贷款余额之和。

(3)关注类贷款迁徙率

关注类贷款迁徙率＝期初关注类贷款向下迁徙金额/(期初关注类贷款余额－期初关注类贷款期间减少金额)×100%

(4)次级类贷款迁徙率

次级类贷款迁徙率＝期初次级类贷款向下迁徙金额/(期初次级类贷款余额－期初次级类贷款期间减少金额)×100%

(5)可疑类贷款迁徙率

可疑类贷款迁徙率＝期初可疑类贷款向下迁徙金额/(期初可疑类贷款余额－期初可疑类贷款期间减少金额)×100%

6. 逾期贷款率

逾期贷款率＝逾期贷款余额/贷款总余额×100%

用于反映贷款按期归还情况，从是否按期还款的角度反映贷款使用效益情况和信用风险程度，从而促进银行对逾期贷款尽快妥善处理。

7. 不良贷款拨备覆盖率

不良贷款拨备覆盖率＝(一般准备＋专项准备＋特种准备)/(次级类贷款＋可疑类贷款＋损失类贷款)×100%

一般准备是根据全部贷款余额的一定比例计提的用于弥补尚未识别的可能性损失的准备；专项准备是指根据《贷款风险分类指导原则》对贷款进行风险分类后，按每笔贷款损失的程度计提的用于弥补专项损失的准备；特种准备指针对某一国家、地区、行业或某一类贷款风险计提的准备。

8. 贷款损失准备充足率

贷款损失准备充足率＝贷款实际计提准备/贷款应提准备×100%

贷款实际计提准备是指商业银行根据贷款预计损失而实际计提的准备。

【真题 5.3】商业银行信用风险管理的重要监测指标有(　　)。

A. 不良贷款率　　B. 预期损失率

C. 逾期贷款率　　D. 贷款损失准备充足率

【答案】ABCD

【解析】除 ABCD 四项外，商业银行信用风险管理的重要监测指标还包括单一(集团)客户贷款集中度、贷款风险迁徙率、不良贷款拨备覆盖率、关联授信比例等。

五、信用风险缓释技术的主要内容及处理方法

信用风险缓释是指以某种手段，如运用合格的抵(质)押品、净额结算、保证和信用衍生工具等方式转移或降低信用风险。

1. 合格抵(质)押品

(1)内容

合格抵(质)押品包括金融质押品、实物抵押品(应收账款、商用房地产和居住用房地产)以及其他抵(质)押品。合格抵(质)押品的信用风险缓释作用体现为违约损失率的下降或违约概率的降低。

(2)认定要求

①抵(质)押品应是《中华人民共和国民法典》规定可以接受的财产或权利。

②权属清晰，且抵(质)押品设定具有相应的法律文件。

③满足抵(质)押品可执行的必要条件，须经国家有关主管部门批准或者办理登记的，应按规定办理相应手续。

④存在有效处置抵(质)押品的流动性强的市场，并且可以得到合理的抵(质)押品的市场价格。

⑤在债务人违约、无力偿还、破产或发生其他借款合同约定的信用事件时，银行能够及时地对债务人的抵(质)押品进行清算或处置。内部评级法初级法下，当借款人利用多种形式的抵(质)押品共同担保时，需要将风险暴露拆分为由不同抵(质)押品覆盖的部分，分别计算风险加权资产。拆分按金融质押品、应收账款、商用房地产和居住用房地产以及其他抵(质)押品的顺序进行。

采用内部评级法高级法的银行，可按要求自行认定抵(质)押品，但应有历史数据证明抵(质)押品的风险缓释作用。

(3)担保品的评估重点

就抵押贷款的部分，必须对担保品的价格与变现的难易度做评估，确保借款人违约时，处理抵押品后能够取回贷款余额。评估的项目包括以下重点：

①担保品估价报告：通常银行会委托专业的房产估价公司出具担保品估价报告，但与房产开发商或房产中介公司合作办理房贷时，会以购买总价来认定担保品的价值。

②抵押物所在地城市：房贷是长期贷款，除了估计抵押品现在的价值以外，有时会把未来的房价展望也考虑进去。人口不断移入的城市会比人口移出的城市有更好的房价展望。

③房龄与房况：一般的房贷年限为 20 年，房龄与房况虽然已经反映在估价报告内，但是有些银行会另外有最高房龄与可接受房况的规定，来顾及以后拍卖变现的难易度。

④类型——住宅、店铺、写字楼、厂房：个人贷款的抵押品多为住宅或店铺，企业贷款的抵押品多为写字楼或厂房。不同类型的抵押品估价模式不同，处理时的难易度也不同。厂房最难处理，依次是写字楼、店铺与住宅。

⑤用途——自用、出租、空置：自住者一旦违约被依法拍卖就无房可住，因此违约的可能性最低。出租者还有租金收入可用来缴房贷，违约率次之。空置者很多是短期投资客，一旦看错房价走势，当房价低于贷款额时很可能违约。

⑥房产交易：期房有房产开发商连带保证，评分最高。现房房况较好，优于同地段二手房。

⑦形态：以商品房为常态，经济适用房的评分低或不考虑。经济适用房住不满5年要出售的话，要以同样价格售给同样具备经济适用房申请资格者。因此若贷款5年内违约，不易处理抵押品，银行承贷经济适用房的意愿就会降低。

⑧是否为担保品所有权人：银行一般会允许以借款人的配偶、父母或子女名下的房子当抵押品，除了要取得房产所有权人的同意之外，还常要求房产所有权人当连带保证人。一般说来，借款人本身是担保品所有权人时，核贷程序会快一些。

⑨流动性：质押品的流动性越差，评分越低。如金条的流动性优于首饰，国债的流动性优于公司债。

⑩价格波动性：质押品价格波动性越大，评分越低。如股票的价格波动性大于存款，股票的质押贷款通常只能贷到市值的60%，而存款质押可贷到90%。

（4）关于抵押贷款（按揭）的法律规定

①抵押是指债务人或者第三人不转移对抵押人所有的房屋和其他地上定着物、机器、交通运输工具和其他财产的占有，将该财产作为债权的担保。

②债务人不履行债务时，债权人有权依照法律规定以该财产折价或者以拍卖、变卖该财产的价款优先受偿。债务人或者第三人为抵押人，债权人为抵押权人，提供担保的财产为抵押物。抵押人所担保的债权不得超出其抵押物的价值。

③财产抵押后，该财产的价值大于所担保债权的余额部分，可以再次抵押，但不得超出其余额部分。

④抵押必须有抵押合同，而且必须到相关机关办理抵押权登记。

⑤抵押担保的范围包括主债权及利息、违约金、损害赔偿金和实现抵押权的费用。抵押合同另有约定的，按照约定。

⑥抵押权与其担保的债权同时存在，债权消灭的，抵押权也消灭。

⑦债务履行期届满抵押权人未受清偿的，可以与抵押人协议以抵押物折价或者以拍卖、变卖该抵押物所得的价款受偿；协议不成的，抵押权人可以向人民法院提起诉讼。

⑧抵押物折价或者拍卖、变卖后，其价款超过债权数额的部分归抵押人所有，不足部分由债务人清偿。

⑨抵押合同已登记生效的，按照抵押物登记的先后顺序清偿；顺序相同的，按照债权比例清偿。

2. 合格净额结算

净额结算对于降低信用风险的作用在于，交易主体只需承担净额支付的风险。内部评级法下，表内净额结算的风险缓释作用体现为违约风险暴露的下降。

（1）内容

内部评级法初级法下，合格净额结算包括：表内净额结算；回购交易净额结算；场外衍生工具及交易账户信用衍生工具净额结算。应持续监测和控制后续风险，并在净头寸的基础上监测和控制相关的风险暴露。

(2)认定要求

①可执行性

具有法律上可执行的净额结算协议，无论交易对象是无力偿还或破产，均可实施。

②法律确定性

在任何情况下，能确定同一交易对象在净额结算合同下的资产和负债。

③风险监控

在净头寸的基础上监测和控制相关风险暴露。

采用内部评级法高级法的银行，应建立估计表外项目违约风险暴露的程序，规定每笔表外项目采用的违约风险暴露估计值。

3. 合格保证和信用衍生工具

(1)合格保证

内部评级法初级法下，合格保证的范围包括：

①主权、公共企业、多边开发银行和其他银行；

②外部评级在A-级及以上的法人、其他组织或自然人；

③虽然没有相应的外部评级，但内部评级的违约概率相当于外部评级A-级及以上水平的法人、其他组织或自然人。

采用内部评级法高级法的银行，可以按要求自行认定合格保证，但应有历史数据证明保证的风险缓释作用。

(2)信用衍生工具

信用衍生工具的范围包括信用违约互换、总收益互换等。当信用违约互换和总收益互换提供的信用保护与保证相同时，可以作为合格信用衍生工具。

采用信用衍生工具缓释信用风险需满足的要求包括：

①法律确定性：信用衍生工具提供的信用保护必须是信用保护提供方的直接负债；

②可执行性：除非由于信用保护购买方的原因，否则合同规定的支付义务不可撤销；

③评估：允许现金结算的信用衍生工具，应具备严格的评估程序，以便可靠地估计损失；

④信用事件的规定：未按约定在基础债项的最终支付日足额履行支付义务，且在适用的宽限期届满后仍未纠正；债务人破产、资不抵债或无力偿还债务，或书面承认无力支付到期债务以及其他类似事件；因本金、利息、费用的下调或推迟支付等对基础债项的重组而导致的信用损失事件。

【真题5.4】采用信用衍生工具缓释信用风险需满足的要求是(　　)。

A. 法律确定性　　B. 信用事件的规定

C. 风险监控　　D. 评估

【答案】ABD

4. 信用风险缓释工具池

对单独一项风险暴露存在多个信用风险缓释工具时：

(1)采用内部评级法初级法时，应将风险暴露细分为每一信用风险缓释工具覆盖的部分，每一部分分别计算加权风险资产。如信用保护由一个信用保护者提供，但有不同的期限，也应细分为几个独立的信用保护。

(2)采用内部评级法高级法时，如果通过增加风险缓释技术可以提高对风险暴露的回收率，则鼓励对同一风险暴露增加风险缓释技术(即采用多个信用风险缓释工具)来降低违约损失率。

第三节　市场风险管理

【大纲要求】

熟悉市场风险的特征与分类；熟悉市场风险计量相关的基本概念；掌握久期分析、风险价值、压力测试、情景分析的基本原理和适用范围；掌握市场风险管理流程；掌握控制市场风险的限额管理、风险对冲等方法。

【要点详解】

一、市场风险的特征

市场风险，是指在证券市场中因股市价格、利率、汇率等的变动而导致价值未预料到的潜在损失的风险。因此，市场风险包括股票风险、汇率风险、利率风险以及商品风险。市场风险具有数据充分和易于计量的特点，更适于采用量化技术加以控制。由于市场风险主要来自所属经济体系，因此具有明显的系统性风险特征，难以通过分散化投资完全消除。

二、市场风险的分类

1. 利率风险

利率风险是指市场利率变动的不确定性造成损失的可能性。按照来源不同，可分为以下四种：

(1)重新定价风险

重新定价风险，又称期限错配风险，源于银行资产、负债和表外业务到期期限(就固定利率而言)或重新定价期限(就浮动利率而言)之间所存在的差异。

(2)收益率曲线风险

收益率曲线是指由不同期限但具有相同风险、流动性和税收的收益率连接而形成的曲线，用于描述收益率与到期期限之间的关系。

(3)基准风险

基准风险是指在利息收入和利息支出所依据的基准利率变动不一致的情况下，虽然资产、负债和表外业务的重新定价特征相似，但因其利息收入和利息支出发生了变化，也会对收益或内在经济价值产生不利的影响。

(4)期权性风险

期权性风险是指由于期权性工具具有的不对称的支付特征而给期权出售方带来的风险。

2. 汇率风险

汇率风险，又称汇兑风险，是指经济实体以外币定值或衡量的资产与负债、收入与支出，以及未来的经营活动可望产生现金流的本币价值因货币汇率的变动而产生损失的可能性。汇率波动取决于外汇市场的供求状况，主要包括国际收支、通货膨胀率、利率政策、汇率政策、市场预期以及投机冲击等，以及各国国内的政治、经济等多方面因素。

3. 股票价格风险

股票价格风险是指由于股票价格发生不利变动而带来损失的风险。因政治、经济的宏观因素，以及技术和人为因素等个别或综合作用于股票市场，致使股票市场的股票价格大幅波动，从而给持有股票的企业带来经济损失。

4. 商品价格风险

商品价格风险是指所持有的各类商品及其衍生头寸由于商品价格发生不利变动而造成经济损失的风险。商品主要是指可以在场内自由交易的商品期货和现货，尤其以商品期货的形式为主。商品价格波动取决于国家的经济形势、商品市场的供求状况和投机行为等。商品价格风险中所属商品不包括黄金。根据现行的国际和国内监管规则，黄金价格波动被纳入商业银行的汇率风险范畴。

三、市场风险计量相关的基本概念

1. 金融工具估值

(1)名义价值

名义价值是指金融资产根据历史成本所反映的账面价值。

(2)市场价值

国际评估准则理事会(IVSC)发布的国际评估准则将市场价值定义为：在评估基准日，自愿的买卖双方在知情、谨慎、非强迫的情况下通过公平交易资产所获得的资产的预期价值。

(3)公允价值

国际会计准则委员会将公允价值定义为：交易双方在公平交易中可接受的资产或债权价值。在大多数情况下，市场价值可以代表公允价值。如果没有证据表明资产交易市场存在，公允价值可通过收益法或成本法来获得。

(4)市值重估

市值重估是指对交易账户头寸重新估算其市场价值。商业银行应当对交易账簿头寸按市值每日至少重估一次价值。

市值重估通常采用以下两种方法：

①盯市：按市场价格计值。

②盯模：按模型计值。即以某一个市场变量作为计值基础，推算或计算出交易头寸的价值。

2. 久期

久期用于衡量固定收益产品的利率敏感程度或利率弹性。

(1)麦考利久期

麦考利久期是使用加权平均的形式计算债券的平均到期时间，是固定收益产品在未来产生现金流的时间的加权平均，其权重是各期现值在债券价格中所占的比重。其计算公式为：

$$MacD = \frac{\sum_{t=1}^{T} PV(c_t) \times t}{P} = \sum_{t=1}^{T} \left[\frac{PV(c_t)}{P} \times t \right]$$

其中，$MacD$——麦考利久期；P——债券当前的市场价格；$PV(c_t) = c_t \times exp(-yt)$——债券未来第 t 期现金流(利息或资本)的现值，T——债券的到期时间；t——从当前到 t 时刻现金流发生的持续时间；y——债券的风险程度相适应的收益率，且假设未来所有现金流的贴现率都固定为 y。

对于在到期日所有本息一笔付清的零息债券，麦考利久期等于期限。

(2)修正久期

修正久期衡量利率变动引起的固定收益产品价格变动的相对值。同等要素条件下，修正久期小的债券比修正久期大的债券抗利率上升风险能力强。对于附息债券，修正久期与麦考利久期二者关系如下：

$$ModD = MacD \times \frac{1}{1+\frac{y}{m}}$$

其中，y——债务工具的收益率；m——一年内复利次数。

(3)有效久期

有效久期是指在利率水平发生特定变化的情况下债券价格变动的百分比。

(4)久期缺口

银行通常使用久期缺口来分析利率变化对其整体利率风险敞口的影响。用D_A表示总资产的加权平均久期，D_L表示总负债的加权平均久期，V_A表示总资产，V_L表示总负债。则：

$$\begin{aligned}\text{久期缺口} &= \text{资产加权平均久期} - (\text{总负债/总资产}) \times \text{负债加权平均久期} \\ &= D_A - (V_L/V_A)D_L\end{aligned}$$

在绝大多数情况下，银行的久期缺口都为正值。此时，如果市场利率下降，则资产与负债的价值都会增加，但资产价值增加的幅度比负债价值增加的幅度大，银行的市场价值将增加；如果市场利率上升，则资产与负债的价值都将减少，但资产价值减少的幅度比负债价值减少的幅度大，银行的市场价值将减少。

资产负债久期缺口的绝对值越大，银行整体市场价值对利率的敏感度就越高，因而整体的利率风险敞口也越大。

(5)凸性

久期是债券价格对收益率的一阶导数，描述了价格—收益率曲线的斜率。凸性是债券价格对收益率的二阶导数，描述了曲线的弯曲程度，是指在某一收益率水平下，因利率发生变动而引起的价格波动幅度(即久期)的变动程度。

凸性越大，债券价格曲线弯曲程度越大，用修正久期度量债券的利率风险所产生的误差越大，越有必要用凸性应该进行再次修正。无论收益率是上升还是下降，凸性所引起的修正都是正的。因此如果修正持久期相同，凸性越大越好。即债券价格变动 = 久期效应 + 凸度效应。

3. 收益率曲线

收益率曲线用于描述收益率与到期期限之间的关系。收益率曲线的形状反映了长短期收益率之间的关系，它是市场对当前经济状况的判断，以及对未来经济走势预期(包括经济增长、通货膨胀、资本回报等)的结果。

四、久期分析、风险价值、压力测试、情景分析的基本原理和适用范围

1. 缺口分析

(1)基本原理

缺口分析用来衡量利率变动对银行当期收益的影响。具体而言，就是将银行的所有生息资产和付息负债按照重新定价的期限划分到不同的时间段(如1个月以内、1至3个月、3个月至1年、1至5年、5年以上等)。在每个时间段内，将利率敏感性资产减去利率敏感性负

债，再加上表外业务头寸，就得到该时间段内的重新定价“缺口”。以该缺口乘以假定的利率变动，即得出这一利率变动对净利息收入变动的大致影响。

当某一时段内的资产(包括表外业务头寸)大于负债时，就产生了正缺口，即资产敏感型缺口，此时，市场利率下降会导致银行的净利息收入下降。相反，当某一时段内的负债大于资产(包括表外业务头寸)时，就产生了负缺口，即负债敏感型缺口，此时，市场利率上升会导致银行的净利息收入下降。

(2)优势及局限性

缺口分析计算简便，清晰易懂，目前仍广泛应用于利率风险管理领域。但缺口分析也存在一定的局限性：

①缺口分析假定同一时间段内的所有头寸的到期时间或重新定价时间相同，因此，忽略了同一时段内不同头寸的到期时间或利率重新定价期限的差异。

②缺口分析考虑了重新定价风险，但未考虑基准风险，也未考虑因利率环境改变而引起的支付时间的变化，例如忽略了具有期权性风险的头寸在收入方面的变化。

③缺口分析未能反映利率变动对非利息收入的影响。

④缺口分析主要衡量利率变动对银行当期收益的影响，未考虑利率变动对银行整体经济价值的影响，所以只能反映利率变动的短期影响。

2. 久期分析

(1)久期公式

久期(也称持续期)用于对固定收益产品的利率敏感程度或利率弹性的衡量。如果知道固定收益产品的麦考利久期(Macaulay Duration)，那么在市场利率有微小改变时，固定收益产品价格的变化可以通过下面的公式表示：

$$dP/dy = -DP/(1+y)$$

也可近似写成：

$$\Delta P = -P \cdot D \cdot \Delta y/(1+y)$$

其中，P 为固定收益产品的当前价格；ΔP 为价格的微小变动幅度(通常小于1%)；y 为市场利率；Δy 为市场利率的微小变动幅度；D 为麦考利久期(通常以年为单位)。

当市场利率发生变化时，固定收益产品的价格将发生反比例的变动，其变动程度取决于久期的长短，久期越长，其变动幅度也就越大。

(2)久期分析

久期分析也称为持续期分析或期限弹性分析，主要用于衡量利率变动对银行整体经济价值的影响。通常是对各时段的缺口赋予相应的敏感性权重，得到加权缺口，然后对所有时段的加权缺口进行汇总，以此估算某一给定的小幅(通常小于1%)利率变动可能会对整体经济价值产生的影响。

(3)久期分析的基本原理

对各时段的缺口赋予相应的敏感性权重，得到加权缺口，然后对所有时段的加权缺口进行汇总，以此估算某一给定的小幅(通常小于1%)利率变动可能会对企业经济价值产生的影响。各时段的敏感性权重通常是由假定的利率变动乘以该时段头寸的假定平均久期来确定。一般而言，金融工具的到期日或距下一次重新定价日的时间越长，并且在到期日之前支付的金额越小，则久期的绝对值越高，表明利率变动将会对企业的经济价值产生较大的影响。

(4)久期分析的局限性

与缺口分析相比较，久期分析是一种更为先进的利率风险计量方法。缺口分析侧重于计量利率变动对银行短期收益的影响，而久期分析则能计量利率风险对银行整体经济价值的影响，从而对利率变动的长期影响进行评估，并且更为准确地计量利率风险敞口。但久期分析同样存在一定的局限性：

①如果在计算敏感性权重时对每一时段使用平均久期，即采用标准久期分析法，久期分析只能反映重新定价风险，不能反映基准风险及因利率和支付时间的不同而导致的头寸的实际利率敏感性差异，也不能很好地反映期权性风险。

②对于利率的大幅变动(大于1%)，由于头寸价格的变化与利率的变动无法近似为线性关系，久期分析的结果就不再准确，需要进行更为复杂的技术调整。

【真题 5.5】能够估算利率变动对所有头寸的未来现金流现值的影响，从而能够对利率变动的长期影响进行评估的分析方法是(　　)。

A. 缺口分析　　B. 敞口分析　　C. 敏感分析　　D. 久期分析

【答案】D

【解析】与缺口分析相比较，久期分析是一种更为先进的利率风险计量方法。缺口分析侧重于计量利率变动对短期收益的影响，而久期分析则能计量利率风险对整体经济价值的影响，即估算利率变动对所有头寸的未来现金流现值的影响，从而对利率变动的长期影响进行评估，并且更为准确地计量利率风险敞口。

3. 风险价值

(1)基本原理

①概念

风险价值(VaR)是指在一定的持有期和给定的置信水平下，利率、汇率、股票价格和商品价格等市场风险要素发生变化时可能对产品头寸或组合造成的潜在最大损失。例如，在持有期为1天、置信水平为99%的情况下，若所计算的风险价值为1万美元，则表明该资产组合在1天后发生1万美元以上损失的可能性不会超过1%。但是VaR并不是即将发生的真实损失；VaR也不意味着可能发生的最大损失。

②计算方法

VaR的计算一般有四个要素：时间长度、置信水平、计算方法、历史数据。

VaR的计算方法：方差—协方差法、历史模拟法、蒙特卡罗模拟法。

a. 方差—协方差法

方差—协方差法假定投资组合中各种风险因素的变化服从特定的分布(通常为正态分布)，然后通过历史数据分析和估计该风险因素收益分布方差—协方差、相关系数等。在选定时间段里组合收益率的标准差将由每个风险因素的标准差、风险因素对组合的敏感度和风险因素间的相关系数通过矩阵运算求得。

b. 历史模拟法

历史模拟法假定历史可以在未来重复，通过搜集一定历史期限内全部的风险因素收益信息，模拟风险因素收益未来的变化。其执行步骤如下：首先，选择合适观察期的风险因素历史收益率时间序列；其次，给定第一步得到的时间序列，计算持有期内组合价值变动的时间序列；最后，把从历史数据归纳出的风险因素收益实际分布情况列表显示，选择某一置信水平下的对应损失分位数，即可得到相应的VaR值。

历史模拟法的透明度高、直观，对系统要求相对较低。由于历史模拟法的风险因素的历史收益本身已完全包含了风险因素之间的相关关系，因而可以全面反映风险因素和组合价值的各种关系。但它同样存在一定的缺陷：第一，历史模拟法假定市场因子的未来变化与历史完全一样，这与实际金融市场的变化不一致；第二，历史模拟法需要大量的历史数据；第三，历史模拟法的计算量非常大，对计算能力要求比较高。

c. 蒙特卡罗模拟法

蒙特卡罗模拟法是一种结构化模拟的方法，通过产生一系列同模拟对象具有相同统计特性的随机数据来模拟未来风险因素的变动情况。

蒙特卡罗模型所生成的大量情景使得在测算风险时比解析模型能得出更可靠、更综合的结论，同时体现了非线性资产的凸性，考虑到了波动性随时间变化的情形。

(2)风险价值的优缺点

①VaR 值的优势

VaR 值考虑不同的风险因素、不同投资组合(产品)之间风险分散化效应，对未来损失风险进行事前预测，具有传统计量方法不具备的特性和优势，已经成为业界和监管部门计量监控市场风险的主要手段。

与缺口分析、久期分析等传统的市场风险计量方法相比，市场风险内部模型的主要优点是可以将不同业务、不同类别的市场风险用一个确切的数值 VaR 来表示，是一种能在不同业务和风险类别之间进行比较和汇总的市场风险计量方法。尤其是将隐性风险显性化之后，更有利于银行进行风险的监测、管理和控制。同时，由于风险价值具有高度的概括性且简明易懂，因此更适宜董事会和高级管理层了解本金融机构市场风险的总体水平。

②VaR 值的局限性

无法预测尾部极端损失情况、单边市场走势极端情况、市场非流动性因素。

【真题 5.6】在持有期为 2 天、置信水平为 98% 的情况下，若所计算的风险价值为 2 万元，则表明该银行的资产组合(　　)。

A. 在 2 天中的收益有 98% 的可能性不会超过 2 万元

B. 在 2 天中的损失有 98% 的可能性会超过 2 万元

C. 在 2 天中的收益有 98% 的可能性会超过 2 万元

D. 在 2 天后发生 2 万元以上损失的可能性不会超过 2%

【答案】D

【解析】风险价值(VaR)是指在一定的持有期和给定的置信水平下，利率、汇率、股票价格和商品价格等市场风险要素发生变化时可能对产品头寸或组合造成的潜在最大损失。由于该资产组合的持有期为 2 天，置信水平为 98%，风险价值为 2 万元，意味着在 2 天中的损失有 98% 的可能性不会超过 2 万元，或者说在 2 天后发生 2 万元以上损失的可能性不会超过 2%。

4. 压力测试

(1)基本原理

市场风险压力测试是通过测算面临市场风险的投资组合在特定小概率事件等极端不利情况下可能发生的损失，分析这些损失对盈利能力和资本金带来的负面影响，进而对所持投资组合的脆弱性作出评估和判断。压力测试通常用于信用风险、市场风险、操作风险、其他风险等风险管理。

压力测试的目的在于评估投资机构在极端不利情况下的损失承受能力。

(2)适用范围

压力测试是弥补 VaR 值计量方法无法反映置信水平之外的极端损失的有效补充手段，市场风险量化分析要结合使用 VaR 计量和压力测试分析。

(3)主要内容

压力测试应至少包括：

①利率总水平的突发性变动；

②主要市场利率之间关系的变动；

③收益率曲线的斜率和形状发生变化；

④主要金融市场流动性变化和市场利率波动性变化；

⑤关键业务假定不适用；

⑥参数失效或参数设定不正确。

5. 情景分析

情景分析法是指假定各种情景(比如系统缺陷，利率、汇率、商品价格波动，突发事件，整体市场危机等)发生的概率，研究各种因素综合作用可能产生的影响。情景分析可用来预计威胁和机遇可能发生的方式。在周期较短及数据充分的情况下，可以从现有情景中推断出未来可能出现的情景。对于周期较长或数据不充分的情况，情景分析的有效性更依赖于合乎情理的想象力。在识别和分析那些反映诸如最佳情景、最差情景及期望情景的多种情景时，可用来识别在特定环境下可能发生的事件及其后果，以及每种情景出现的可能性。如果积极后果和消极后果的分布存在比较大的差异，则情景分析就能发挥很大作用。

(1)适用范围

情景分析适用于对企业面临的风险进行定性和定量分析。

(2)实施步骤

①建立团队和相关沟通渠道，确定需要处理的问题和事件的背景；

②确定可能出现变化的性质；

③对主要因素、趋势变化的可能进行研究和预测。

(3)主要优点和局限性

主要优点：对于未来变化不大的情况能够给出比较精确的模拟结果。

局限性：

①在存在较大不确定性的情况下，模拟有些情景可能不够现实；

②对数据的有效性以及分析师和决策者开发现实情境的能力有很高的要求；

③将情景分析法作为一种决策工具，所用情景可能缺乏充分的基础，数据可能具有随机性。

五、市场风险管理流程

市场风险管理流程可概括为风险识别、风险计量、风险监测和风险控制四个主要步骤。

1. 风险识别

风险识别是风险管理的最基本要求，风险识别包括感知风险和分析风险两个环节，风险识别的方法有风险专家调查列举法、资产财务状况分析法、情景分析法、分解分析法和失误树分析法。

2. 风险计量

风险计量是全面风险管理、资本监管和经济资本配置得以有效实施的基础。

3. 风险监测

风险监测包含两层含义：

(1)监测各种可量化的关键风险指标以及不可量化的风险因素的变化和发展趋势，确保可将风险在进一步加大之前识别出来；

(2)报告企业所有风险的定性、定量评估结果，以及所采取的风险管理和控制措施的质量和效果。

4. 风险控制

风险控制是对经过识别和计量的风险采取分散、对冲、转移、规避和补偿等措施，进行有效管理和控制的过程。

六、控制市场风险的限额管理、风险对冲等方法

实施市场风险管理的主要目的是，确保将所承担的市场风险规模控制在可以承受的合理范围内，使所承担的市场风险水平与其风险管理能力和资本实力相匹配。有效控制市场风险的方法有：

1. 限额管理

市场风险限额管理体系主要包括交易组合定义、限额结构和限额指标设定与审批、限额监控与报告、限额调整、超限额管理等。市场风险限额指标主要包括：头寸限额、风险价值限额、止损限额、敏感度限额、期限限额、币种限额和发行人限额等。

(1)头寸限额，是指对总交易头寸或净交易头寸设定的限额。总头寸限额对特定交易工具的多头头寸或空头头寸分别加以限制；净头寸限额对多头头寸和空头头寸相抵后的净额加以限制。

(2)风险价值限额，是指对基于量化方法计算出的市场风险计量结果来设定限额。

(3)止损限额，是指所允许的最大损失额。通常，当某个头寸的累计损失达到或接近止损限额时，就必须对该头寸进行对冲交易或立即变现。止损限额适用于一日、一周或一个月等一段时间内的累计损失。

(4)敏感度限额，是指保持其他条件不变的前提下，就单个市场风险要素(利率、汇率、股票价格和商品价格)的微小变化对金融工具或资产组合收益或经济价值影响程度所设定的限额。

2. 风险对冲

风险对冲(套期保值)，是指通过投资或购买与标的资产收益波动负相关的某种资产或衍生产品，来冲销标的资产潜在损失的一种策略性选择，可分为自我对冲和市场对冲两种情况。

(1)自我对冲

自我对冲是指利用资产负债表或某些具有收益负相关性质的业务组合本身所具有的对冲特性进行风险对冲。

(2)市场对冲

市场对冲是指对于无法通过资产负债表和相关业务调整进行自我对冲的风险，通过衍生

产品市场进行对冲。衍生产品一方面可以用来对冲市场风险，但通常无法消除全部市场风险，另一方面也会因高杠杆率而造成新的市场风险。衍生产品对市场风险的放大作用通常是导致巨额金融风险损失的主要原因。

第四节　流动性风险管理

【大纲要求】

了解资产负债期限结构、分布结构影响流动性的途径和机制；掌握流动性比率法、现金流分析法、缺口分析法和久期分析法等流动性风险评估方法；掌握流动性风险的监测指标和预警信号。

【要点详解】

一、资产负债期限结构影响流动性的途径和机制

1．概念

资产负债期限结构是指在未来特定的时段内，到期资产（现金流入）与到期负债（现金流出）的构成状况。资产负债结构管理，包括负债结构管理、资产结构管理和资产负债对应结构管理。

2．影响流动性的途径和机制

若不能匹配到期资产与到期负债的到期日和规模，即形成资产负债的期限错配，则可能造成流动性风险。

最常见的资产负债期限错配情况是将大量短期借款（负债）用于长期贷款（资产），即“借短贷长”，其优点是可以提高资金使用效率、利用存贷款利差增加收益；缺点是如果这种期限错配严重失衡，则有可能因到期资产所产生的现金流入严重不足造成支付困难，导致流动性风险。

二、资产负债分布结构影响流动性的途径和机制

资产负债分布结构不合理，会影响金融机构现金流量的稳定性，进而增加流动性风险。金融机构应当严格遵守限额管理的相关要求，最大程度地降低其资金来源（负债）和使用（资产）的同质性，确保资产负债分布结构合理。具体有以下几点建议：

（1）根据自身情况，控制各类资金来源的合理比例，同时适度分散客户种类和资金到期日；

（2）在日常经营中持有足够水平的流动资金，并根据自身业务特点持有合理的流动资产组合，作为应付紧急融资的储备；

（3）制定适当的债务组合以及与主要资金提供者建立稳健持久的关系；

（4）制定风险集中限额，并监测日常遵守的情况；

（5）资金使用（如贷款发放、购买金融产品）应注意交易对象、时间跨度、还款周期等要素的分布结构。

三、主要的流动性风险评估方法

1．流动性比率/指标法

（1）同类金融机构之间横向比较各项流动性比率/指标

首先选取行业中具备良好流动性状况的同类金融机构并计算其各项资产、负债及错配期限的比率/指标，然后计算自身所对应的各项比率/指标，最后将自身指标与行业良好标准进

行横向比较，并据此对自身的流动性风险水平作出客观评价。

(2)内部纵向比较不同历史时期的各项流动性比率/指标

为保持流动性风险管理的持续性和一致性，金融机构应当定期对自身不同历史时期的各项资产、负债及错配期限的比率/指标进行比较，有助于其正确认识流动性风险状况的发展和变化趋势，理解金融机构风险管理水平以及风险偏好的变化情况。

2. 现金流分析法

现金流分析法是通过对一定时期内现金流入(资金来源)和现金流出(资金使用)的分析和预测，评估金融机构短期内的流动性状况。

证券公司现金流测算和分析应涵盖资产和负债的未来现金流以及或有资产和或有负债的潜在现金流，并充分考虑支付结算等对现金流的影响。实践操作中，现金流分析法通常和缺口分析等方法一起使用，互为补充。

3. 缺口分析法

缺口分析法针对未来特定时段，计算到期资产(现金流入)和到期负债(现金流出)之间的差额，以判断不同时段内的流动性是否充足。需要注意的是，在特定时段内虽没到期，但可以不受损失或承担较少损失就能出售的资产应当被计入到期资产。

金融机构在未来特定时段内的贷款平均额和核心存款平均额之间的差额构成了融资缺口，即：

$$融资缺口 = 贷款平均额 - 核心存款平均额$$

如果缺口为正，金融机构通常需要出售流动性资产或在资本市场进行融资，即：

$$融资缺口 = -流动性资产 + 借入资金$$

合并上述两个公式可得：

$$\begin{aligned} 借入资金(流动性需求) &= 融资缺口 + 流动性资产 \\ &= (贷款平均额 - 核心存款平均额) + 流动性资产 \end{aligned}$$

融资缺口扩大可能意味着商业银行的存款流失增加，贷款因客户增加而上升。

4. 久期分析法

当市场利率变动时，资产和负债的变化可表示为：

$$\Delta V_A = -[D_A \times V_A \times \Delta R/(1+R)]$$

$$\Delta V_L = -[D_L \times V_L \times \Delta R/(1+R)]$$

其中，D_A为总资产的加权平均久期，D_L为总负债的加权平均久期，V_A为总资产，V_L为总负债，R为市场利率。

市场风险管理中的久期缺口同样可以用来评估利率变化对商业银行某个时期的流动性状况的影响：

(1)当久期缺口为正值时，如果市场利率下降，则资产价值增加的幅度比负债价值增加的幅度大，流动性也随之增强；如果市场利率上升，则资产价值减少的幅度比负债价值减少的幅度大，流动性也随之减弱。

(2)当久期缺口为负值时，如果市场利率下降，流动性也随之减弱；如果市场利率上升，流动性也随之增强。

(3)当久期缺口为零时，利率变动对商业银行的流动性没有影响。这种情况极少发生。

总之，久期缺口的绝对值越大，利率变化对商业银行的资产和负债价值影响越大，对其流动性的影响也越显著。

【真题 5.7】假设一家金融机构以市场价值表示的简化资产负债表中，资产为1000亿元，负债为800亿元，资产久期为5年，负债久期为4年。根据久期分析法，如果年利率从5%上升到5.5%，则利率变化对该金融机构资产价值的影响为（　　）亿元。

A. 25　　B. 23.81　　C. −23.81　　D. −25

【答案】C

【解析】利率变化对资产价值的影响可表示为：$\Delta V_A = -[D_A \times V_A \times \Delta R/(1+R)]$，其中，$D_A$表示资产久期，$V_A$表示总资产值，$R$表示变化前的利率，则资产价值变化为：$\Delta V_A = -[5 \times 1000 \times 0.5\%/(1+5\%)] \approx -23.81$（亿元）。

四、流动性风险的监测指标和预警信号

1. 流动性风险的监测指标

流动性风险评估常用的比率/指标如表5-6所示。

表5-6　流动性风险评估常用的比率/指标

比率/指标公式	比率/指标释义
现金头寸指标 =（现金头寸 + 应收存款）/总资产	该指标越高意味着商业银行满足即时现金需要的能力越强
核心存款指标 = 核心存款/总资产	对同类商业银行而言，比率高的商业银行流动性也相对较好
贷款总额与总资产的比率 = 贷款总额/总资产	比率较高暗示商业银行的流动性能力较差，而比率较低则反映了商业银行具有较大的贷款增长潜力。尽管资产证券化使得商业银行贷款的流动性增强，但传统观念仍然认为贷款是商业银行的盈利资产中流动性最差的资产。一般来说，该比率随商业银行规模的增加而增加，大银行的比率高于中小银行。但是，由于该比率忽略了其他资产，特别是流动资产，因此该指标无法准确地衡量商业银行的流动性风险
贷款总额与核心存款的比率 = 贷款总额/核心存款	比率越小则表明商业银行存储的流动性越高，流动性风险也相对越小
流动资产与总资产的比率 = 流动资产/总资产	比率越高则表明商业银行存储的流动性越高，应付流动性需求的能力也就越强。通常，商业银行的规模越大则该比率越小，因为大银行不需要存储太多的流动性
易变负债与总资产的比率 = 易变负债/总资产	该比率衡量了商业银行在多大程度上依赖易变负债获得所需资金。 易变负债是指那些受利率等经济因素影响较大的资金来源，当市场发生对商业银行不利的变动时，这部分资金来源容易流失。在其他条件相同的情况下，该比率越大则商业银行面临的流动性风险越高
大额负债依赖度 =（大额负债 − 短期投资）/（盈利资产 − 短期投资）	对大型商业银行来说，该比率为50%很正常，但对主动负债比例较低的大部分中小商业银行来说，大额负债依赖度通常为负值。因此，大额负债依赖度仅适合用来衡量大型特别是国际活跃银行的流动性风险

2. 流动性风险的预警信号

商业银行流动性风险预警信号如表5-7所示。

表 5-7　商业银行流动性风险预警信号

内部预警信号	外部预警信号	融资预警信号
主要包括商业银行内部有关风险水平、盈利能力、资产质量，以及其他可能对流动性产生中长期影响的指标变化。例如： ·某项或多项业务/产品的风险水平增加； ·资产或负债过于集中； ·资产质量下降； ·盈利水平下降； ·快速增长的资产的主要资金来源为市场大宗融资等	主要包括第三方评级、所发行的有价证券的市场表现等指标的变化。例如： ·市场上出现关于商业银行的负面传言，客户大量求证； ·外部评级下降； ·所发行的股票价格下跌； ·所发行的可流通债券（包括次级债）的交易量上升且买卖价差扩大； ·交易/经纪商不愿买卖债券而迫使银行寻求熟悉的交易/经纪商支持等	主要包括商业银行的负债稳定性和融资能力的变化等。例如： ·存款大量流失； ·债权人（包括存款人）提前要求兑付造成支付能力出现不足； ·融资成本上升； ·融资交易对手开始要求抵（质）押物且不愿提供中长期融资； ·愿意提供融资的对手数量减少且单笔融资的金额显著上升； ·被迫从市场上购回已发行的债券等

【真题 5.8】下列各项中属于商业银行等金融机构流动性风险预警的融资指标信号的有(　　)。

A. 融资成本上升　　B. 资产质量下降

C. 外部评级下降　　D. 被迫从市场上购回已发行的债券

【答案】AD

【解析】B 项属于内部预警信号；C 项属于外部预警信号。

第四部分　专项业务

第六章　基本专项

【知识结构】

- 基本专项
  - 产品选择
    - 证券产品选择的目标
    - 证券产品选择的基本原则
    - 证券产品选择的步骤
    - 宏观经济与资产配置的分析方法
    - 股票市场、债券市场、商品市场、保险市场的分析方法
    - 股票基金的特征与分析方法
    - 债券基金的特征与分析方法
    - 商品类基金的特征与分析方法
    - 保险产品的特征与分析方法
    - 信托产品的特征与分析方法
  - 现金、消费和债务管理
    - 现金、消费和债务管理的目标
    - 现金预算编制的内容和程序
    - 现金预算控制的方法
    - 现金预算与实际的差异分析
    - 应急资金管理的内容
    - 即期消费和远期消费的内容
    - 消费支出预期的内容
    - 有效债务管理的目标
  - 基金投资顾问业务
    - 基金投资顾问业务的概念
    - 基金投资顾问业务的流程
    - 对基金投资顾问试点机构的要求
    - 提供基金投资顾问服务的组织架构
    - 基金投资组合策略要求
    - 基金投资顾问业务利益冲突管理机制
    - 管理型基金投资顾问要求
    - 基金投资顾问业务的留痕管理要求
    - 基金投资顾问业务禁止性行为
    - 基金投资顾问业务的客户回访机制

第一节　产品选择

【大纲要求】

熟悉证券产品选择的目标；掌握证券产品选择的基本原则；掌握证券产品选择的步骤；了解宏观经济与资产配置的分析方法；熟悉股票市场、债券市场、商品市场、保险市场的分析方法；熟悉股票基金的特征与分析方法；熟悉债券基金的特征与分析方法；熟悉商品类基金的特征与分析方法；熟悉保险产品的特征与分析方法；熟悉信托产品的特征与分析方法。

【要点详解】

一、证券产品选择的目标

1. 本金保障

最常见的投资目的是本金保障，即投资者通过投资保存资本或者资金的购买力。当持有现金数量大于生活所需，又面临通货膨胀时，如果不进行有效益的投资，则会侵蚀现金的购买力。因此，投资的目的是保障资金的购买力不受到侵蚀。

2. 资本增值

资本增值是指投资者通过投资工具，以期本金能迅速增长，使财富得以累积。

3. 经常性收益

已拥有若干资产且回避风险的人，往往只期待保障本金，同时定期地获得一些经常性收益充当生活费用，例如退休人士进行退休投资计划来获取稳定的退休金。

二、证券产品选择的基本原则

1. 收益性原则

收益性原则是选择证券产品最基本的要求。一笔证券投资的收益等于利息、股息等当前收入与资本增值之和。债券的利息率一般是预先确定的，可按利息率的高低确定收益。债券投资给企业带来的资本增值一般为零；普通股票的股息收入和资本增值都具有不确定性。

2. 安全性原则

安全性原则是要保证证券投资的本金不受损失。证券投资安全性原则要求企业进行证券组合，以此分散投资风险。

3. 流动性原则

用收回证券投资本金的速度快慢来衡量流动性。证券的流动性强表明能够以较快的速度将证券兑换成货币，同时以货币计算的价值不受任何损失；证券的流动性弱，则转化为货币需要的时间就较长，支付的费用较多，甚至会遭受价格下跌的损失。

三、证券产品选择的步骤

1. 确定投资政策

获得预期的收益是投资的目标，但风险和收益是共存的。投资者应根据自己的年龄、性格、健康状况、心理素质、家庭情况、财力情况等条件确定自己具体的投资目标以及对风险的态度，根据自己对风险的态度(风险偏爱型和风险厌恶型)，衡量自身的风险承受能力，决定投入的资金量，确定最终的证券产品种类。

2. 了解证券产品的特性

投资者要广泛了解各种证券产品的性质、内容、期限、有无担保、收益高低、支付情况、风险大小等。

3. 分析证券产品

运用基本分析、技术分析和组合理论对具体证券的真实价值、市场价格及价格涨跌趋势进行深入分析，进而选择适合投资者本身的证券品种。

四、宏观经济与资产配置的分析方法

1. 总量分析法

总量分析法是指对影响宏观经济运行总量指标的因素及其变动规律进行分析，如对国民生产总值、消费额、投资额、银行贷款总额及物价水平的变动规律的分析等，进而说明整个经济的状态和全貌。总量分析主要是一种动态分析，因为它主要研究总量指标的变动规律；但同时它也包括静态分析，因为总量分析考察同一时期内各总量指标的相互关系，如投资额、消费额和国民生产总值的关系等。

总量是反映整个社会经济活动状态的经济变量，主要包括两方面：

(1)个量的总和。例如，国民收入是构成整个经济各单位新创造的价值的总和，总投资是全社会私人投资和政府投资的总和，总消费是参与经济活动各单位消费的总和。

(2)平均量或比例量。例如，价格水平是各种商品与劳务相对于基期而言的平均价格水平。

2. 结构分析法

结构分析法是指对经济系统中各组成部分及其对比关系变动规律的分析。如国民生产总值中三种产业的结构分析、消费和投资的结构分析、经济增长中各因素作用的结构分析等。结构分析主要是一种静态分析，即对一定时间内经济系统中各组成部分变动规律的分析。如果对不同时期内经济结构变动进行分析，则属于动态分析。

3. 总量分析与结构分析的联系

总量分析与结构分析相互联系，相互补充。

(1)总量分析侧重于对总量指标速度的考察，分析经济运行的动态过程；结构分析侧重于对一定时期经济整体中各组成部分相互关系的研究，分析经济现象的相对静止状态。

(2)总量分析需要结构分析进行深化和补充，而结构分析要服从于总量分析的目标。

因此，为使经济正常运行，需要对经济运行进行全面把握，将总量分析法和结构分析法二者结合起来使用。

五、股票市场、债券市场、商品市场、保险市场的分析方法

1. 股票市场

股票市场的分析方法主要有如下三种：基本分析法、技术分析法、演化分析法，其中基本分析主要应用于投资标的物的选择上，技术分析和演化分析则主要应用于具体投资操作的时间和空间判断上，作为提高证券投资分析有效性和可靠性的有益补充。

(1)基本分析法

基本分析法是以传统经济学理论为基础，以企业价值作为主要研究对象，通过对决定企业内在价值和影响股票价格的宏观经济形势、行业发展前景、企业经营状况等进行详尽分析，以大概测算上市公司的长期投资价值和安全边际，并与当前的股票价格进行比较，形成相应的投资建议。基本分析认为股价波动不可能被准确预测，而只能在有足够安全边际的情况下买入股票并长期持有。

(2)技术分析法

技术分析法是以传统证券学理论为基础，以股票价格作为主要研究对象，以预测股价波动趋势为主要目的，从股价变化的历史图表入手，对股票市场波动规律进行分析的方法总和。技术分析认为市场行为包容消化一切，股价波动可以定量分析和预测，如道氏理论、艾

氏波浪理论、K 线理论等。

(3)演化分析法

演化分析法是以演化证券学理论为基础，将股市波动的生命运动特性作为主要研究对象，从股市的代谢性、趋利性、适应性、可塑性、应激性、变异性和节律性等方面入手，对市场波动方向与空间进行动态跟踪研究，为股票交易决策提供机会和风险评估的方法总和。演化分析认为股价波动无法准确预测，因此它属于模糊分析范畴，并不试图为股价波动轨迹提供定量描述和预测，而是着重为投资人建立一种科学观察和理解股市波动逻辑的全新的分析框架。

2. 债券市场

(1)债券估值方法

①零息债券估值法

零息债券是一种以低于面值的贴现方式发行，不支付利息，到期按债券面值偿还的债券。债券发行价格与面值之间的差额即为投资者的利息收入。

零息债券内在价值的计算公式为：$V = M/(1+r)^t$

式中，V——内在价值；M——面值；r——年化市场利率；t——到期时间。

若 $t<1$ 年，则计算公式为：$V = M(1 - rt/360)$

②固定利率债券估值法

固定利率债券是一种按照票面金额计算利息，票面上附有(也可不附有)作为定期支付利息凭证的期票的债券。投资者购买固定利息债券，可以在到期日时收回本金并且在持有债券期间定期获得利息收入。

固定利率债券内在价值的计算公式为：

$$V = \frac{C}{1+r} + \frac{C}{(1+r)^2} + \cdots + \frac{C}{(1+r)^n} + \frac{M}{(1+r)^n}$$

式中，V——内在价值；C——每期支付的利息；M——面值；r——市场利率；n——债券到期时间。

③统一公债估值法

统一公债是一种没有到期日的特殊债券。

统一公债内在价值的计算公式为：$V = C/r$

式中，V——内在价值；C——每期支付的利息；r——市场利率。

(2)债券收益率的计算要素(如表 6－1 所示)

表 6－1 债券收益率的计算要素

债券收益率计算要素	含义
当期收益率	当期收益率是债券的年利息收入与当前的债券市场价格的比率，又称当前收益率
到期收益率	到期收益率是指购进债券并一直持有该债券至到期日，按复利计算的能使未来现金流入现值等于债券买入价格的贴现率，又称内部收益率，它反映债券投资内在的真实收益率
利率期限结构	利率期限结构是指在某一时点上，各种不同期限债券的收益率和到期期限之间的关系，这一关系可用收益率曲线描述
久期和凸性	久期和凸性是衡量债券价格随利率变化特性的两个重要指标

3. 商品市场

商品市场是指经营者在一定时期内就特定商品进行竞争的商品范围。按照商品的重要程度，可将商品市场划分为重要商品市场和一般商品市场；按照商品种类，可划分为农产品市场、工业消费品市场和生产资料市场等。

(1)宏观经济分析

宏观经济分析可分为国内市场环境分析和国际市场环境分析。

主要包括消费趋势指数、消费价格指数、经济增长率、税收政策与税率、关税政策与进出口限制、人工成本、通货膨胀、政府与投资环境、供需关系、产业政策及发展方向等宏观经济因素的分析。

(2)商品品类分析

主要分析品类发展趋势、增长速度、市场份额、竞争情况、季节影响、渠道变化、消费者行为等等。

(3)消费者分析

消费者分析包括消费者画像(年龄、性别、分布、购买能力等)、消费者行为研究、购买行为、消费场合、消费习惯等等。

(4)指定产品分析

①分析销售相关因素，包括铺货率、覆盖率、渗透率、周转率、货龄等；

②分析产品相关因素，包括包装、价格、口味等；

③分析品牌相关因素，包括消费者偏好，品牌知名度等。

(5)渠道分析

①线上渠道分析：分析电商平台发展趋势及其现状等；

②线下渠道分析：按照消费者购买行为进行的售点分类，研究渠道的发展趋势、消费者行为差异、客户特点等。

(6)城市分析

①对城市进行分级，分析城市维度的品类、产品、消费者、渠道等要素；

②研究不同城市的消费者购买力、消费者行为、产品铺货、渠道特征。

4. 保险市场

保险市场是指保险商品交换关系的总和或是保险商品供给与需求关系的总和。它既可以指固定的交易场所，如保险交易所，也可以是所有实现保险商品让渡的交换关系的总和。保险市场的交易对象是保险人为消费者所面临的风险提供的各种保险保障及其他保险服务，即各类保险商品。

保险估值分析主要包括内含价值(EV)、评估价值(EV + NBV)和会计利润体系(市盈率法)三个维度，其主要优缺点如表6－2所示。

表6－2　保险公司估值体系

估值维度	优点	缺点
内含价值	①真实反映公司当期的实际价值； ②指标相对稳定	①依赖于评估假设； ②公司可以不披露方法假设； ③没有反映未来新业务价值

续表

估值维度	优点	缺点
市盈率法	①简单，易理解； ②结果受假设影响相对较小； ③与其他行业估值指标一致	①各年间利润受股票收益影响大，AFS 浮盈不进利润表； ②公司间业务结构期限不同
评估价值	①反映了有效业务和未来新业务的价值； ②对于新成立仍处于亏损期的公司无法采用上两种方法	①依赖于评估假设和对未来新业务预期的假设，结果对假设相当敏感； ②公司可以不披露方法假设； ③新业务乘数变动性大

六、股票基金的特征与分析方法

1. 股票基金的概念

股票基金是指以股票为主要投资对象的基金。股票基金在各类基金中历史最为悠久，也是各国(地区)广泛采用的一种基金类型。根据中国证监会对基金类别的分类标准，基金资产 80% 以上投资于股票的，为股票基金。

2. 股票基金的特征

(1)股票基金以追求长期的资本增值为目标，比较适合长期投资。

(2)与其他类型的基金相比，股票基金的风险较高，但预期收益也较高。

(3)股票基金提供了一种长期的投资增值性，可供投资者用来满足教育支出、退休支出等远期支出的需要。

(4)与房地产一样，股票基金也是应对通货膨胀最有效的手段。

3. 股票基金的分析方法

对股票基金的分析，通常可以借助一些常用的分析指标，如反映基金经营业绩的指标、反映基金风险大小的指标、反映基金组合特点的指标、反映基金运作成本的指标、反映基金操作策略的指标等等。

(1)反映基金经营业绩的指标

反映基金经营业绩的指标主要包括净值增长率、基金分红、已实现收益等。

①净值增长率

净值增长率是最主要的分析指标，它对基金的分红、已实现收益、未实现收益都加以考虑，因此是最能全面反映基金经营成果的指标。其计算公式如下：

$$\text{净值增长率} = \frac{\text{期末份额净值} - \text{期初份额净值} + \text{每份期间分红}}{\text{期初份额净值}} \times 100\%$$

净值增长率越高，说明基金的投资效果越好。但基金的投资效果评价，通常还应将该基金的净值增长率与比较基准、同类基金的净值增长率进行比较，得到更为全面的结论。

②基金分红

基金分红是基金对基金投资收益的派现，其大小受基金分红政策、已实现收益、留存收益的影响，因而不能全面反映基金的实际表现。

③已实现收益

已实现收益是已经卖出股票形成的实际损益。如果只卖出盈利的股票，保留被套的股票，则已实现收益可能很高，但基金的浮动亏损可能更大，基金最终可能是亏损的。因此，该指标也不能很好地反映基金的经营成果。

(2)反映基金风险大小的指标

常用于反映股票基金风险大小的指标包括标准差、贝塔值、持股集中度、行业投资集中度、持股数量等。

①标准差

标准差用于计量基金净值增长率的波动程度。标准差越大，基金未来净值可能变动的程度越大，基金的风险越高。

②贝塔值

贝塔值是一种风险系数，常用于衡量一只股票基金面临的市场风险大小。股票基金以股票市场为活动母体，其净值变动无法避免证券市场系统风险的影响。贝塔值将一只股票基金的净值增长率与股票市场某个指数联系起来，以反映基金净值变动对市场指数变动的敏感程度。其计算公式如下：

$$\beta=\frac{\text{基金净值增长率}}{\text{股票指数增长率}}$$

如果股票指数上涨或下跌1%，某基金的净值增长率上涨或下跌1%，则该基金的贝塔值为1，说明该基金净值的变化与指数的变化幅度相当。如果某基金的贝塔值大于1，说明该基金是一只活跃或激进型基金；如果某基金的贝塔值小于1，说明该基金是一只稳定或防御型的基金。

③持股集中度

持股集中度是指某只基金持有的前十大重仓股的市值在其全部股票投资总额中所占的比例。持股集中度越高，说明基金在前十大重仓股的投资越多，基金的风险越高。其计算公式如下：

$$\text{持股集中度}=\frac{\text{前十大重仓股投资市值}}{\text{基金股票投资总市值}}\times 100\%$$

④持股数量

持股数量越多，基金的投资风险越分散，风险越低。但持股的过度分散不利于基金业绩的提高。

(3)反映股票基金组合特点的指标

依据股票基金所持有的全部股票的平均市值、平均市盈率、平均市净率等指标，可以对股票基金的投资风格进行分析。

①平均市值

平均市值的计算可以采用算术平均法、加权平均法或者其他较为复杂的方法。

a. 算术平均市值：算术平均市值 = 基金所持有全部股票的总市值/所持有股票的全部数量。

b. 加权平均市值：根据基金所持股票的比例对股票市值进行加权平均。

通过对平均市值的分析，可以看出基金是偏好大盘股的投资、中盘股的投资，还是偏好小盘股的投资。

②平均市盈率、平均市净率

同理，可以计算得出基金所持有的全部股票的平均市盈率、平均市净率的大小，判断股票基金倾向于投资价值型股票还是成长型股票。如果基金的平均市盈率、平均市净率小于市场指数的市盈率和市净率，可以认为该股票基金属于价值型基金；反之，则该股票基金可以归为成长型基金。

(4)反映基金运作成本的指标

费用率是评价基金的运作效率和运作成本的一个重要指标，其计算公式如下：

$$费用率=\frac{基金运作费用}{基金平均净资产}\times 100\%$$

费用率越低，说明基金的运作成本越低，运作效率越高。一般而言，相对于其他类型的基金，股票基金的费用率较高；相对于大型基金，小型基金的费用率通常较高；相对于国内股票基金，国外股票基金的费用率较高。

(5)反映基金操作策略的指标

基金股票周转率通过对基金买卖股票的频率进行衡量，一定程度上可以反映基金的操作策略。通常它可以用基金股票交易量的一半与基金平均净资产之比来衡量。用基金股票交易量的一半作分子的原因在于，“一买一卖”才构成一次完整的周转。

如果一只股票基金的年周转率为100%，意味着该基金持有股票的平均时间为1年。低周转率的基金倾向于对股票的长期持有，高周转率的基金则倾向于对股票的频繁买入与卖出。周转率高的基金，所付出的交易佣金与印花税也相对较高，会加重投资者的负担，对基金业绩造成一定的负面影响。

七、债券基金的特征与分析方法

1. 债券基金的概念

债券基金是指以债券为主要投资对象的基金。根据中国证监会对基金类别的分类标准，基金资产80%以上投资于债券的，为债券基金。

2. 债券基金的特征

(1)债券基金对追求稳定收入的投资者具有较强的吸引力。

(2)债券基金的波动性通常要小于股票基金，因此常常被投资者认为是收益、风险适中的投资工具。

(3)当债券基金与股票基金进行适当的组合投资时，常常能较好地分散投资风险。

3. 债券基金的分析方法

由于债券基金的表现与风险主要受久期与债券信用等级的影响，因此对债券基金的分析主要集中于对债券基金久期与基金所持债券信用等级的分析。

(1)久期

久期是指一只债券贴现现金流的加权平均到期时间。它综合考虑了到期时间、债券现金流以及市场利率对债券价格的影响，可以用以反映利率的微小变动对债券价格的影响，因此是一个较好的债券利率风险衡量指标。

债券基金的久期等于基金组合中各个债券的投资比例与对应债券久期的加权平均。债券基金的久期越长，净值的波动幅度就越大，所承担的利率风险就越高。用久期乘以利率变化，即可得到利率变动对债券基金净值的影响。通常，一个厌恶风险的投资者应选择久期较短的债券基金，而一个愿意接受较高风险的投资者则应选择久期较长的债券基金。

但由于债券凸性的存在，当利率变动幅度较大时，用久期衡量债券价格的变动会产生较大误差，此时必须用凸性对其进行修正。

(2)信用等级

在其他条件相同的情况下，信用等级较高的债券，收益率较低；信用等级较低的债券，收益率较高。

八、商品类基金的特征与分析方法

1. 商品类基金的概念

商品类基金主要投资于大宗商品市场，通过商品交易顾问，进行期货和期权投资交易，投资者可以通过较少的资金参与商品期货的投资，为投资者提供了便利。商品类基金主要有：商品 LOF 基金、商品 ETF、联结基金，以及一些 QDII 基金，现在市场上常见的商品类基金有黄金主题基金、原油主题基金以及有色和农产品类基金等。

2. 商品类基金的特征

(1)商品类基金投资范围较广，主要投资于股票、债券、货币市场工具等固定收益类资产，以追求稳定的投资回报。

(2)商品类基金的风险较低，收益相对较高，一般在3%~5%之间。

(3)商品类基金的流动性较好，适合短期投资。

3. 商品类基金的分析方法(以 ETF 为例)

下面以 ETF 为例，对商品类基金的分析方法进行概述。

在投资 ETF 时，投资者需要清楚 ETF 所跟踪的是什么指数，了解指数所含成份股的分析以及指数构建方法。用于分析 ETF 的收益指标包括二级市场价格收益率、基金净值收益率；用于分析 ETF 运作效率的指标主要有折(溢)价率、周转率、费用率、跟踪偏离度、跟踪误差等。

(1)折(溢)价率

ETF 的折(溢)价率与封闭式基金的折(溢)价率类似，等于二级市场价格与基金份额净值的比值减1。折(溢)价率大于一定幅度时会引发套利交易。同时，折(溢)价率也是一个反映 ETF 交易效率与市场流动性强弱的指标。

(2)周转率

周转率通常用日或周表示，等于 ETF 二级市场成交量与 ETF 总份额之比。

(3)作为被动型的指数基金，ETF 的投资目标不是超越指数的表现，而是希望取得与指数基本一致的收益，因此基金收益与标的指数收益之间的偏离程度就成为评判 ETF 是否成功的一个指标。偏离程度越小，说明 ETF 在跟踪指数上表现得越好。偏离程度可以用跟踪误差与跟踪偏离度两个指标来衡量。

①日跟踪误差 = ETF 日净值收益率 - 标的指数日收益率

跟踪误差也可以用月、季等表示。

②跟踪偏离度等于考察期内跟踪误差的标准差。

九、保险产品的特征与分析方法

1. 保险产品的概念

保险产品可以帮助人们应对死亡、疾病、意外事故等所致的经济困难等问题，同时很多产品还能为客户带来不错的保险金收入。目前集健康保障、养老、教育、意外伤害保障、财富传承、储蓄投资等功能于一身的保险产品、组合及规划受到越来越多客户的青睐。保险产品最显著的特点是具有其他投资理财工具不可替代的财富保障、税负减免和财富传承功能。

2. 保险产品的特征

(1)契约性。保险经营资本的独立化，把保险分配关系直接地表现为保险人与被保险人之间的契约交换关系。

(2)期限性。保险产品交易不是瞬间完成的，而是一个有期限的交易过程。在这期间，如果出现了保险事故或保险事件，保险人的赔偿承诺或给付承诺就变成现实履行。

(3)条件性。要求购买者(投保人)必须对投保标的具有保险利益，不具有保险利益的就不具备为保险产品的购买行为。

(4)诺成性。保险交易双方是以合同条款的形式来约定彼此的权利和义务。保险产品要求保险人必须最大诚信履行对合同条款的说明义务，同时也要求投保人或被保险人以最大诚信履行对保险标的实质性风险因素的告知和保证义务。

3. 保险产品的分析方法

(1)保险责任。保险产品的责任是保险人所承担责任的风险范围。

(2)保险费。保险费是保险人向投保人收取的费用，以作为保险人承担保险责任的报酬。保险费的交付一般有两种方式：①合同成立时投保人一次交纳，即趸缴；②投保人分期交纳保费。

(3)保险费率。保险费率是指单位保险金额中保险人应收取的保险费。在保险实务中，保险费率通常是以千分数来表示的。保险费率的确定是依据保险标的的风险程度、损失概率、保险责任范围、保险期限和保险人的经营管理费用等因素来综合加以考虑的。

(4)保险期限。保险期限是指保险人对保险标的承担保险责任的时间范围，或者说是保险责任开始到终止的有效期间。保险期限是保险产品的重要内容，也是确定保险事故的重要依据。财产保险产品的保险期限较短，通常为一年；人寿保险产品的保险期限较长。在实践中，保险人一般允许续保，即投保人可在旧保单期满后继续缴纳保险费，并规定续保期限。

十、信托产品的特征与分析方法

1. 信托产品的概念

信托类理财产品的主要卖点是收益高、稳定性好，信托理财产品一般为资质优良、收益稳定的基础设施、优质房地产、上市公司股权质押等信托计划。其中大部分由大型第三方实力雄厚的企业担保，它们的安全性比一般浮动收益的金融产品要高得多。

信托产品的突出优势是所有权和权益分离。即受托人享有信托财产的所有权，受益人享有受托人经营信托财产所产生的利益。信托财产具有独立性，信托成立后，信托财产与委托人、受托人和受益人的自有财产分离，成为独立财产。受托人虽然取得信托财产的所有权，但由于不能享有信托利益，只有形式上和名义上的所有权。受益人虽然享有受益权，但主要是一种信托利益的请求权。信托存续期间，不得行使信托财产的所有权。即使在信托终止后，受托人也可以通过信托条款将信托财产的委托人归于自己或第三方。

2. 信托产品的特征

(1)信托是以信任为基础的，受托人应具有良好的信誉。

(2)信托成立的前提是委托人要将自有财产委托给受托人。

(3)信托财产具有独立性，信托依法成立后，信托财产即从委托人、受托人以及受益人的自有财产中分离出来，成为独立运作的财产。

(4)受托人为受益人的最大利益管理信托事务。

3. 信托产品的分析方法

信托产品的分析主要包括产品收益率、产品期限、交易结构和风险控制四个维度，具体如表6-3所示。

表6-3　信托产品的分析维度

产品收益率	指合同中约定的，给予产品的受益者即投资人可能获得的预期收益率。 主要影响因素：①市场资金面的宽紧；②产品期限；③产品投向
产品期限	指自信托成立之日起到信托终止的一个时间跨度。 决定要素：①交易对手；②监管要求
交易结构	相当于是信托期限、资金应用方式、收益率、投资领域、风控措施等要素的一个架构和组合
风险控制	贯穿于信托产品的全生命周期，是所有信托产品要素中核心的核心

第二节　现金、消费和债务管理

【大纲要求】

熟悉现金、消费和债务管理的目标；熟悉现金预算编制的内容和程序；了解现金预算控制的方法；了解现金预算与实际的差异分析；了解应急资金管理的内容。

熟悉即期消费和远期消费的内容；熟悉消费支出预期的内容。

熟悉有效债务管理的目标。

【要点详解】

一、现金、消费和债务管理的目标

消费贯穿于个人的一生，而收入与支出却呈现较大的波动性。因此，对现金、消费及债务的管理非常必要，其目的在于使可用的资金保障计划内、计划外的支出。这种对现金、消费及债务的管理是实现个人理财规划所必要的。

1. 现金管理的目标

现金管理是对现金和流动资产的日常管理。其目的在于：

(1)满足日常的、周期性支出的需求；

(2)满足应急资金的需求；

(3)满足未来消费的需求；

(4)满足财富积累与投资获利的需求。

理财规划师进行理财规划时，既要保证客户资金的流动性，又要考虑现金的持有成本，通过现金规划使短期需求可用手头现金来满足，预期的现金支出通过各种储蓄或短期投资工具来满足。

【真题6.1】对于李某的下列理财需求，可归纳为客户的现金管理需求的有(　　)。

A. 满足应急资金的需求　　B. 满足未来消费的需求

C. 保障家庭生活的安全、稳定　　D. 满足财富积累和投资获利的需求

【答案】ABD

【解析】客户现金管理的目的可归纳为：①满足日常的、周期性支出的需求；②满足财富积累与投资获利的需求；③满足应急资金的需求；④满足未来消费的需求。C项，保障家庭生活的安全、稳定是客户进行保险规划的目的，而非现金管理的目的。

2. 消费管理的目标

消费管理的目标表现为合理的消费支出。理财规划的目的在于使个人财务状况稳健合理。在实际生活中，减少个人开支有时比寻求高投资收益更容易达成理财目标。个人(家庭)的信用卡消费或大额消费支出如购房、购车往往对家庭生活影响较大。有效的消费支出规划可提高家庭生活的质量。

在消费管理中要注意以下几个方面：

(1)即期消费和远期消费；

(2)消费支出的预期；

(3)孩子的消费；

(4)住房、汽车等大额消费；

(5)保险消费。

3. 债务管理的目标

债务管理的目标表现为适度的债务负担。随着经济和金融市场的发展，普通民众理财意识和需求日渐强烈，同时金融机构各种理财产品工具(包括不同的借贷形式)不断创新和丰富，驱动人们超前消费，越来越多的人积极借助各类个人信贷工具以实现个人家庭不同时期的理财需求(个人生命周期不同时期收支结余的差异为个人信贷提供了可能)，杠杆投资等家庭财务活动也日趋普遍，因此在理财规划中家庭债务管理的重要性逐步体现出来。

在有效债务管理中，应先算好可负担的额度，再拟订偿债计划，按计划还清负债，负债是平衡现在与未来享受的工具。

二、现金预算编制的内容和程序

1. 内容

合理的现金预算是实现个人理财规划的基础，现金预算是帮助客户达到短期财务目标的需要。用一定的时间去评估现有的财务状况、支出模式及目标，会得到一项比较实际的预算。预算必须符合个人的生活方式、家庭状况和价值观。

2. 程序

(1)设定长期理财规划目标。如退休、子女教育及买房等，并计算达到各类理财规划目标所需的年储蓄额。

(2)预测年度收入。收入稳定的国家机关工作人员或在大企业工作的工薪阶层，可以较准确地预估年度收入；收入淡旺季差异大的市场销售人员或自由职业者，须以过去的平均收入为基准，做最好与最坏状况下的分析。

(3)算出年度支出预算目标：

年度收入 - 年储蓄目标 = 年度支出预算

(4)对预算进行控制与差异分析。

三、现金预算控制的方法

认知需要是储蓄的动力，开源或节流产生储蓄。通过合理的工作安排，增加家庭收入，将“衣、食、住、行、教育、娱乐”中支出较高的部分作为节约支出的重点控制项目。

现金预算控制的方法是：

认知需要 = 储蓄动机 + 开源节流的努力方向

为了控制费用与投资储蓄，应该建议客户开立三种类型的银行账户：

(1)定期投资账户：达到强迫储蓄的功能；

(2)扣款账户：若有贷款本息要缴，则在贷款行开一个扣款账户，方便随时掌握贷款的本息交付状况；

(3)信用卡账户：弥补临时性资金不足，减少低收益资金的比例。

四、现金预算与实际的差异分析

每月按照预算科目记账，可以得出实际的收入、费用支出、资本支出与储蓄及预算金额的比较。根据差异的金额或比率大小，可分析差异原因来改进。差异分析应注意以下要点：

(1)总额差异的重要性大于细目差异；

(2)要定出追踪的差异金额或比率门槛；

(3)依据预算的分类个别分析；

(4)刚开始做预算若差异很大，应每月选择一个重点项目改善；

(5)若实在无法降低支出，需设法增加收入。

【真题6.2】下列关于预算与实际的差异分析，说法正确的是(　　)。

A. 总额差异的重要性低于细目差异

B. 若差异很大的需要各个项目同时进行改善

C. 不能调整收入

D. 依据预算的分类个别分析

【答案】D

【解析】差异分析应注意的要点如下：①总额差异的重要性大于细目差异；②要定出追踪的差异金额或比率门槛；③依据预算的分类个别分析；④刚开始做预算若差异很大，应每月选择一个重点项目改善；⑤如果实在无法降低支出，就要设法增加收入。

五、应急资金管理的内容

应急资金可以应对失业或失能带来的工作收入中断，应对紧急医疗或意外带来的超支费用。

1. 以现有资产状况来衡量应急资金的应变能力

失业保障月数＝存款、可变现资产或净资产/月固定支出

意外或灾害承受能力＝(可变现资产＋保险理赔金－现有负债)/基本费用

其中，可变现资产包括现金、活期存款、定期存款、股票、基金等，不包括汽车、房地产、古董字画等变现性较差的资产；固定支出除生活费开销以外，还包括房贷本息支出、分期付款支出等已知负债的固定现金支出。失业保障月数的指标越高，表示即使失业也暂时不会影响生活，可审慎地寻找下一个适合的工作。最低标准的失业保障月数是三个月，能维持六个月的失业保障较为妥当。

2. 应急资金的储存形式

(1)流动性高的活期存款、短期定期存款或货币市场基金；

(2)利用贷款额度。

以贷款额度作为预备，一旦动用就要支付高利息。以存款作为储备可以保持资金的流动性，但可能达不到长期投资的平均报酬率。存款利率与短期信用贷款利率的差距越大，以部分资金保留流动性，而以存款当做紧急预备金的诱因就越大。最好是上述两种方式搭配使用。

六、即期消费和远期消费

根据消费时间不同，消费可分为即期消费和远期消费。

(1)即期消费是指消费者为了获得某一方面生活的满足，根据消费能力对商品的当前消费行为。

(2)远期消费是指在较长时间才需要实现的消费，一般指时间在3年以上的消费。

七、消费支出预期的内容

消费支出预期是指，结婚成家、子女教育及保险支出等都可能带来消费支出的增加，在安排这些人生大事的时候要在财务上有充分的准备。

八、有效债务管理的目标

1. 有效债务管理的考虑因素

选择最佳的信贷品种和还款方式(即有效债务管理)需要考虑以下因素：

(1)贷款需求；

(2)家庭现有经济实力；

(3)预期收支情况；

(4)还款能力；

(5)合理选择贷款种类和担保方式；

(6)选择贷款期限与首期用款及还贷方式；

(7)信贷策划特殊情况的处理(例如还款期内银行利率调整对还款额的影响、住房公积金贷款的选择、提前还贷等)。

2. 有效债务管理的目标

在有效债务管理中，应先算好可负担的额度，再拟订偿债计划，按计划还清负债，负债是平衡现在与未来享受的工具。

第三节　基金投资顾问业务

【大纲要求】

掌握基金投资顾问业务的概念；掌握基金投资顾问业务的流程；掌握对基金投资顾问试点机构的要求；熟悉提供基金投资顾问服务的组织架构；掌握基金投资组合策略要求；掌握基金投资顾问业务利益冲突管理机制；掌握管理型基金投资顾问要求；掌握基金投资顾问业务的留痕管理要求；掌握基金投资顾问业务禁止性行为；掌握基金投资顾问业务的客户回访机制。

【要点详解】

一、基金投资顾问业务的概念

基金投资顾问业务，全称为“公开募集证券投资基金投资顾问”，是指试点机构可以接受客户委托，按照协议约定向客户提供基金投资组合策略建议。根据与客户协议约定的投资组合策略，试点机构可以在客户授权的范围内，代客户作出具体基金投资品种、数量和买卖时机的抉择，并代客户执行基金产品申购、赎回、转换等交易申请，开展管理型基金投资顾问服务。

二、基金投资顾问业务的流程

基金投资顾问业务按照“试点先行、稳步推开”的步骤实施，监管部门将根据市场情况和试点效果，审慎稳妥扩大试点范围，有序推开。机构开展基金投资顾问业务试点应当经监管部门备案。

三、对基金投资顾问试点机构的要求

《关于做好公开募集证券投资基金投资顾问业务试点工作的通知》对基金投资顾问试点机构的要求具体如下：

具备下列条件的机构，经中国证监会备案，可以从事基金投资顾问业务：

(1)具有资产管理、基金销售等业务资格；

(2)有一定的市场竞争力和客户基础。证券公司、基金管理公司或其销售子公司申请的，应具有较强的合规风控及投资者服务能力；基金销售机构申请的，非货币基金保有量不低于100亿元；

(3)合规记录良好；

(4)具有高质量的基金产品研究团队，与业务开展相匹配的投资顾问人员，以及与其拟从事业务相适应的信息技术能力；

(5)业务方案完备，业务制度健全，能够确保客户利益优先原则，有效防范利益冲突和防控各类风险；

(6)支持业务开展的其他必要条件。

符合前款第(1)至(3)项条件且客户数量达到1亿人的机构，可设立子公司开展基金投资顾问业务试点，该子公司应当符合第(3)至(6)项的条件。

中国证监会将组织专家评审委员会，对相关机构的试点方案及准备情况进行审议，确定具备试点条件的机构。

基金投资顾问试点机构从事基金投资顾问业务，可以接受客户委托，按照协议约定向其提供基金投资组合策略建议，并直接或者间接获取经济利益。基金投资组合策略建议的标的应当为公募基金产品或经中国证监会认可的同类产品。

试点机构从事基金投资顾问业务，应当遵守法律、行政法规和本通知要求，遵循客户利益优先原则，诚实守信、谨慎勤勉为客户提供服务，建立健全内部控制制度，加强合规管理和风险控制，有效识别、评估和处理利益冲突，强化从业人员行为管控，切实维护客户合法权益。

试点机构从事基金投资顾问业务，应当按规定履行适当性义务，全面了解客户情况，深入评估客户的风险识别能力、风险承受能力、投资目标，准确界定基金投资组合策略的风险特征，向客户提供符合其风险识别能力和承受能力基金投资组合策略。

试点机构应当定期对客户风险承受能力进行再评估，发现客户风险承受能力可能产生重大变化的，应当及时启动评估并更新风险等级。

试点机构应当合理评估、准确界定基金投资组合策略的风险特征，法律法规对特定基金品种合格投资人范围有特别规定的，相关基金投资组合策略的风险特征不得低于有关规定。

试点机构进行业务宣传推介应当客观、准确、完整，不得提供虚假、不实、误导性信息，不得承诺收益或作出保本承诺，不得直接或者间接提及模拟业绩、为个别客户创造的收益，不得预测未来业绩。提及过往业绩的，应当为1年以上的特定基金投资组合策略整体业绩，并向客户特别提示过往业绩并不预示其未来表现，为其他客户创造的收益并不构成业绩表现的保证。

试点机构应当加强投资者教育，通过风险揭示书等向客户充分揭示市场风险、信用风险、流动性风险、法律风险以及其他投资风险，并以显著方式提示基金投资组合策略的风险特征与单只基金产品的风险特征存在差异，切实保护客户合法权益。试点机构应当向客户充分说明基金投资顾问业务尚处于试点阶段，存在因试点资格被取消不能继续提供服务的风险。

试点机构应当使用统一模板与客户签订基金投资顾问服务协议（简称服务协议）。服务协议应当包括当事人的权利义务、服务内容和方式、投资者适当性管理执行情况、基金投资顾问的职责和禁止行为、收费项目、收费标准和支付方式、信息披露的内容与方式、争议或者纠纷解决方式、终止服务的方式等。签订管理型基金投资顾问服务协议的，还应当包括客户选取的基金投资组合策略及相应的风险控制措施。

试点机构应当在服务协议中特别提示以下内容，并由客户签字确认：

（1）试点机构业务推广、客户招揽、了解客户等业务环节的人员不得向客户提供未经公司投资决策委员会审议的基金投资组合策略或擅自变更基金投资组合策略。

（2）客户自行承担投资风险。服务协议不得约定免除试点机构诚实守信、谨慎勤勉义务的条款，并给予客户随时终止服务的权利。

试点机构应当制定统一的基金投资组合策略说明书，对每一个基金投资组合策略的结构、备选基金产品评估情况、风险特征、适合投资者范围进行说明，在推介、建议时使用。基金投资组合策略审议通过后，试点机构应当对业务推广、客户招揽、了解客户等业务环节向客户提供服务的人员进行培训，确保相关人员能够全面、准确理解基金投资组合策略的结构及风险特征，准确判断适合的投资者范围。

试点机构应当向客户充分揭示收费项目和方式，与客户书面约定基金投资顾问服务费的收取标准和方式。基金投资顾问服务费年化标准不得高于客户账户资产净值的5%，以年费、会员费等方式收取费用且每年不超过1000元的除外。管理型基金投资顾问服务费可以按约定从客户的授权账户收取。

试点机构同时开展基金销售业务的，应当对基金销售费用的收取做出合理安排。向基金管理人收取客户维护费的，应当以客户维护费抵扣投资顾问服务费等方式避免利益冲突。

试点机构从事投资顾问业务的相关人员应当取得基金从业资格。投资顾问人员包括：在基金投资顾问业务推广、客户招揽、了解客户等业务环节向客户提供服务的人员；生成、提供、执行基金投资组合策略的人员（含对具体产品品种、数量进行管理的人员）；设计、运营、维护与投资建议相关的算法、模型的人员等。

试点机构应当建立健全投资顾问人员的长期激励约束机制。投资顾问人员考核激励措施不得存在与基金销售费用挂钩等可能存在利益冲突的安排。以预收方式收取的基金投资顾问服务费在确认为投资顾问收入前，不得用于人员激励。

试点机构应当建立覆盖基金投资顾问服务模式设计、基金产品研究、基金投资组合策略生成、业务推广、投资交易、动态调仓、信息披露、客户服务、技术平台等各个环节合规风控管理体系。按照规定由子公司开展试点业务的，母公司的合规风控体系应当覆盖至该子公司。

试点机构风控系统应当动态监控客户账户的异常交易行为，实时预警，并由专门人员予以处置。合规、风控部门每季度应当对试点业务的合规风控情况、基金投资组合策略及实施有效性进行核查评估。评估情况提交公司管理层审议。

试点机构应当按照要求审慎控制试点业务规模。试点期限1年，试点期满中国证监会机构部组织开展检查评估，未达试点目标，或试点期间出现重大问题的，终止试点。试点机构终止试点的，应当妥善了结现有存量业务。开展管理型基金投资顾问服务的，应当取消对基金投资顾问业务账户的授权。

试点机构应当按要求定期报告基金投资顾问业务情况。试点机构变更基金投资顾问业务负责人、收费方式，或产生投诉、诉讼等重大事项的，应当在3个工作日内报告证监局。

四、提供基金投资顾问服务的组织架构

试点机构提供基金投资顾问服务，应当在公司层面建立专门的投资决策委员会。

试点机构应当建立基金产品的备选库制度。公司应当安排专业研究团队对每一只入库基金产品及相关基金管理人实施标准化、流程化的尽职调查，形成评估报告。试点机构应当明确各类产品的出、入库标准，产品出、入备选库应当经投资决策委员会审议，试点机构合规风控部门应当监督基金产品备选库制度的执行。

基金投资组合策略的产生应当由试点机构集中、统一实施，投资决策委员会负责审议基金投资组合策略的产生和调整，并评估形成基金投资组合策略的风险特征，基金投资组合策略的具体产品品种、数量的确定及调整，应当经投资决策委员会审议，同时符合以下条件的除外：

(1)试点机构具有完善的内部控制措施，可有效控制相关人员按照统一的基金投资组合策略、在严格授权范围内确定基金投资组合策略的具体产品品种、数量；试点机构投资决策委员会应当根据基金投资组合策略风险特征，对策略中每个类别基金产品的可选范围进行限定，不应简单以全部基金产品备选库替代前述限定范围。

(2)前述对基金投资组合策略的具体产品品种、数量进行管理的人员应当具有三年以上证券投资、证券研究分析、证券投资基金研究评价或分析经历，且最近1年从事上述工作，并通过相关考试。

五、基金投资组合策略要求

试点机构基金投资组合策略应当符合下列分散投资要求：

(1)管理型基金投资顾问服务的单个客户持有单只基金的市值，不得高于客户账户资产净值的20%，货币市场基金、指数基金不受此限；

(2)单一基金投资组合策略下所有客户持有单只基金的份额总和不得超过该基金总份额的20%，持有指数基金的份额总和不得超过该基金总份额的30%；

(3)不得向客户建议结构复杂的基金，包括分级基金场内份额和监管部门认定的其他基金；

(4)建议客户投资于封闭运作基金、定期开放基金等流通受限基金的，应当制定专门的风险管理制度、向客户特别提示风险。向普通投资者建议投资流通受限基金的，应当事先取得客户同意，且确认流通受限基金的投资期限与客户的目标投资期限不存在冲突。

因证券市场波动、基金规模变动等基金投资组合策略之外的因素导致不符合上述要求，应当在3个月内调整，经监管部门认可的情形除外。

六、基金投资顾问业务利益冲突管理机制

试点机构应当遵循客户利益优先原则，建立健全利益冲突管理机制，确保基金投资顾问业务与其他存在利益冲突的业务有效隔离，控制敏感信息的不当流动和使用，有效防范利益冲突，不得为自己、关联方、特定客户及特定产品发行人的利益损害投资建议的客观性。建议客户投资于本机构或者关联方管理的产品的，应当事先告知客户，并向客户充分披露潜在的利益冲突。

七、管理型基金投资顾问要求

根据与客户协议约定的投资组合策略，试点机构可以代客户作出具体基金投资品种、数量和买卖时机的决策，并代客户执行基金产品申购、赎回、转换等交易申请，开展管理型基金投资顾问服务。

试点机构开展管理型基金投资顾问服务的，应当与客户协议约定，将客户按基金销售有关规定开立的基金交易账户作为其基金投资顾问业务的授权账户。

试点机构应当建立健全交易管理制度，明确操作流程、分工和权限，执行投资指令的人员应当与对基金投资组合策略的具体产品品种、数量进行管理的人员进行有效隔离，试点机构应当建立交易监测和记录制度。

开展管理型基金投资顾问服务的，应当按照与客户约定的频率、方式和范围，披露账户收益、持仓、交易记录等信息，每日向客户披露前一日的账户资产净值情况，以不低于每季的频率向客户发送账户持仓、交易记录等信息。试点机构应当保证客户能够按照法规规定及投资顾问协议约定的时间和方式查询账户信息，发生可能影响客户权益的重大事项时，应当自重大事项发生之日起2日内，按照服务协议约定的方式，向客户进行披露。

八、基金投资顾问业务的留痕管理要求

试点机构应当对基金投资顾问业务各个环节实行留痕管理，包括：业务推广，客户招揽，了解客户，协议签订，基金产品尽职调查及评估，生成、提供、执行基金投资组合策略（含具体产品品种、数量的管理），客户回访，投诉处理等。投资顾问人员应当使用试点机构具有留痕功能的系统向客户提供服务。留痕资料和信息应当以书面及电子文件等形式予以记录保存，保存期限自服务协议终止之日起不少于5年。向普通投资者提供服务的，应当在首次接触并向客户提供服务前，提示客户可以通过录音、截屏等方式留存相关信息。通过互联网在线方式提供投资顾问服务的，应当向客户提供记录、保存、下载等留痕功能。

九、基金投资顾问业务禁止性行为

试点机构进行业务宣传推介应当客观、准确、完整，不得提供虚假、不实、误导性信息，不得承诺收益或作出保本承诺，不得直接或者间接提及模拟业绩、为个别客户创造的收益，不得预测未来业绩。

试点机构及其投资顾问人员不得有下列行为：

(1)利用基金投资顾问业务从事违法、违规行为，或提供便利；

(2)泄露客户资料、投资计划和交易情况；

(3)从事非公平交易、利益输送等损害客户合法权益的行为；

(4)向客户承诺收益，承诺本金不受损失或者限定损失金额或比例；

(5)其他损害客户合法权益的行为。

十、基金投资顾问业务的客户回访机制

试点机构应当履行持续注意义务，跟踪基金投资组合策略的执行情况，定期评估基金投资组合策略与客户风险承受能力的匹配程度，监测基金投资组合策略的风险收益特征与投资目标的相符程度，及时处理发现的问题；试点机构应建立健全客户回访机制，明确客户回访的程序、内容和要求，并指定专门人员独立实施；试点机构应建立健全客户投诉处理机制，定期总结问题，及时发现业务风险，完善内部控制制度。

第七章　投资组合和资产配置

【知识结构】

- 投资组合和资产配置
  - 基本方法
    - 投资组合管理的目标
    - 投资组合管理的步骤
    - 投资组合管理的基本策略
    - 积极型管理、被动型管理的假设前提、基本原理及适用范围
    - 资产配置的基本原则、方法
  - 股票投资组合
    - 股票投资风格分类体系
    - 股票投资风格绩效评价的指标体系和计算方法
    - 积极型股票投资策略操作方法
    - 简单型消极投资策略
    - 指数型消极投资策略的市值法和分层法
    - 指数增强法
    - 量化中性策略
  - 债券投资组合
    - 水平分析、债券互换、骑乘收益率曲线等积极型债券组合管理策略
    - 指数策略、免疫策略等消极型债券组合管理策略
  - 基金投资组合
    - 产品的概念和特点
    - 私募基金产品的分类和投资策略
    - 基金定投的概念、策略和制定定投计划的方法
    - 基金业绩定性、定量评价的主要评价方法
    - 构建基金组合的方法
  - 金融衍生工具
    - 实施对冲策略的主要步骤
    - 风险敞口分析和对冲比率确定的主要内容
    - 常见的对冲策略有效性评价方法
    - 金融衍生产品的概念
    - 金融期货的理论价格及其影响因素
    - 金融期权的内在价值及其影响因素
    - 可转换债券的价值分析方法
    - 期货的套期保值原理、原则与方法
    - 股指期货的套期保值交易方法
  - 资产配置
    - 资产配置的要素
    - 资产配置的过程
    - 资产配置的工具和概念
    - 资产配置中个人投资者行为特征
    - 资产种类的特征
    - 资产配置实践
    - 个人保险、税收、教育、养老等因素对资产配置的影响
  - 证券组合的业绩评价
    - 证券组合的业绩评价原则
    - 证券组合的业绩评价指标
    - 证券投资基金评价的规定
    - 证券投资基金评价结果的使用要求

第一节 基本方法

【大纲要求】

熟悉投资组合管理的目标；熟悉投资组合管理的步骤；了解投资组合管理的基本策略；掌握积极型管理、被动型管理的假设前提、基本原理及适用范围；掌握资产配置的基本原则、方法。

【要点详解】

一、投资组合管理的目标

证券组合管理的意义在于采用适当的方法选择多种证券作为投资对象，以达到在一定预期收益的前提下投资风险最小化或在控制风险的前提下投资收益最大化的目标，避免投资过程的随意性。

证券组合管理特点主要表现在两个方面：①投资的分散性；②风险与收益的匹配性。

投资组合管理的目的是：按照投资者的需求，选择各种各样的证券和其他资产组成投资组合，然后管理这些投资组合，以实现投资的目标。投资者需求往往是根据风险来定义的，而投资组合管理者的任务则是在承担一定风险的条件下，使投资回报率实现最大化。

二、投资组合管理的步骤

证券组合管理通常包括确定证券投资政策、进行证券投资分析、构建证券投资组合、投资组合的修正和投资组合业绩评估五个步骤，具体如表 7－1 所示。

表 7－1 投资组合管理的步骤

步骤	说明
确定证券投资政策	证券投资政策是投资者为实现投资目标应遵循的基本方针和基本准则，反映了证券组合管理者的投资风格，包括确定投资目标、投资规模和投资对象三方面的内容以及应采取的投资策略和措施等。投资目标的确定应包括风险和收益两项内容。投资规模是指用于证券投资的资金数量。投资对象是指证券组合管理者准备投资的证券品种
进行证券投资分析	进行证券投资分析的一个目的是明确这些证券的价格形成机制和影响证券价格波动的诸因素及其作用机制，另一个目的是发现那些价格偏离价值的证券
构建证券投资组合	主要是确定具体的证券投资品种和在各证券上的投资比例。在构建证券投资组合时，投资者需要注意个别证券选择、投资时机选择和多元化三个问题
投资组合的修正	随着时间的推移，过去构建的证券组合对投资者来说可能已经不再是最优组合了，这可能是因为投资者改变了对风险和回报的态度，或者是其预测发生了变化。投资者可能会对现有的组合进行必要的调整，以确定一个新的最佳组合。通过对客户现有投资组合进行分析，证券投资顾问需要明确以下几点：①客户现有投资组合中的资产配置状况；②注意客户现有投资组合的突出特点；③根据经验或者规律，对客户现有投资组合情况做出评价
投资组合业绩评估	对证券投资组合业绩进行评估时，不能仅仅比较投资活动所获得的收益，而应该综合衡量投资收益和所承担的风险情况。证券组合的业绩评估指数主要有詹森指数、特雷诺指数和夏普指数

【真题 7.1】证券组合管理的几个基本步骤，按先后顺序应该是（　　）。

①确定证券投资政策；②构建证券投资组合；③进行证券投资分析；④投资组合的修正

A. ②③④①　　B. ①②③④　　C. ①③②④　　D. ②①③④

【答案】C

【解析】证券组合管理的目标是实现投资收益的最大化，也就是使组合的风险和收益特征能够给投资者带来最大满足。证券组合管理通常包括以下几个基本步骤：①确定证券投资政策；②进行证券投资分析；③构建证券投资组合；④投资组合的修正；⑤投资组合业绩评估。

三、投资组合管理的方法

根据组合管理者对市场效率的不同看法，其采用的管理方法可大致分为被动管理和主动管理两种类型，具体如表 7 - 2 所示。

表 7 - 2　投资组合管理的方法

方法	含义	对市场效率的看法及策略
被动管理	指长期稳定持有模拟市场指数的证券组合以获得市场平均收益的管理方法	证券市场是有效市场，凡是能够影响证券价格的信息均已在当前证券价格中得到反映。证券价格的未来变化是无法估计的，坚持"买入并长期持有"的投资策略
主动管理	指经常预测市场行情或寻找定价错误证券，并借此频繁调整证券组合以获得尽可能高的收益的管理方法	市场不总是有效的，加工和分析某些信息可以预测市场行情趋势和发现定价过高或过低的证券，进而对买卖证券的时机和种类作出选择，以实现尽可能高的收益

四、积极型管理、被动型管理的假设前提、基本原理及适用范围（如表 7 - 3 所示）

表 7 - 3　积极型管理、被动型管理的假设前提、基本原理及适用范围

<table>
<tr><th colspan="2">投资组合策略</th><th>假设前提</th><th>基本原理</th><th>适用范围</th></tr>
<tr><td rowspan="2">积极型管理</td><td>基本分析为基础</td><td>否定半强式有效市场</td><td>认为公开资料没有完全包括相关公司价值的信息、有关宏观经济形势和政策方面的信息，通过基本面分析而获得超额利润</td><td rowspan="2">投资者认为能够对某类证券未来收益的风险因素进行预期</td></tr>
<tr><td>技术分析为基础</td><td>否定弱式有效市场</td><td>通过对以往价格进行技术分析而获得超额利润</td></tr>
<tr><td colspan="2">被动型管理</td><td>强有效市场</td><td>努力获得市场组合收益，减少交易成本、研究成本、人力成本</td><td>投资者试图模拟市场构建投资组合；投资者偏好、资本市场环境变化不大或改变投资组合的成本高于收益</td></tr>
</table>

五、资产配置的基本原则、方法

1. 资产配置的基本原则

资产配置的黄金三原则包括：

(1)跨资产类别配置

跨资产类别配置，是指由单一机会、单一产品到多样化的资产，且资产增值驱动力的相关性低的科学化资产配置的转变。简单来说，就是"把鸡蛋放在不同的篮子里"。不同类别的资产，风险收益的匹配性不一样。科学配置不同类别的资产，互相搭配，能够达到平衡风险和收益的效果。

(2)跨地域国别配置

资产配置不应局限于国内市场，不要只持有单一的货币资产，需要降低资产的关联度。跨地域国别的投资，一方面可以规避经济波动所带来的风险分散汇率风险；另一方面，也可以寻求经济全球化带来的全球性收益。

(3)另类资产配置

另类资产，是指不同于传统的股票、债券这类在高流动性市场交易的有价证券大类资产的其他资产，如私募股权、风险投资等。这类资产配置的风险系数较高，但通常能获得更高的收益。配置另类资产的主要优点在于：①常常出现对于风险的错误定价，投资者可以从中获取超额利益；②在传统资产组合里增加了多收益的多元性分散，有利于降低风险。这类资产配置比较适合风险偏好高、资产系数大的高净值客户群体。

2. 资产配置的方法

历史数据法和情景综合分析法是贯穿资产配置过程的两种主要方法。

(1)主要特点

①历史数据法

历史数据法假定未来与过去相似，以长期历史数据为基础，根据过去的经历推测未来的资产类别收益。有关历史数据包括各类型资产的收益率、以标准差衡量的风险水平以及不同类型资产之间的相关性等数据，并假设上述历史数据在未来仍然能够继续保持。在进行预测时一般需要按照通货膨胀预期进行调整，使调整后的实际收益率与过去保持一致。

更复杂的历史数据法还可以结合不同历史时期的经济周期进行进一步分析，即考察不同经济周期状况下各类型资产的风险收益状况及相关性，结合对目前和未来一定时期内的经济趋势来预测各类型资产的风险收益状况及相关性。由此可见，不同类型的资产在特定的经济环境中具有不同的表现，而经济状况的改变将在很大程度上改变不同类型资产的绝对表现和相对表现。因此，对历史资料进行细分，可以使分析者正确地确认与未来最相关的历史资料构成，并有助于确认未来可能发生的类似经济事件和资产类别表现。

②情景综合分析法

与历史数据法相比，情景综合分析法在预测过程中的分析难度和预测的适当时间范围不同，也要求更高的预测技能，由此得到的预测结果在一定程度上也更有价值。一般来说，情景综合分析法的预测期间在3~5年左右，这样既可以超越季节因素和周期因素的影响，能更有效地着眼于社会政治变化趋势及其对股票价格和利率的影响，也为短期投资组合决策提供了适当的视角，为战术性资产配置提供了运行空间。

运用情景综合分析法进行预测的基本步骤包括：

a. 分析目前与未来的经济环境，确认经济环境可能存在的状态范围，即情景。例如，经济可能会出现的高速增长和低通货膨胀、反通货膨胀、通货紧缩、通货再膨胀、滞胀等状态。

b. 预测在各种情景下，各类资产可能的收益与风险，各类资产之间的相关性。例如利息率、股票价格、持有期回报率等。

c. 确定各情景发生的概率。

d. 以情景的发生概率为权重，通过加权平均的方法估计各类资产的收益与风险。

(2)在资产配置过程中的运用

上述两种方法的运用主要体现在两个方面：

①确定投资者的风险承受能力；

②确定资产类别收益预期。

第二节　股票投资组合

【大纲要求】

熟悉股票投资风格分类体系；掌握股票投资风格绩效评价的指标体系和计算方法。

掌握积极型股票投资策略操作方法；了解简单型消极投资策略；掌握指数型消极投资策略的市值法和分层法；熟悉指数增强法；熟悉量化中性策略。

【要点详解】

一、股票投资风格分类体系

股票投资风格分类体系，是指按照不同标准将股票划分为不同的集合，具有相同特征的股票集合共同构成一个系统的分类体系。股票投资风格的划分关键是对股票特征的把握和分类标准的选取。

按照不同的标准，股票投资风格可划分为不同的类别，如表 7－4 所示。

表 7－4　股票投资风格的分类

标准	分类	内容
按公司规模	小型资本股票	流动性较低，长期来看回报率更高
	大型资本股票	流动性较高，长期来看回报率较低
	混合型资本股票	流动性、回报率均介于小型资本股票与大型资本股票之间
按股票价格行为	增长类股票	同类股票内部的相关系数均为正而且较大，不同类型的股票之间的相关性则不高
	周期类股票	
	稳定类股票	
	能源类股票	
按公司成长性	增长类股票	增长速度超过经济发展速度的股票
	非增长类（收益类）股票	随经济发展速度同步增长的股票

描述公司成长性的指标主要有持续增长率和红利收益率。

（1）持续增长率

持续增长率，即净资产收益率乘以盈余保留率。持续增长率是对一家公司增长能力非常直接而且客观的度量，但在计算时经常会遇到会计数据不足的困难。

（2）红利收益率

红利收益率会更多地受到市场力量的影响，较少受到会计数据不足的制约。从红利收益率和市场对优秀增长类公司发出的价格信号来看，红利收益率通常和公司增长能力呈反向变化关系。

在基金经理人利用持续增长率和红利收益率对公司的增长前景进行预测时，这两个变量是互补的，且二者呈负相关关系。通常，增长类股票有较高的盈余保留率和盈利性，较低的红利收益率；非增长类股票有较低的盈余保留率和盈利性，较高的红利收益率。

【真题 7.2】股票投资风格分类体系的标准不包括（　　）。

A. 公司规模　　B. 股票价格行为　　C. 公司成长性　　D. 股票的风险特征

【答案】D

二、股票投资风格绩效评价的指标体系和计算方法

股票投资风格指数就是对股票投资风格进行业绩评价的指数。比如，增长类股票和非增长类股票的基本特点有很大的不同，因而专门投资于增长类或收益类股票的经理业绩很大程度上取决于所选取股票类型的发展趋势。由此引入了风格指数的概念作为评价投资管理人业绩的标准。

股票风格管理类型可大致分为积极的股票风格管理和消极的股票风格管理，积极型管理的目标是超越市场；消极型股票投资策略以有效市场假说为理论基础，可以分为简单型和指数型两类策略。其主要特点如表7－5所示。

表7－5　不同股票风格管理类型的特点

股票风格管理类型	特点
积极的股票风格管理	通过对不同类型股票的收益情况作出预测和判断，主动改变投资组合中增长类、周期类、稳定类和能源类股票的权重
消极的股票风格管理	①投资风格不随市场发生任何变化； ②节省交易成本、研究成本、人力成本； ③避免了不同风格股票收益之间相互抵销的问题

三、积极型股票投资策略操作方法

1. 以技术分析为基础的投资策略

以技术分析为基础的投资策略是在否定弱式有效市场的前提下，以历史交易数据为基础，预测单只股票或市场总体未来变化趋势的一种投资策略。

不同技术分析方法的主要观点如表7－6所示。

表7－6　以技术分析为基础的投资策略的主要观点

分析方法	主要观点
道氏理论	①市场价格指数可以解释和反映市场的大部分行为； ②市场波动具有三种趋势：主要趋势、次要趋势和短暂趋势； ③交易量在确定趋势中具有重要作用，趋势反转点是作出判断的一个重要参考指标； ④收盘价是最重要的价格
超买超卖型指标	①简单过滤器规则：以某一时点的股价作为参考基准，预先设定一个股价上涨或下跌的百分比作为买入和卖出股票的标准； ②移动平均法：以一段时期内的股票价格移动平均值为参考基础，在股票价格超过平均价的某一百分比时买入该股票，在股票价格低于平均价的一定百分比时卖出该股票(常用指标有乖离率)； ③价量关系指标：价稳量增、价量齐升、价涨量稳、价涨量缩、价稳量缩、价跌量缩、价格快速下跌而量小、价稳量增(逆时针曲线理论的八大循环)

2. 以基本分析为基础的投资策略

基本分析是在否定半强式有效市场的前提下，以公司基本面状况为基础进行的分析。不同基本分析方法的应用法则如表7－7所示。

表7－7　以基本分析为基础的投资策略的应用法则

分析方法	应用法则
低市盈率 (P/E比率)	选择市盈率和市净率较低的股票，因为这两类股票的股价有较高的实际收益的支持

续表

分析方法	应用法则
股利贴现模型(DDM)	①净现值(NPV)法：NPV <0，股票价格被高估，卖出。 ②内含报酬率(IRR)法：IRR >资本必要收益率，买入；IRR <资本必要收益率，卖出

3. 市场异常策略

(1)小公司效应

小公司效应，又称规模效应，指股票的平均收益与公司的规模之间有着规律性的负相关关系，即以市场资本总额衡量的小型资本股票，其投资组合收益通常优于股票市场的整体表现。多数情况下，小公司的投资回报要优于大公司。

(2)低市盈率效应

低市盈率效应是指由低市盈率股票组成的投资组合的表现要优于由高市盈率股票组成的投资组合的表现。其表现在：

①这类股票的市场价格更接近于价值，或者出现价值被低估的情况；

②这类股票往往是市场投资者关注较少的股票，或者不是短期内的热点。

(3)日历效应

日历效应是指金融市场与日期相联系的非正常收益、非正常波动，包括季节效应、月份效应、星期效应和假日效应。市场走势通常会表现出一些特定的规律。一些有经验的投资经理会选择股价走势通常较好的时期，作为买入时点，而在股价走势较弱的月份选择卖出。

(4)遵循内部人的交易活动

内部人通常可以利用其特殊地位提前于投资者获得公司尚未公布的信息，或者掌握比普通投资者更多的信息，并以此获得超额回报。因此有些投资者采取跟随内部人的方式实施其投资策略，在有些时候也可以分享一部分超额收益。

(5)股价随信息披露改变

股价随信息披露改变表现为：收益公布为利好消息的公司，其异常报酬可能会在盈利公告后至少两个月内向上波动，而那些收益公布为坏消息的公司在相同期间内异常报酬持续向下波动。

4. 各投资策略的比较和主流变换

以技术分析为基础和以基本分析为基础的投资策略各具优劣，其具体区别如表 7 -8 所示。

表 7 -8　技术分析和基本分析投资策略的比较

区别	技术分析	基本分析
对市场有效性的判定不同	以否定弱式有效市场为前提，认为投资者可以通过对以往价格进行分析而获得超额利润	以否定半强式有效市场为前提，认为公开资料没有完全包括有关公司价值的信息、有关宏观经济形势和政策方面的信息
分析基础不同	以市场上历史的交易数据(股价和成交量)为研究基础，认为市场上的一切行为都反映在价格变动中	以宏观经济、行业和公司的基本经济数据为研究基础，通过对公司业绩的判断确定其投资价值
使用的分析工具不同	以市场历史交易数据的统计结果为基础，通过曲线图的方式描述股票价格运动的规律	以宏观经济指标、行业基本数据和公司财务指标等数据为基础进行综合分析

投资策略发展到今天，目前以基本分析为主，辅以技术分析，也是投资策略的主流。以基本分析作为判断公司投资价值的基础，以技术分析观察股价市场走势判断买卖时机，两种分析方法的结合充分发挥了各自的优势。

四、简单型消极投资策略

1. 定义

简单型消极投资策略一般是在确定了恰当的股票投资组合之后，在3～5年的持有期内不再发生积极的股票买入或卖出行为，而进出场时机也不是投资者关注的重点的一种投资策略。

2. 优缺点及适用性

(1)优点：交易成本和管理费用最小化。

(2)缺点：放弃从市场环境变化中获利的可能。

(3)适用性：适用于资本市场环境和投资者偏好变化不大，或者改变投资组合的成本大于收益的情况。

五、指数型消极投资策略的市值法和分层法

指数型消极投资策略是指通过复制一个与市场结构相同的指数组合，从而排除非系统性风险的干扰，获得与市场相同或相近的投资回报。其核心思想是相信市场是有效的。采取指数型策略的投资管理人并不试图用基本分析的方式来区分价值被高估或低估的股票，也不试图预测股票市场的未来变化，而是力图模拟市场构造投资组合，以取得与市场组合相一致的风险收益结果。

如果基金管理人希望复制的投资组合的股票数小于目标股票价格指数的成分股股票数目，可使用市值法或分层法来构造具体的投资组合。

1. 市值法

选择指数成分股股票中市值最大的部分股票，按照其在股价指数所占比例购买，将剩余资金平均分配在剩下的成分股股票中。

2. 分层法

将指数的成分股股票按照某个因素分类，然后按照各类股票在股价指数中的比例构造投资组合，至于各类中的具体股票可以随机或按照其他原则选取。

【真题7.3】指数型股票投资策略的基本理念是(　　)。

A. 证券的价格波动很大，而其内在价值稳定且可测量，短期内证券市场价会经常偏离其内在价值，但市场存在自我纠偏的机制，长期来看市场价格与其内在价值趋同

B. 在市场中筛选出预期利润或收入具有高增长潜力的成长型上市公司，且公司当前股价能够反映公司的成长性，从而在未来具有较大的上升空间。投资者投资于此公司的股票获得收益

C. 通过购买一部分或全部的某指数所包含的股票，来构建指数基金的投资组合，目的是使这个投资组合的变动趋势与该指数相一致，以取得与指数大致相同的收益率

D. 证券的价格可通过对过往价格走势进行分析，从而在此基础上，对未来的股价进行预测

【答案】C

【解析】指数型消极投资策略是指通过复制一个与市场结构相同的指数组合，构建指数

基金的投资组合，从而排除非系统性风险的干扰，获得与市场相同或相近的投资回报。

六、指数增强法

1．定义

指数增强法是指基金管理人将指数化管理方式与积极型股票投资策略相结合，在盯住选定的股票指数的基础上做适当的主动性调整的股票投资策略。

2．核心思想

指数增强法的核心思想是将指数化投资管理与积极型股票投资策略相结合。

3．指数增强法与积极型股票投资策略的区别

指数增强法与积极型股票投资策略的区别主要在于风险控制程度不同。

(1)指数增强法

在复制组合的基础上加强风险控制，其目的不在于积极寻求投资收益的最大化，因此通常不会引起投资组合特征与基准指数之间的实质性背离。

(2)积极型股票投资策略

对投资组合与基准指数的拟合程度要求不高，因此，经常会出现与基准指数的特征产生实质性偏离的情况。

七、量化中性策略

1．定义

量化选股，即借助统计学和数学的方法，对包括宏观经济、上市公司财务指标等基本面因子，以及股票量价、投资者情绪、分析师预期等市场面因子的海量数据进行全面的分析，从中发现可用于推测未来股价走势的指标，从而构建数量化选股策略模型，实现交易执行的程序化。

2．优势

优质的量化中性产品在不同的牛熊市场环境中均能获得稳健的正收益，主要原因包括以下两点：

(1)量化中性策略追求绝对收益，在持有一组量化选股的股票多头时，通过对冲工具对冲掉市场风险，赚取选股组合带来的 Alpha。因此，量化中性策略与指数收益率的相关性低，产品净值的波动性也相对较低。

(2)量化中性策略可利用自身的技术优势捕捉市场套利机会，从而获得收益。

3．套利机会

(1)对市场非有效性的套利；

(2)对市场交易行为的套利；

(3)信息传导的速度套利。

第三节　债券投资组合

【大纲要求】

掌握水平分析、债券互换、骑乘收益率曲线等积极型债券组合管理策略。

掌握指数策略、免疫策略等消极型债券组合管理策略。

【要点详解】

一、积极型债券组合管理策略

积极型债券组合管理策略包括了水平分析、债券互换、骑乘收益率曲线等类型，其具体内容如表7－9所示。

表7－9　积极型债券组合管理策略的种类及应用法则

投资策略类型		说明
水平分析		①主要形式：利率预期策略，指债券投资者基于其对未来利率水平的预期来调整债券资产组合，使其保持对利率变动的敏感性。 ②主要情形：a. 预期利率下降时，增加投资组合的持续期；b. 预期利率上升时，缩短投资组合的持续期 利率预期策略运用的关键点在于能否准确地预测未来利率水平
债券互换	替代互换	①定义：是指在债券出现暂时的市场定价偏差时，将一种债券替换成另一种完全可替代的债券，以期获取超额收益。 ②风险来源：a. 纠正市场定价偏差的过渡期比预期的更长；b. 价格走向与预期相反；c. 全部利率反向变化
	市场间利差互换	①定义：是不同市场之间债券的互换。投资者进行这种互换操作的动机，是投资者认为不同市场债券的利差偏离了正常水平并以某种趋势继续运行。 ②操作思路：a. 买入一种收益相对较高的债券，卖出当前持有的债券；b. 买入一种收益相对较低的债券，卖出当前持有的债券。 ③风险：a. 过渡期延长；b. 新买入债券的价格及到期收益率走势和预期的趋势不同。市场间利差互换的风险相较于替代互换更大
	税差激发互换	①目的：通过债券互换来减少年度的应付税款，从而提高债券投资者的税后收益率。 ②影响途径：债券收入现金流本身的税收特性不同、现金流的形式、现金流的时间特征。 ③类型：a. 把免税的政府债券换成具有同等风险的应税企业债券；b. 当资本利得税率低于利息收入税率时，把面值接近的高票面利率债券替换成大幅度折价出售的低票面收益率债券
骑乘收益率曲线		①概述：骑乘收益率曲线又称收益率曲线追踪策略，可视作水平分析的一种特殊形式。 ②分类：a. 子弹式策略（使投资组合中债券的到期期限集中于收益率曲线的一点）；b. 两极策略（将组合中债券的到期期限集中于两极）；c. 梯式策略（将组合中债券的到期期限进行均匀分布）。 ③应用法则：使用骑乘收益率曲线的投资者以资产的流动性为目标，投资于短期固定收入债券。a. 收益率曲线很陡时，子弹组合的业绩常优于两极组合；b. 当收益率曲线斜率为正，且预计收益率曲线不变时，长期债券的收益率较短期债券的收益率更高

其中，债券互换是指同时买入和卖出具有相近特性的两个以上债券品种，从而获取收益级差的行为。其主要目的是通过债券互换提高组合的收益率。一般而言，只有在存在较高的收益级差和较短的过渡期时，债券投资者才会进行互换操作。过渡期是指债券价格从偏离值返回历史平均值的时间。收益级差越大，过渡期越短，投资者从债券互换中获得的收益率就越高。

二、消极型债券组合管理策略

消极型债券组合管理策略是指消极的债券组合管理者往往把市场价格视为均衡交易价格，于是他们并不寻找低估的品种，而只关注于控制债券组合的风险。一般使用两种消极管理策略：一种是指数策略；另一种是免疫策略。

指数策略和免疫策略都假定市场价格是公平的均衡交易价格。它们的区别在于处理利率暴露风险的方式不同。债券指数资产组合的风险报酬结构与所追踪的债券市场指数的风险报酬结构近似；而免疫策略则试图建立一个几乎是零风险的债券资产组合。在这个组合中，市场利率的变动对债券组合的表现几乎毫无影响。

1. 指数化投资策略

(1)假设前提

指数化投资策略以市场充分有效的假设为基础，属于消极型债券投资策略之一。

(2)指数化的目标和动机

①目标：使债券投资组合达到与某个特定指数相同的收益。

②动机包含三方面内容：

a. 经验证据表明积极型的债券投资组合的业绩并不好；

b. 与积极型债券组合管理相比，指数化组合管理所收取的管理费用更低；

c. 有助于基金发起人增强对基金经理的控制力。

(3)指数的选择

投资者可以根据自身的投资范围等条件选择相应的指数作为参照物。

(4)指数化的方法

指数化的方法可分为分层抽样法、优化法、方差最小化法，其基本内容及适用情况如表7－10所示。

表7－10　指数化方法的种类及适用情况

方法	基本内容	适用情况
分层抽样法	将指数的特征排列组合后分为若干个部分，在构成该指数的所有债券中按规定的比例选取能代表每一个部分的债券，以不同特征债券在指数中的比例为权重建立组合	债券数目较小
优化法	用数学规划的方法，在满足分层抽样法要达到的目标的同时，还满足一些其他的条件，并使其中的一个目标实现最优化，如在限定修正期限与曲度的同时使到期收益最大化	债券数目较大
方差最小化法	债券组合收益与指数收益之间的偏差称为追随误差，为指数中每一种债券估计一个价格函数，然后利用大量的历史数据估计追随误差的方差，并求得追随误差方差最小化的债券组合	债券数目较大，且要求采用大量的历史数据

(5)指数化的衡量标准

跟踪误差是衡量资产管理人管理绩效的指标。

指数构造中所包含的债券数量越少，由交易费用所产生的跟踪误差就越小，但由于投资组合与指数之间的不匹配所造成的跟踪误差就越大；反之，如果指数构造中所包含的债券数量越多，由交易费用所导致的跟踪误差就越大，但由于投资组合与指数之间的配比程度的提高，因而可以降低跟踪误差。

(6)指数化的局限性

①指数的业绩并不一定代表投资者的目标业绩，与指数相配比也并不意味着资产管理人能够满足投资者的收益率需求目标。

②资产管理人在构造指数化组合时将面临的其他困难：

a. 构造投资组合时的执行价格可能高于指数发布者所采用的债券价格，导致投资组合业绩劣于债券指数业绩；

b. 公司债券或抵押支持债券可能包含大量的不可流通或流动性较低的投资对象，其市场指数可能无法复制或者复制成本很高；

c. 总收益率依赖于对息票利息再投资利率的预期，如果指数构造机构高估了再投资利率，则指数化组合的业绩将明显低于指数的业绩。

(7) 加强的指数化

加强的指数化是通过一些积极的但是低风险的投资策略提高指数化组合的总收益。指数规定的收益目标变为最小收益目标，而不再是最终收益目标。

2. 免疫策略

(1) 满足单一负债要求的投资组合免疫策略

①组合构建

投资者构造债券投资组合的目的是在最大限度避免市场利率变动影响的同时，使实际收益低于目标收益的风险最小化。

为了保证至少能够实现目标收益，投资者应当构造买入这样一种债券：当市场利率下降时，债券价格上升带来的收益抵消再投资收益下降导致的损失之后还有盈余；当市场利率上升时，债券再投资收益的增加在抵消债券价格下降导致的损失之后还有盈余。

为使债券组合最大限度地避免市场利率变化的影响，组合应满足以下条件：

a. 债券投资组合的久期等于负债的久期；

b. 投资组合的现金流量现值与未来负债的现值相等。

在以上两个条件与其他方面的需求确定的情况下，求得规避风险最小化的债券组合。规避风险是指在市场收益率非平行变动时，组合所蕴含的再投资风险。规避风险由市场利率的波动和组合本身的风险特征构成，在无法预期利率波动的形式时，应尽量降低组合本身的风险特征。

零息债券的规避风险为零，是债券组合的理想产品。在实践中，零息债券的组合收益往往要低于附息债券的组合收益，因此它要求有一个较低的目标收益率。

②常用方法

或有规避是一种常用的投资方法，投资者首先要确定准确的规避收益，然后确定一个能满足目标收益的可规避的安全收益水平。当实际收益高于目标收益时，投资者可采取积极的投资策略，争取获得更高的收益；而当实际收益接近安全收益水平时，投资者应立刻采取规避策略，以保证获得目标收益。其间，要有一个有效的检测程序，确保至少能够实现安全收益。

(2) 多重负债下的组合免疫策略

组合应满足以下条件：

①债券组合的久期与负债的久期相等；

②组合内各种债券的久期的分布必须比负债的久期分布更广；

③债券组合的现金流现值必须与负债的现值相等。

在上述三个条件满足的情况下，用数学规划的方法求得规避风险最小化的债券组合。

(3) 多重负债下的现金流匹配策略

①含义：现金流匹配策略是按偿还期限从长到短的顺序，挑选一系列的债券，使现金流与各个时期现金流的需求相等，是一种完全免疫策略。

②优点：没有任何免疫期限的现值；不承担任何市场利率风险。

③缺点：成本往往较高。

【真题 7.4】以下投资策略中，不属于积极债券组合管理策略的是(　　)。

A. 指数化投资策略　　B. 多重负债下的组合免疫策略

C. 多重负债下的现金流匹配策略　　D. 债券互换

【答案】ABC

【解析】积极债券组合管理策略包括：水平分析、债券互换、应急免疫、骑乘收益率曲线；消极债券组合管理策略包括指数化投资策略、久期免疫策略、现金流匹配策略、阶梯形组合策略、哑铃型组合策略等。

三、投资者的选择

面对各种债券投资组合管理策略，具体选择哪一种策略，投资者需要根据市场的实际情况与自身需求来确定：

(1)经过对市场的有效性进行研究，如果投资者认为市场效率较强时，可采取指数化的投资策略。

(2)当投资者对未来的现金流量有着特殊的需求时，可采用免疫和现金流匹配策略。此匹配策略需要同时考察市场的流通性。

(3)当投资者认为市场效率较低，而自身对未来现金流没有特殊的需求时，可采取积极的投资策略。实施积极的投资策略的关键在于投资者对市场利率水平的预期能力。

(4)积极与消极相结合的混合策略：应急免疫。

应急免疫是一种债券组合管理的混合策略，它既可满足债券管理者实行积极管理的要求，又可满足将利率反向变动带来的不利影响最小化的需要。

投资者可以通过常规的利率免疫方法锁定收益率。关键点是计算在当前利率水平下，在特定期限需要锁定多少投资进行利率免疫，才能够保证达到规定的最低组合价值。这个值就是紧急免疫的触发点。一旦组合资产规模降到触发点，积极的管理就会停止。

第四节　基金投资组合

【大纲要求】

掌握指数基金、债券基金、货币基金、混合基金、养老目标基金、基金中基金等产品的概念和特点；掌握私募基金产品的分类和投资策略；掌握基金定投的概念、策略和制定定投计划的方法；掌握基金业绩定性、定量评价的主要评价方法；熟悉构建基金组合的方法。

【要点详解】

一、基金产品概念和特点(如表 7－11 所示)

表 7－11　基金产品概念和特点

产品	概念	特点
指数基金	指数基金通常也称为被动型基金，是指以特定指数作为跟踪对象，力图复制指数表现的一类基金	指数基金具有客观稳定、费用低廉、分散风险、监控便利等特点，其优势在于管理费、交易费较低，同时可以有效降低非系统性风险，近年来发展十分迅速

续表

产品	概念	特点
债券基金	债券基金以债券为主要投资对象。根据中国证监会对基金类别的分类标准，80%以上的基金资产投资于债券的为债券基金	由于债券具有稳定的年利率，因而债券基金的波动性通常会小于股票基金，适用于稳健型投资者，是一种风险较低、收益稳定的投资工具。此外，当债券基金与股票基金进行适当的组合投资时，能较好地分散投资风险
货币基金	货币基金也称货币市场基金，是仅以货币市场工具为投资对象的一种基金。其投资对象期限较短，一般在1年以内，包括银行短期存款、国库券、公司短期债券、银行承兑票据及商业票据等货币市场工具	货币市场基金的优点是资本安全性高、购买限额低、流动性强、收益较高、管理费用低，有些还不收取赎回费用。但需要注意的是，货币市场基金的长期收益率较低，不适合进行长期投资
混合基金	混合基金同时以股票、债券等为投资对象，以期通过在不同资产类别上的投资实现收益与风险之间的平衡。根据中国证监会对基金类别的分类标准，投资于股票、债券和货币市场工具，但股票投资和债券投资的比例不符合股票基金、债券基金规定的为混合基金。根据资产配置的比例不同，混合基金可分为偏股型基金、偏债型基金、股债平衡型基金、灵活配置型基金等	混合基金的风险低于股票基金，预期收益高于债券基金。它为投资者提供了一种在不同资产类别之间进行分散投资的工具，适合较为保守的投资者。但在基金合同中，其投资目标、投资策略和风险收益等要素并不明确，会使得投资者难以识别和选择
养老目标基金	根据《养老目标证券投资基金指引（试行）》，养老目标基金是指以追求养老资产的长期稳健增值为目的，鼓励投资人长期持有，采用成熟的资产配置策略，合理控制投资组合波动风险的公开募集证券投资基金	①在发展初期主要采用基金中基金形式运作，通过在大类资产和基金经理两个层面分散风险，力求稳健；②采用成熟的资产配置策略，合理控制投资组合波动风险，力争获得长期收益；③设置封闭期或投资者最短持有期限，避免短期频繁申购赎回对基金投资策略及业绩产生影响；④鼓励基金管理人设置优惠的费率，让利于民，支持投资者进行长期养老投资
基金中基金（FOF）	是指以其他证券投资基金为投资对象的基金。根据中国证监会对基金类别的分类标准，80%以上的基金资产投资于其他基金份额的，为基金中基金	基金中基金的基本特点是将大部分资产投资于“一篮子”基金，而不直接投资于股票、债券等金融工具。其投资模式大多伴随投资标的分散化以及波动相对偏低的特点，可帮助投资者在进行资产配置的同时有效地分散风险，解决投资者基金挑选的难点

二、私募基金产品的分类和投资策略

1. 定义

私募投资基金，是指在中华人民共和国境内，以非公开方式向投资者募集资金设立的投资基金。私募基金财产的投资包括买卖股票、股权、债券、期货、期权、基金份额及投资合同约定的其他投资标的。

2. 分类

私募投资基金主要分为私募证券投资基金、私募股权投资基金和资产配置类私募基金，其含义具体如表7-12所示。

表 7-12　私募基金产品的分类

类型	含义
私募证券投资基金	主要投资于公开交易的股份有限公司股票、债券、期货、期权、基金份额以及中国证监会规定的其他资产
私募股权投资基金	主要投向未上市企业股权、上市公司非公开发行或交易的股票以及中国证监会规定的其他资产
资产配置类私募基金	主要采用基金中基金的投资方式，主要对私募证券投资基金和私募股权投资基金进行跨类投资

3. 投资策略

私募基金的投资策略总共分为 8 大主策略与 23 个子策略，详见表 7-13。

表 7-13　私募基金产品的投资策略

策略	分类
股票策略	股票多头策略
	股票多空策略
	股票市场中性策略
管理期货策略	期货趋势策略
	期货套利策略
	复合期货策略
相对价值策略	ETF 套利策略
	可转债套利策略
	分级基金套利策略
事件驱动策略	定向增发策略
	并购重组策略
组合策略	FOF
	MOM
	TOT
债券策略	
宏观对冲策略	
复合策略	

(1)股票策略

股票策略以投资股票类资产为主要收益来源，其投资标的为沪深上市公司股票，以及与股票相关的金融衍生工具(股指期货、ETF 期权等)。股票策略是目前国内阳光私募行业最主流的投资策略，约有 80% 以上的私募基金采用此策略，按照风险暴露的大小排序分别为股票多头、股票多空、股票市场中性三种子策略。

①股票多头策略

股票多头是指基金经理基于对某些股票看好从而在低价买进股票，待股票上涨至某一价位时卖出以获取差额收益。该策略的投资盈利主要通过持有股票来实现，所持有股票组合的涨跌幅决定了基金的业绩。其实质就是单纯的股票的买卖操作，此策略具有高风险、高收益特征。

②股票多空策略

股票多空策略，简单而言就是基于各种理论模型和经验总结，在股票投资中配置不同比例的股票多头和空头(融券卖空股票、做空股指期货或股票期权等)，构建成符合自己预期收益和风险特征的投资组合，并持续跟踪和调整的投资策略。股票多空策略与股票多头策略相比，共同点都是将资产主要投向于股票，核心都是选股。二者的不同之处在于，股票多头只需要选出被低估的股票，而股票多空策略则同时还需要选出被高估的标的，同时采取做多和做空操作来对冲掉组合风险。此策略一般呈现中等收益、中等风险特征。

③股票市场中性策略

股票市场中性策略，指基金经理通过融券、股指期货、期权等工具完全对冲掉股票组合的系统性风险，或是仅留有极小的风险敞口，以期望获得超额收益。股票市场中性策略可以看作是股票多空策略中的一种特别的实施方式，市场中性策略要求投资组合的系统性风险近似为零，基金经理必须构建严谨的投资组合风险对冲模型进行估算，以保证其多头头寸和空头头寸的风险敞口相等。这类基金的收益主要来源于多头与空头头寸涨跌幅的差额。此策略一般呈现低收益、低风险特征。

(2)管理期货策略

管理期货策略称为商品交易顾问策略(CTA)，该策略主要投资：商品期货、金融期货、期权与衍生产品、外汇与货币。管理期货策略区别于其他策略的关键在于期货是杠杆交易，投资者可以成倍放大收益(或亏损)，并且卖空像做多一样稀松平常(每一份期货合约的背后都有一个多头和空头)，投资者可以同时从上涨和下跌中获利。该策略一般包含期货趋势策略、期货套利策略、复合期货策略三种子策略。

①期货趋势策略

期货趋势策略，指基金经理通过定性、定量等分析方法，跟踪商品价格涨跌趋势，通过做多、做空双向手段博取收益。此类策略的一般呈现高收益、高风险的特征。

②期货套利策略

期货套利策略，指基金经理通过定性、定量等分析方法利用相同期货品种在不同市场、不同时点的不合理价差，或者相关期货品种不同交易场所的不合理价差来获利。具有对价差的深刻认识并能发现不合理的定价，是套利成功的关键，无论是从资本逐利还是从避险的角度来说，套利都是一种有效的交易模式。此类策略一般呈现低收益、低风险的特征。

③复合期货策略

复合期货策略，指基金经理通过多种分析方法和交易手段，获取期货市场涨跌收益。此类策略资金容量大，一般呈现中等收益、中等风险特征。

(3)相对价值策略

相对价值策略强调从资产价格的相对高低中获利，即同时涉及两个具有高度相关性的资产或者不同市场中的同一资产，当这两个资产(市场)之间的价格差变得充分大时，买入价格低的资产，卖出价格高的资产，获取两者之间的价格差。简单来说，相对价值策略是一种无风险或者低风险套利。该策略一般包括 ETF 套利策略、可转债套利策略和分级基金套利策略。此类策略普遍呈现较低收益、较低风险特征。

①ETF 套利策略

ETF 套利策略，由于 ETF 基金可以同时在一级、二级市场进行交易，当一级市场的 ETF

份额净值和二级市场交易价格之间存在不合理价差时，就是交易机会的出现。一般有如下两种交易方法：一是折价套利，当 ETF 二级市场价格小于净值时，投资者便可以在二级市场买进 ETF，然后在一级市场赎回 ETF 份额，再于二级市场卖掉 ETF 篮子中的股票，赚取之间的差价；二是溢价套利，与折价套利相反。

②可转债套利策略

可转债套利是指通过转债与相关联的基础股票之间定价的无效率性进行的无风险获利行为。可转债套利的主要原理：当可转债的转换平价与其标的股票价格产生相对折价时，两者间就会产生套利空间，投资者可以通过将手中的转债立即转换成股票并卖出股票，或者投资者可以立即融券并卖出股票，然后再购买可转债立即转换成股票并偿还先前的融券。

③分级基金套利策略

分级基金又称结构型基金，是指在一个投资组合下，通过对基金收益或净资产的分解，形成两级(或多级)风险收益表现有一定差异化基金份额的基金品种。绝大多数的股票型分级基金分为三类份额：基础份额、A 类份额(获取约定收益的稳健份额)、B 类份额(具有杠杆功能的进取份额)。当基础份额净值大幅高于两类子基金按初始比例得到的整体二级市场价格时，就产生了折价套利机会。投资者可通过在二级市场买入两类子份额并申请将两类子份额合并为场内基础份额，进而在场内赎回基础份额。当基础份额净值大幅低于两类子份额按初始比例得到的整体二级市场价格时，就产生了溢价套利机会。投资者可通过在场内申购基础份额，然后申请将基础份额拆分为两类子份额，进而在二级市场将两类子份额卖出。

(4)事件驱动策略

事件驱动型投资策略，就是通过分析重大事件发生前后对投资标的影响不同而进行的套利。基金经理一般需要估算事件发生的概率及其对标的资产价格的影响，并提前介入等待事件的发生，然后择机退出。该策略主要包含定向增发和并购重组等策略。此类策略一般呈现高风险、高收益特征。

①定向增发策略

定向增发指将募集的资金专门投资于定向增发的股票，即主要投资于上市公司非公开发行的股票。定向增发通常有良好的预期收益：一方面，定向增发行为对上市公司的股价利好；另一方面，定向增发由于拿到了“团购价格”，因此有折价优势。定向增发的基金通常需要较大的规模才能做到有效地分散风险，且会面临募资周期与定增项目周期不匹配的情况。另外，由于定增投资者会有 12 个月的持股锁定期，定增策略的基金相对于股票类的基金流动性较差。

②并购重组策略

该策略是通过押宝重组概念的股票，当公司宣布并购重组时对股价形成利好后获利。

(5)组合策略

组合策略指将投资理财上的“资产配置”概念，应用于单一基金上，由基金经理人针对全球经济和金融情势的变化，决定在不同市场、不同投资工具的资产配置比重。组合策略通常通过投资在于多种不同类型的专业基金如股票基金、债券基金、货币基金，甚至绝对回报基金作为资产配置的工具。投资“组合基金”能充分发挥多元化效益，将投资风险分散，而拥有一个完善的基金组合，所需的资本却远比自行建立投资组合为低。

①FOF

FOF(Fund of Fund)是一种专门投资于其他投资基金的基金。FOF 并不直接投资股票或债券，其投资范围仅限于其他基金，通过持有其他证券投资基金而间接持有股票、债券等证券资产，它是结合基金产品创新和销售渠道创新的基金新品种。

②MOM

MOM(Manager of Managers)即管理人之管理人模式。是指一个基金产品，分为母基金和子基金两个层面，母基金募资然后把资金分配给下层子基金管理人管理。当然母基金管理人不单单是做资金分配这样一个工作，更多是对宏观走势产生一个判断，做好一个资产配置的计划，然后挑选各种投资风格底下最为优秀的子基金管理人，而且在资金分配完之后也可以调整资金分配、增减子基金管理人等等。FOF 是直接投向现有的基金产品，MOM 则是把资金交给几位优秀的基金经理分仓管理，更具灵活性。

③TOT

TOT(Trust of Trusts)是指投资于阳光私募证券投资信托计划的信托产品，该产品可以帮助投资人选择合适的阳光私募基金，构建投资组合，并适时调整，以求获得中长期超额收益。

(6)债券策略

债券策略是指专门投资于债券的策略，对债券进行组合投资，寻求较为稳定的收益。在国内，债券策略的投资对象主要是国债、金融债和企业债。通常，债券为投资人提供固定的回报和到期还本，因此债券基金具有收益稳定、风险较低的特征。此外债券策略也可以有一小部分资金投资于股票市场(可转债、打新股)以增强收益。

(7)宏观对冲策略

宏观策略对冲基金是指充分利用宏观经济的基本原理来识别金融资产价格的失衡错配现象，在世界范围内，投资外汇、股票、债券、国债期货、商品期货、利率衍生品及期权等标的，操作上为多空仓结合，并在确定的时机使用一定的杠杆增强收益。宏观策略的主要优势是与股市、债市关联度低，同时投资灵活，在股票市场低迷时也能创造收益。此类策略一般呈现较高风险、较高收益特征。

(8)复合策略

该策略通过将对冲基金的多种策略组合起来来运作对冲基金。每一种对冲基金的策略都有其优势和劣势的一面。通过对多种策略的组合，往往可以平滑单一策略的风险，使得业绩表现趋向于稳定。此类策略一般呈现低风险、低收益特征。

三、基金定投的概念、策略和制定定投计划的方法

1. 基金定投的概念

基金定投，即定期定额投资基金，是指投资者通过指定的销售机构提出申请，约定每期扣款日、扣款金额及扣款方式，由销售机构在约定扣款日在投资者指定银行账户内自动完成扣款及申购的一种交易方式。定投获利原则在于，利用平均成本法均摊成本，通过长期坚持定额投资，利用时间复利的效果来达到获利目的。基金定投具有参与门槛低、操作便捷、分散风险、投资灵活等特点，避免个人投资者投资股票市场时选股及择时的困难，也可避免因缺乏专业知识或资金有限错失行情的问题。

2. 基金定投的策略

(1)普通定投法

普通定投法是最常见的一种策略，即定时、定额进行基金投资。对于普通投资者来说，

普通定投法最省时省力，可以积少成多，分散投资风险。

(2)市值定投法

价值定投法也称定期不定额策略，其目的在于使基金每个月的市值按照固定额度增长。举例说明，假如某投资者按月定投基金 A，第一个月投资了 1000 元，要保证基金的市值增长一倍，则第二个月基金的市值应达到 1000 + 1000 = 2000 元，第三个月基金市值应达到 3000 元，依次类推。若在第一个月买入之后，基金的市值涨到了 1600 元，则第二个月只需买 2000 - 1600 = 400 元即可；若基金的市值跌到了 800 元，则第二个月就需要购买 1200 元。也就是说，每期要投入基金的金额与当前基金的市值密切相关。这一策略的优势在于践行了低买高卖的投资原则。

(3)指数均线法

指数均线法，是指通过对比指数收盘价与指数均线的关系来判断市场的高低点，从而在“低点多投，高点少投”，以此来获取长期收益的一种策略。这种策略考虑了基金本身的价值，只适合于指数基金。

3. 制定定投计划的方法

制定基金定投计划的五个重要因素：

(1)基金选择

选择基金的两个标准：

①长期业绩好。基金长期业绩越好，收益越高。

②净值波动性高。波动大的市场对平均成本的平摊效果更显著，意味着当牛市来临，收益将更高。

(2)进入时点

由于基金定投是通过均衡成本方式以获取长期收益，因此不必刻意择时。

(3)扣款频率、金额

定投的关键在于严格的纪律性，强调投资的持续性。投资者应结合自身的资金流情况确定投资金额，对家庭的收入和支出情况进行梳理，用长期不用的闲钱进行基金定投。在市场行情较好的情况下，投资者可以缩短扣款时间，增加定投金额；在市场行情较差的情况下，投资者可以适当延长定投周期，减少定投金额。

(4)止盈时点

投资者在定投操作过程中，可以设置好止盈位，以确保其收益。由于基金定投具有长期性、复利性、平均成本性的特点，投资者不需要设置止损。

止盈锁定利润的方法主要有：

①指数区间法：a. 设定目标区间，在低于该区间时持续定投，高于该区间时赎回止盈；b. 通过 PE 百分位(把历史上指数每一天的 PE 从小到大排名，当前交易日的 PE 历史排名/历史数据总数 100% = 历史百分位)，来判断当前指数的点位是否已经达到历史较高水平。

②目标收益法：设定一个长期收益目标，到达预定目标后逐批或一次性止盈，不盲目求高。

③滚动止盈法：达成小目标就止盈，在每一个“浪峰”(或相对浪峰)赎回开始新一轮定投即可，简单易执行，不需要太长期的判断。

(5)分红方式

可以将定投基金的分红方式改为红利再投，从而实现复利效果。

四、基金业绩定性、定量评价的主要评价方法

基金评价是一个复杂的问题，它不仅涉及基金业绩的度量，也包括基金业绩的主动管理能力、业绩持续性以及投资风格等多方面的分析和评估，具体如表 7-14 所示。

表 7-14　基金评价

基金业绩的衡量	基金的业绩归因用来评估投资组合收益的原因或者来源，从而确定是从何处得到的收益。可主要分为：①绝对收益归因；②相对收益归因
主动管理能力分析	基金投资管理三大根本能力： ①风险管理能力。投资组合管理首要的是风险管理，要在控制风险的基础上创造稳定、可持续的超额收益，超额收益的来源主要通过证券选择和时机选择。 ②证券选择能力。基金通过选择价值被低估的证券产生额外收益的能力。 ③时机选择能力。基金根据对市场走势的判断，通过调整基金资产/行业/证券配置，以增加或降低对市场的敏感度进而跑赢基金基准、创造超额收益的能力
基金业绩的持续性分析	基金业绩的持续性是指前期业绩较好的基金在未来一段时间内的业绩也会相对较好，而前期业绩较差的基金在未来一段时间内的业绩也会相对较差的现象。研究方法主要有： ①基于基金输赢变化的或然表的方法； ②基金收益序列的回归系数检验； ③基金收益率排序的 Spearman 等级相关系数的检验
基金投资风格分析	基金投资风格识别方法： ①事前分析：根据基金招募说明书中投资目标和投资策略来确定基金的投资风格； ②事后分析：根据基金在实际运作期间表现出来的特征来识别其投资风格，具体可分为：a. 基于组合的风格分析(目前评估基金投资风格的常用方法)；b. 基于收益率的风格分析

五、构建基金组合的方法

1. 构建基金组合的步骤

(1)确定风险承受能力

在构建基金组合之前，首先要确定自己的风险承受能力，然后据此选择相应风险等级的基金产品。

(2)确定投资目标

在充分了解自己的风险承受能力后，需要结合未来资金使用计划来确定投资目标。

(3)确定配置方案

在设定好基金组合的投资目标之后，就要围绕这个目标选定成分基金类型并做好资金分配，同时，也需要挑选几只备选基金以便调仓。不同风险偏好类型和投资风格对应的基金组合配置方案如表 7-15 所示，可作参考。

表 7-15　基金组合配置方案

风险偏好类型	投资风格	基金配置建议
保守型	保护本金安全、资产流动性充足，接受稳健低收益，不愿意承担损失	80%固定收益类基金 +20%稳健抗跌类基金
轻度保守型	安全稳健是首要考虑因素，并希望在本金安全的基础上产生一些增值收益	60%固定收益类基金 +30%稳健抗跌类基金 +10%高成长性基金

续表

风险偏好类型	投资风格	基金配置建议
中立型	不厌恶风险，也不主动追求高风险高收益，愿意承担一定的风险来获得较为确定的收益	50%固定收益类基金 +30%稳健抗跌类基金 +20%高成长性基金
轻度进取型	专注投资的长期增值，愿意承受较大的风险	40%固定收益类基金 +30%稳健抗跌类基金 +30%高成长性基金
进取型	追求高收益，也愿意承担高风险，以换取资金高成长的可能性	20%固定收益类基金 +40%稳健抗跌类基金 +40%高成长性基金

(4)确定成分基金的数量

一般来说，基金组合的成分基金数量不宜太多，3～5只即可。基金数量越多，管理成本越高，投资者所付出的精力也越多。

(5)挑选具体的成分基金

①遵循与自身的风险承受能力相匹配的原则。如果构建追求稳健收益的基金组合，成分基金可以纯债基金或者混合偏债基金为主；反之，如果追求更高收益，则需要配置更多的股票型基金或偏股型基金。

②成分基金之间的相关性越低越好，即不要集中在某一个行业或主题。

2. 构建基金组合的方法

(1)哑铃型

①含义及特点：哑铃型基金组合是选择两种不同风险收益特征的基金进行的组合。如"股票型基金＋债券型基金""大盘基金＋中小盘基金""价值型基金＋成长型基金"等。这种基金组合的优点在于结构简单，便于投资者管理，组合中不同类型的基金能够形成优势互补。

②适用性：哑铃型的投资组合适合绝大部分投资者。它可以有效分散风险，获得市场平均收益，投资者不用担心市场板块的轮动。

(2)核心＋卫星型

①含义及特点：核心＋卫星型即"核心＋卫星"模式，这种模式相对灵活。如果选定一只业绩长期出色且较为稳健的基金，就可以将这只基金作为投资组合的"核心"，作为重点投资的对象；而卫星部分，可以选择一些短期业绩突出的股票型基金或者混合型基金。这样一来，"核心"基金可以保证投资组合的整体收益，卫星基金可以积极争取超额收益。

②适用性：核心＋卫星型适合有投资经验的投资者。这个投资组合加大了对"核心"基金的投资力度，需要在对"核心"基金进行筛选的过程中有一定的判断力。

(3)金字塔型

①含义及特点：对于有一定投资经验的投资者来说，金字塔式的基金投资组合最为灵活。投资者可以在金字塔的"底端"配置稳健的债券型基金或相对灵活的混合型基金，在"腰部"配置能够充分分享市场收益的指数型基金，在"顶端"配置高成长性的股票型基金。投资者可以根据自己的投资目标与风险偏好，随时调整各类型基金的比例，从而获得较高的

收益。

②适用性：上述三种基金投资组合中，金字塔型难度最大。这种方法需要投资者明确自己在金字塔中每一块的目标，在金字塔的不同板块内投资资金的分配比例等等。

第五节　金融衍生工具

【大纲要求】

熟悉实施对冲策略的主要步骤；掌握风险敞口分析和对冲比率确定的主要内容；掌握主要条款比较法、比率分析法和回归分析法等常见的对冲策略有效性评价方法。

熟悉金融衍生产品的概念；掌握金融期货的理论价格及其影响因素；掌握金融期权的内在价值及其影响因素；掌握可转换债券的价值分析方法；掌握期货的套期保值原理、原则与方法；掌握股指期货的套期保值交易方法。

【要点详解】

一、实施对冲策略的主要步骤

1. 对冲的含义

对冲，又称套期保值，是指与现货市场相关的经营者或交易者在现货市场上买进或卖出一定数量的现货品种的同时，在期货市场上卖出或买进与现货品种相同、数值相当但方向相反的期货合约，以期在未来某一时间，通过同时将现货和期货市场上的头寸平仓后，以一个市场的盈利弥补另一个市场的亏损，达到规避价格风险的目的。

2. 对冲的经济原理

对冲之所以能够规避价格风险，是因为期货市场上存在以下经济原理：

(1)同品种的期货价格走势与现货价格走势一致；

(2)随着期货合约到期日的临近，现货与期货价趋向一致。

3. 进行套期保值要遵循的基本原则

一般而言，进行套期保值操作要遵循下述基本原则：

(1)买卖方向对应的原则。

(2)品种相同原则。

(3)数量相等原则。

(4)月份相同或相近原则。

4. 实施对冲策略的主要步骤

最传统的对冲策略是套利策略，其本质是金融产品定价的“一价原理”。

对冲策略的制定是企业开展对冲业务的核心环节之一，通常需要风险敞口分析、市场分析、对冲工具的选择、对冲比率的确定等几个步骤。

二、风险敞口分析和对冲比率确定的主要内容

1. 风险敞口分析

(1)风险敞口的定义

风险敞口是指暴露在外未加保护的，会对企业经营产生消极影响的风险。

企业风险的不确定性包括两个方面：

①发生时间的不确定性；

②影响程度的不确定性。

(2)企业风险敞口的类型

①单向敞口

单向敞口是指企业的原材料或产品中，只有一方面临较大的价格变动风险，而另一方的价格较为确定。

根据原材料价格风险与产品价格风险的大小关系，单向敞口又可以分为：

a. 上游敞口下游闭口：原材料价格风险较大，产品价格比较稳定；

b. 上游闭口下游敞口：原材料价格比较稳定，产品价格波动较大。

②双向敞口

双向敞口是指原材料和产品都面临较大的价格波动风险。

(3)风险敞口的识别

企业的风险敞口由企业的类型决定。站在产业链的角度，企业可以分为生产型、贸易型、加工型、消费型四类基本形式。企业类型与风险敞口对冲方式如表7-16所示。

表7-16 企业类型与风险敞口对冲方式

企业类型	所属风险敞口类型	对冲方式
生产型	上游闭口、下游敞口型	卖出对冲
贸易型	双向敞口类型	①针对不同的时间窗口采取不同的对冲方式； ②这种企业往往既需要买入对冲也需要卖出对冲
加工型	双向敞口类型	
消费型	下游闭口、上游敞口类型	买入对冲

对于大型企业，其业务可能覆盖上、中、下游的两个或三个领域，应采取“先拆分，再整合”的方式，分别梳理每个业务部分的风险点以后，再联合起来看某些风险点是否可以相互覆盖。从风险管理的角度讲，全产业链的模式本身也是大型企业管理风险的一种方法。

(4)风险敞口的度量

量化风险的手段和工具有很多，包括VaR法、敏感性分析法、情景分析法、压力测试、波动率分析法等常用量化工具。

2. 对冲比率的确定

(1)对冲比率的计算

对冲比率=持有期货合约的头寸大小/资产风险暴露数量

传统对冲理论中，对冲比率为1。其前提是期货的标的资产要完全等同于风险资产。在绝大多数情况下，恰当的对冲比率并非等于1。

【真题7.5】某公司从现货市场买入5000桶原油，为了对冲风险，公司在期货市场卖出4000桶原油期货，其对冲比率是(　　)。

A. 0.8　　B. 0.75　　C. 1.25　　D. 1

【答案】A

【解析】对冲比率的计算公式为：对冲比率=持有期货合约的头寸大小/资产风险暴露数量，代入数据，对冲比率=4000/5000=0.8。

(2)最小方差对冲比率

将现货头寸和期货头寸作为资产组合来看待，使组合的收益方差最小化的对冲比率即为最小方差对冲比率。最小方差对冲比率取决于现货价格变化与期货价格变化之间的关系。

其表达式为：

$$h^* = \rho \frac{\sigma_{\Delta S}}{\sigma_{\Delta F}}$$

其中，h^*为最小方差对冲比率；

ΔS为在对冲期限内，现货价格S的变化；

ΔF为在对冲期限内，期货价格F的变化；

$\sigma_{\Delta S}$为ΔS的标准差；

$\sigma_{\Delta F}$为ΔF的标准差；

ρ为两者之间的相关系数。

若$\rho = 1$和$\sigma_{\Delta F} = \sigma_{\Delta S}$，则期货价格完全等于现货价格，此时最小方差对冲比率h^*为1.0；

若$\rho = 1$和$\sigma_{\Delta F} = 2\sigma_{\Delta S}$，则期货价格的变动幅度是现货价格变动幅度的2倍，此时最小方差对冲比率h^*为0.5。

(3)价格敏感性对冲比率

基于久期的对冲比率也被称为价格敏感性对冲比率。其表达式可分为两个：

①表达式一：

$$N_f^* = -\left(\frac{MD_B}{MD_f}\right)\left(\frac{B}{f}\right)$$

其中，f为利率期货合约的价格；

MD_f为期货标的资产在期货到期日的修正久期；B为被对冲的债券组合在对冲到期日的远期价值，通常假定该价格等于债券组合的当前价格；MD_B为被对冲的债券组合在对冲到期日的修正久期。

利用这一关系式，可以使得资产组合的久期变为0。

②表达式二：

$$N_f^* = \beta \frac{PVBP_B}{PVBP_f}$$

其中，$PVBP_B$表示一个基点的利率变化导致债券价格的变化值，即$\Delta B/\Delta y_B$或$-MD_B \cdot B$；$PVBP_f$表示一个基点的利率变化导致期货价格的变化值，即$\Delta f/\Delta y_f$或$-MD_f \cdot f$。

收益率贝塔(β)是由债券收益率对期货隐含收益率回归产生的回归系数。假设债券收益率与期货隐含收益率按一比一的比例变化，则β就等于1。但该收益率贝塔并不恒为1，则通过收益率贝塔调整后的价格敏感性公式为：

$$N_f^* = -\left(\frac{MD_B}{MD_f}\right)\left(\frac{B}{f}\right)\beta_y$$

(4)股指期货的对冲比率

股指期货的最小方差对冲比率为：

$$N_f = -\left(\frac{\beta_S}{\beta_f}\right)\left(\frac{S}{f}\right)$$

其中，S为股票组合的价值；

f为股指期货合约的价格；

β_S为股票组合的贝塔系数；

β_f为期货合约的贝塔系数。

该对冲方法没有考虑资产组合中股票的红利。

(5)不同风险敞口下对冲比率的计算

①价格风险的对冲

a. 根据公式 $h^* = \rho \dfrac{\sigma_{\Delta S}}{\sigma_{\Delta F}}$计算；

b. 通过普通最小二乘(OLS)回归分析进行估计。

特别注意：在进行计算或回归分析时，应关注的是价格的变化而不是价格本身。

②收益风险的对冲

这时我们用案例来进行具体分析：

某玉米农场主想对其在秋季收成的价格风险进行对冲，为了确定风险最小化的对冲比率，他可以以其耕种玉米的现货价格为被解释变量，以玉米的期货价格为解释变量，进行回归，然后将斜率系数的估计值乘以收成总量，再除以期货的合约规模，从而得到要卖出的合约手数。

但上面的分析过于简化了农场主的问题，当他春季播种时，秋季收获时的玉米价格 S_T 以及每亩产量 n_T都是未知的。农场主更关心如何降低收益风险，而不单是价格风险。于是，有：$Var(R_T) = Var(n_T S_T + hF_T)$。其中，$Var$ 表示方差，R_T为秋季收货玉米时的收益，h 为对冲比率，F_T为期货合约价格。

价格和产量之间的关系在一定程度上就是一种自然的对冲，若收成减少，玉米价格可能升高；反之亦然。假设其他因素不变，价格和数量间的负向关系有助于降低收入风险。

要找出收入风险最小化的对冲，需替换回归式 $\Delta S_T = \alpha_0 + \alpha_1 \Delta F_T + \varepsilon_T$中的被解释变量，用每亩收入的变换替换玉米价格的变化。

③利润风险的对冲

毛利润风险指生产总收益和生产总成本之间的差额，即：

$$M_T = n_0 S_{0,T} - n_1 S_{1,T} - \text{固定成本}$$

其中，n_0是产出在 T 时刻价格为 $S_{0,T}$时的需求量，n_1是生产要素投入的数量，$S_{1,t}$是每单位要素投入的成本。

④资产组合价值的对冲

资产组合价格风险的表达式为：

$$Var(V_T + hF_T)$$

其中，V_T是资产组合中所有证券在时刻 T 的市场价格总和，F_T是期货价格。

待对冲的资产组合价值和期货价格之间存在如下关系：

$$\ln V_T = \alpha_0 + \alpha_1 \ln F_T + \varepsilon_T$$

其中，α_1是价格弹性，表示对于期货价格百分之一的变化，资产组合价格变化的百分比。

将上式差分，得回归方程：

$$R_{V,t} = \alpha'_0 + \alpha_1 R_{F,t} + \varepsilon'_t$$

式中，$R_{V,t} = \ln(V_t / V_{t-1})$，$R_{F,t} = \ln(F_t / F_{t-1})$。

⑤多种风险源的对冲

采用回归方法估计风险最小化的对冲比率，不仅方便，而且还可用于存在多种风险因素的情况。为了估计多种风险来源的对冲比率，可利用多元回归模型：

$$R_V = \alpha_0 + \alpha_1 R_{F,1} + \alpha_2 R_{F,2} + \cdots + \alpha_n R_{F,n} + \varepsilon$$

用于对冲的期货合约的选择原则是其收益率会影响资产组合的价值。

三、常见的对冲策略有效性评价方法

对冲策略有效性，是指通过对冲工具抵消被对冲项目公允价值或现金流变动的程度。

公允价值的计量方式主要有：

(1)直接使用可获得的市场价格；

(2)如不能获得市场价格，则使用公认的模型估算市场价格；

(3)实际支付价格(无依据证明其不具有代表性)；

(4)允许使用企业特定的数据，该数据应能被合理估算，并且与市场预期不冲突。

主要条款比较法、比率分析法和回归分析法是最常见的对冲策略有效性评价方法，其主要内容及优缺点如表 7 - 17 所示。

表 7 - 17　不同对冲策略有效性评价方法的比较

评价方法	主要内容	说明
主要条款比较法	通过比较对冲工具和被对冲项目的主要条款(名义金额或本金、到期期限、内含变量、定价日期、商品数量、货币单位等)，以确定对冲是否有效。如果对冲工具和被对冲项目的所有主要条款均能准确地匹配，可认定因被对冲风险引起的对冲工具和被对冲项目公允价值或现金流量变动可以相互抵销	①优点：评估方式直接明了，操作简便，主要观察对冲的"四项基本原则(品种相同、数量相等、方向相反、时间相近)"是否符合。②缺点：以定性分析为主，定量检测不够，忽略基差风险的存在
比率分析法	通过比较被对冲风险引起的对冲工具和被对冲项目公允价值或现金流量变动比率，以确定对冲是否有效。企业可以根据自身风险管理政策的特点选择以累积变动数(即自套期开始以来的累积变动数)为基础比较，或以单个期间变动数为基础比较。如果上述比率在 80% 至 125% 的范围内，可以认定套期是高度有效的	①优点：计算方式简单明了，考虑了基差的变化。②缺点：缺乏对冲操作过程的监测和实时的效果评估，仅考虑了对冲期初和期末的盈亏变化
回归分析法	在掌握一定数量观察数据基础上，利用数理统计方法建立自变量和因变量之间的回归关系函数。分析对冲工具和被对冲项目价值变动之间是否具有高度相关性，判断对冲是否有效	回归分析法中，自变量可反映出被对冲项目公允价值变动或预计未来现金流量现值变动；因变量可反映出对冲工具公允价值变动

在回归分析法中，回归方程的 R^2 统计量是常用的评价指标。

企业运用线性回归分析确定套期有效性时，套期只有满足以下全部条件才能认为是高度有效的：

(1)回归直线的斜率必须为负数，且数值在 -0.8 ~ -1.25 之间。

(2)相关系数(R^2)应大于或等于 0.96，该系数表明套期工具价值变动由被套期项目价值变动影响的程度。当 R^2 =0.96 时，说明套期工具价值变动的 96% 是由于特定风险引起被套期项目价值变动形成的。R^2 越大，表明回归模型对观察数据的拟合越好，用回归模型进行预测效果也就越好。

(3)整个回归模型的统计有效性(F - 测试)必须是显著的。F 值也称置信程度，表示自变量 x 与因变量 y 之间线性关系的强度。F 值越大，置信程度越高。

【真题 7.6】下列关于对冲策略有效性评价方法的说法，错误的是(　　)。

A. 主要条款比较法，是通过比较对冲工具和被对冲项目的主要条款，以确定对冲是否有效

B. 比率分析法如果在50%以下是高度有效的

C. 回归分析法是在掌握一定数量观察数据基础上，利用数理统计方法建立自变量和因变量之间回归关系函数的方法

D. 回归分析法不需要分析对冲工具和被对冲项目价值变动之间的相关性

【答案】BD

【解析】B项，比率分析法，是通过比较被套期风险引起的套期工具和被套期项目公允价值或现金流量变动比率，以确定套期是否有效的方法。如果上述比率在80%至125%的范围内，可以认定套期是高度有效的。D项，回归分析法分析对冲工具和被对冲项目价值变动之间是否具有高度相关性，判断对冲是否有效。

四、金融衍生产品的概念

金融衍生产品是与基础金融产品相对应的一个概念，指建立在基础产品或基础变量之上，其价格取决于基础金融产品价格（或数值）变动的派生金融产品。此处所指基础产品是一个相对的概念，不仅包括现货金融产品（如债券、股票、银行定期存款单等），也包括金融衍生工具。作为金融衍生工具基础的变量种类繁多，主要是各类资产价格、价格指数、利率、汇率、费率、通货膨胀率以及信用等级等。近些年来，某些自然现象（如气温、降雪量、霜冻、飓风）甚至人类行为（如选举、温室气体排放）也逐渐成为金融衍生工具的基础变量。

1. 独立衍生工具

常见的衍生工具包括远期合同、期货合同、互换合同和期权合同等，具有下列特征：

（1）其价值随特定利率、金融工具价格、商品价格、汇率、价格指数、费率指数、信用等级、信用指数或其他类似变量的变动而变动。变量为非金融变量的，该变量与合同的任一方不存在特定关系。

（2）不要求初始净投资，或与对市场情况变化有类似反应的其他类型合同相比，要求很少的初始净投资。

（3）在未来某一日期结算。

2. 嵌入式衍生工具

嵌入式衍生工具是指嵌入非衍生工具（即主协议）中，使混合工具的全部或部分现金流量随特定利率、金融工具价格、商品价格、汇率、价格指数、费率指数、信用等级、信用指数或其他类似变量的变动而变动的衍生工具。嵌入式衍生工具与主协议构成混合工具，如可转换公司债券等。

五、金融期货的理论价格及其影响因素

1. 含义

金融期货合约是约定在未来时间以事先协定的价格买卖某种金融工具的双边合约。在合约中对有关交易的标的物、合约规模、交割时间和标价方法等都有标准化的条款规定。

2. 理论价格及其影响因素

期货价格反映的是市场对现货价格未来的预期。理论上，期货价格有可能高于、等于或低于相应的现货金融工具。现货价格与期货价格之差称为基差，即基差 = 现货价格 − 期货价

格。在期货合约到期之前，基差可能为正，也可能为负。期货合约临近到期时，期货价格趋同于现货价格，基差消失。期货的理论价格可用下面的公式表示：

$$F_t = S_t e^{(r-q)(T-t)}$$

其中，F_t为期货的理论价格；S_t为现货当前价格；r为无风险利率；q为连续的红利支付率；T为期货合约到期日；t为现在时刻；$(T-t)$为从t时刻持有到T时刻。

影响期货价格的主要因素是持有现货的成本和时间价值。影响现货金融工具价格的各种因素、市场上的供求关系、利率的变化等都会对持有成本和时间价值产生影响。金融期货的市场价格与其理论价格不完全一致，期货市场价格总是围绕着理论价格而波动。影响期货价格的因素主要有市场利率、预期通货膨胀、财政政策、货币政策、现货金融工具的供求关系、期货合约的有效期、保证金要求、期货合约的流动性等。

六、金融期权的内在价值及其影响因素

1. 含义及类型

期权，也称选择权，是指期权的买方有权在约定的期限内，按照事先确定的价格，买入或卖出一定数量标的资产的权利。金融期权可按照不同标准进行分类，具体如表 7－18 所示。

表 7－18　期权的分类

分类标准	类别	说明
买方行权时间	美式期权	期权买方在期权到期日前(含到期日)的任何交易日都可以行使权利的期权
	欧式期权	期权买方只能在期权到期日行使权利的期权
买方行权方向	看涨期权	买方享有选择购买标的资产的权利，也称为买权、认购期权
	看跌期权	买方享有选择出售标的资产的权利，也称为卖权、认沽期权
期货合约标的资产	现货期权	标的资产为现货期权的合约
	期货期权	标的资产为期货期权的合约
期权标的资产类型	商品期权	标的资产为实物资产、实物现货资产或者实物期货合约的期权，也称为实物期权
	金融期权	标的资产为金融资产或金融指标的期权
期权市场类型	场内期权	在交易所上市交易的期权
	场外期权	在交易所以外交易的期权

2. 内在价值及其影响因素

(1)内在价值和时间价值

在期权交易中，期权的买方为获得期权合约所赋予的权利而向期权的卖方支付的费用是期权的价格。从理论上说，期权价格由内在价值和时间价值组成。

期权的内在价值也称履约价值，是指在不考虑交易费用和期权费的情况下，买方立即执行期权合约可获取的收益。如果收益大于 0，则期权具有内涵价值；如果收益小于等于 0，则期权不具有内涵价值(内涵价值等于 0)。内涵价值由期权合约的执行价格与标的资产价格的关系决定。执行价格又称为履约价格、行权价格，是期权合约中约定的、买方行使权利时购买或出售标的资产的价格。看涨期权的内涵价值＝标的资产价格－执行价格；看跌期权的内涵价值＝执行价格－标的资产价格。按照期权执行价格与标的资产价格关系的不同，可将期权分为实值期权、虚值期权和平值期权，具体如表 7－19 所示。

表 7－19　实值期权、虚值期权与平值期权

类型	看涨期权	看跌期权	内涵价值
实值期权	执行价格＜标的资产价格	执行价格＞标的资产价格	大于0
虚值期权	执行价格＞标的资产价格	执行价格＜标的资产价格	等于0
平值期权	执行价格＝标的资产价格	执行价格＝标的资产价格	等于0

期权的时间价值，又称外涵价值，是指权利金扣除内涵价值的剩余部分，即时间价值＝权利金－内涵价值。时间价值是期权有效期内标的资产价格波动为期权持有者带来收益的可能性所隐含的价值。标的资产价格的波动率越高，期权的时间价值就越大。

(2)期权价格的影响因素

期权价格的影响因素如表 7－20 所示。

表 7－20　期权价格的影响因素

影响因素	说明
协定价格与市场价格	协定价格与市场价格是影响期权价格最主要的因素。协定价格与市场价格的关系不仅决定了期权有无内在价值及内在价值的大小，而且还决定了有无时间价值和时间价值的大小。一般而言，协定价格与市场价格间的差距越大，时间价值越小；反之，则时间价值越大
权利期间	在其他条件不变的情况下，期权期间越长，期权价格越高；反之，期权价格越低。通常，权利期间与时间价值存在同方向但非线性的影响
利率	利率对期权价格的影响包括两个方面：①利率变化使期权标的资产的市场价格变化，从而引起期权内在价值的变化；②利率变化使期权价格的机会成本变化，引起对期权交易的供求关系变化，因而从不同角度对期权价格产生影响
标的物价格波动性	通常，标的物价格的波动性越大，期权价格越高；波动性越小，期权价格越低
标的资产的收益	由于标的资产分红付息等将使标的资产的价格下降，而协定价格并不进行相应调整，因此，在期权有效期内标的资产产生收益将使看涨期权价格下降，使看跌期权价格上升

七、可转换债券的价值分析方法

可转换债券是指可以在一定时期内，按一定比例或价格转换成一定数量的另一种债券(简称标的债券)的特殊公司债券。

发行可转换债券时，发行人一般都明确规定“一张可转换债券能够兑换的标的股票的股数”或“一张可转换债券按面额兑换成标的股票所依据的每股价格”。前者被称为转换比例，后者被称为转换价格。显然，在转换比例和转换价格两者之中，只要规定了其中的一个，另一个也就随之确定了。两者之间的关系可用公式表示为：

$$转换比例=可转换债券面额/转换价格$$

1. 可转换债券的价值

(1)可转换债券的投资价值

可转换债券的投资价值是指当它作为不具有转股选择权的一种证券的价值。估计可转换债券的投资价值，首先应估计与它具有同等资信和类似投资特点的不可转换债券的必要收益率，然后利用这个必要收益率折算出它未来现金流量的现值。

(2)可转换债券的转换价值

可转换债券的转换价值是指实施转换时得到的标的股票的市场价值，等于标的股票每股市场价格与转换比例的乘积，即：

转换价值 = 标的股票市场价格 × 转换比例

(3)可转换债券的理论价值

可转换债券的理论价值，也称“内在价值”，是指将可转换债券转股前的利息收入和转股时的转换价值按适当的必要收益率折算的现值。例如，假定投资者当前准备购买可转换债券，并计划持有该可转换债券到未来某一时期，且在收到最后一期的利息后便立即实施转股，那么可用下述公式计算该投资者准备购买的可转换债券的当前理论价值：

$$P = \sum_{t=1}^{n} \frac{C}{(1+r)^t} + \frac{CV}{(1+r)^n}$$

式中：P——可转换债券的当前理论价值；

t——时期数；

n——持有可转换债券的时期总数；

r——必要收益率；

C——可转换债券每期支付的利息；

CV——可转换债券在持有期期末的转换价值。

(4)可转换债券的市场价值

可转换债券的市场价值即为可转换债券的市场价格。可转换债券的市场价值一般保持在可转换债券的投资价值和转换价值之上。如果可转换债券市场价值在投资价值之下，购买该债券并持有到期，就可获得较高的到期收益率；如果可转换债券市场价值在转换价值之下，购买该债券并立即转化为标的股票，再将标的股票出售，就可获得该可转换债券转换价值与市场价值之间的价差收益。因此，无论上述两种情况中的哪一种情况发生，投资者的踊跃购买行为都会使该可转换债券的价格上涨，直到可转换债券的市场价值不低于投资价值和转换价值为止。

2. 可转换债券的转换平价

可转换债券的转换平价是指使可转换债券市场价值(即市场价格)等于该可转换债券转换价值时的标的股票的每股价格，即：

$$转换平价 = \frac{可转换债券的市场价格}{转换比例}$$

比较下述两个公式：

可转换债券的市场价格 - 转换比例 × 转换平价

可转换债券的转换价值 = 转换比例 × 标的股票市场价格

不难看出，当转换平价大于标的股票的市场价格时，可转换债券的市场价格大于可转换债券的转换价值，即可转换债券持有人转股前所持有的可转换债券的市场价值大于实施转股后所持有的标的股票资产的市价总值，如果不考虑标的股票价格未来变化，此时转股对持有人不利。相反，当转换平价小于标的股票的市场价格时，可转换债券的市场价格小于可转换债券的转换价值，即可转换债券持有人转股前所持有的可转换债券的市场价值小于实施转股后所持有的标的股票资产的市价总值，如果不考虑标的股票价格未来变化，此时转股对持有人有利。

因此，转换平价可被视为已将可转换债券转换为标的股票的投资者的盈亏平衡点。由于可转换债券转股不具有可逆性，即转股后不能将标的股票再转为可转换债券，因此，对于已将可转换债券转换为标的股票的投资者来说，当初购买可转换债券价格的高低并不重要，重要的是依据购买价格计算出转换平价，并将转换平价与目前标的股票市场价格进行比较，以判断出售目前持有的标的股票可否盈利。

当可转换债券的市场价格大于可转换债券的转换价值时，前者减后者所得的数值被称为可转换债券的转换升水，即有：

$$转换升水 = 可转换债券的市场价格 - 可转换债券的转换价值$$

转换升水比率一般可用下述公式计算：

$$转换升水比率 = \frac{转换升水}{可转换债券的转换价值} \times 100\%$$

$$= \frac{转换平价 - 标的股票的市场价格}{标的股票的市场价格} \times 100\%$$

当可转换债券的市场价格小于可转换债券的转换价值时，后者减前者所得到的数值被称为可转换债券的转换贴水，即有：

$$转换贴水 = 可转换债券的转换价值 - 可转换债券的市场价格$$

转换贴水比率一般可用下述公式计算：

$$转换贴水比率 = \frac{转换贴水}{可转换债券的转换价值} \times 100\%$$

$$= \frac{标的股票的市场价格 - 转换平价}{标的股票的市场价格} \times 100\%$$

八、权证的价值分析方法

1. 含义及类型

权证是指标的证券发行人或其以外的第三人发行的，约定持有人在规定期间内或特定到期日有权按约定价格向发行人购买或出售标的证券，或以现金结算方式收取结算差价的有价证券。权证的类型如表 7－21 所示。

表 7－21　权证的类型

分类标准	类别	说明
基础资产	股权类权证	—
	债券类权证	—
	其他权证	—
基础资产的来源	股本权证	由上市公司发行，持有人行权时上市公司增发新股，对公司股本具有稀释作用
	备兑权证	由标的证券发行人以外的第三方发行，其认兑的股票是已经存在的股票，不会造成总股本的增加
持有人权利	认购权证	持有人有权买入标的证券
	认沽权证	持有人有权卖出标的证券
权证行使时间	欧式权证	持有人只有在约定的到期日才有权买卖标的证券
	美式权证	持有人在到期日前的任意时刻都有权买卖标的证券
结算方式	现金结算权证	行权时，发行人仅对标的证券的市场价与行权价格的差额部分进行现金结算
	实物交割权证	行权时涉及标的证券的实际转移
权证的内在价值	平价权证	内在价值为 0
	价内权证	内在价值大于 0
	价外权证	内在价值为 0

2. 权证的价值

权证的理论价值包括两部分：内在价值和时间价值。若以S表示标的股票的价格，X表示权证的执行价格，则认购权证的内在价值为max(S－X，0)，认沽权证的内在价值为max(X－S，0)。权证的时间价值等于理论价值减去内在价值，它随着存续期的缩短而减小。

影响权证理论价值的因素包括：标的股票的价格、权证的行权价格、无风险利率、股价的波动率和到期期限。对于认购权证，除行权价格与理论价值负相关外，标的股票的价格、无风险利率、股价的波动率和到期期限均与理论价值正相关；对于认沽权证，除标的股票的价格和无风险利率与理论价值负相关外，行权价格、股价的波动率和到期期限均与理论价值正相关。

对于权证的定价多采用Black-Scholes模型(简称BS模型)。BS模型适用于欧式权证。

3. 权证的杠杆作用

以认购权证为例，权证的杠杆作用表现为认购权证的市场价格要比其可认购股票的市场价格上涨或下跌的速度快得多。杠杆作用可以用考察期内认购权证的市场价格变化百分比与同一时期内可认购股票的市场价格变化百分比的比值表示，也可用考察期期初可认购股票的市场价格与考察期期初认购权证的市场价格的比值近似表示。

九、期货的套期保值原理、原则与方法

套期保值是以规避现货风险为目的的期货交易行为。其含义是指与现货市场相关的经营者或交易者在现货市场上买进或卖出一定数量的现货品种的同时，在期货市场上卖出或买进与现货品种相同、数值相当但方向相反的期货合约，以期在未来某一时间，通过同时将现货和期货市场上的头寸平仓后，以一个市场的盈利弥补另一个市场的亏损，达到规避价格风险的目的。

1. 套期保值原理

套期保值之所以能够规避价格风险，是因为期货市场上存在以下经济原理：

(1)同品种的期货价格走势与现货价格走势一致

由于特定品种的期货价格和现货价格在同一市场环境内会受到相同经济因素的影响和制约，因此在一般情况下现货市场与期货市场的价格走势趋于一致。套期保值利用这两个市场上的价格关系，分别在这两个市场建立相反的头寸，取得在一个市场上出现亏损的同时在另一个市场上获得盈利的结果，以达到锁定价格的目的。

(2)随着期货合约到期日的临近，现货与期货价趋向一致

期货合约的交割制度，保证了现货市场与期货市场价格随着期货合约到期日的临近，两者趋于一致。在商品期货中，期货交易规定合约到期时，未平仓头寸必须进行实物交割。到交割时，如果期货价格和现货价格不同，就会有套利者进入，通过低买高卖获取利润。套利交易将促使期货价格和现货价格趋于一致。在股指期货中，由于实行现金交割且以现货指数为交割结算指数，从制度上保证了现货价与期货价最终一致。

2. 套期保值原则

一般而言，进行套期保值操作要遵循下述基本原则：

(1)买卖方向对应原则

典型的套期保值应当是在现货和期货市场上同时或相近时间内建立方向相反的头寸，在套期保值结束时，在两个市场将原有的头寸进行反向操作，从而实现一个市场的亏损由另一

个市场的盈利予以补偿的目的。

(2)品种相同原则

套期保值所选择的期货品种原则上应当与现货品种一致，因为只有品种一致，期货与现货价格才能在走势上大致趋于一致。期货市场上不存在与需要保值的现货一致的品种时，可以寻找与现货在功能上比较相近的品种以其作为替代品进行套期保值。两个品种在功能上的相互替代性越强，套期保值效果越好。这一方法被称为交叉套期保值交易。

(3)数量相等原则

套期保值要求无论是开始还是结束时在现货和期货市场上都应该进行数量相等的反向头寸，即在一个市场进行一定数量多头操作的同时要在另一个市场建立同等数量的空头；否则，多空数量的不相配就会使头寸裸露(即出现净多头或净空头的现象)，面临较大的风险。

(4)月份相同或相近原则

就同一种商品而言，在一个交易所中通常有几个不同月份交割的期货合约可以进行交易。采用相同或相近的交割月份能够使现货和期货在套期保值结束时价格趋于基本一致，提高套期保值的效果。

3. 套期保值方向

(1)买进套期保值

买进套期保值又称多头套期保值，是指现货商因担心价格上涨而在期货市场上买入期货，目的是锁定买入价格，免受价格上涨的风险。在股指期货中，买进套期保值是指在期货市场上买进股指期货合约的套期保值行为，主要目的是规避股价上涨造成的风险。

(2)卖出套期保值

卖出套期保值又称空头套期保值，是指现货商因担心价格下跌而在期货市场上卖出期货，目的是锁定卖出价格，免受价格下跌的风险。在股指期货中，卖出套期保值是指在期货市场上卖出股指期货合约的套期保值行为，主要目的是规避股价下跌的风险。

4. 基差对套期保值效果的影响

套期保值效果的好坏取决于基差的变化。基差指的是某一特定地点的同一商品现货价格(S)在同一时刻与期货合约价格(F)之间的差额，即($S-F$)。如果分别以S_0、S_t表示资产在零时刻(套期开始时)和t时刻的现货价格；F_0表示套期开始时期货合约价格；F_t表示t时刻期货合约价格，即为平仓期货合约时的价格。如果采用买进套期保值策略，则总盈亏计算如下：

$$\text{现货交易盈亏} = S_t - S_0$$

$$\text{期货交易盈亏} = F_t - F_0$$

$$\begin{aligned}\text{总盈亏} &= \text{期货交易盈亏} - \text{现货交易盈亏}\\ &= (F_t - F_0) - (S_t - S_0)\\ &= (S_0 - F_0) - (S_t - F_t)\\ &= B_0 - B_t\end{aligned}$$

其中，B_0、B_t分别为零时和t时的基差。

由此可以得出结论，期货保值的盈亏取决于基差的变动。如果基差保持不变，则现货盈亏正好与期货市场盈亏相互抵消，总盈亏为零，套期保值目标实现。如果套期保值结束时，基差不等，则套期保值会出现一定的亏损或盈利。从公式可以看出，当采用买进套期保值策略时，如果 $B_0 > B_t$ 则套期保值会出现盈利。也就是说，当基差变小时，套期保值可以赚钱。基差变小通常又被称为基差走弱。因此，基差走弱，有利于买进套期保值者。同样可以证明，当基差变大，即基差走强，有利于卖出套期保值者。

十、股指期货的套期保值交易方法

1. 套期保值的时机

利用股指期货套期保值的目的是规避股票价格波动导致的风险。是否进行或何时进行保值，实质上与投资者对后市风险的判断有关。因此，尽管保值交易是厌恶风险、拒绝投机的交易行为，但实质上投资者何时进行保值仍具有投机的属性。

2. 规避工具的选择

一般而言，应当选择与股票资产高度相关的指数期货作为对冲标的。

3. 期货合约数量的确定

为了比较准确地确定合约数量，首先需要确定套期保值比率。套期保值比率是指为达到理想的保值效果，套期保值者在建立交易头寸时所确定的期货合约的总值与所保值的现货合同总价值之间的比率关系。即：

$$套期保值比率=\frac{期货合约的总值}{现货总价值}$$

计算套期保值比率的方法主要有两种：简单套期保值比率和最小方差套期保值比率。

(1)简单套期保值比率

直接取保值比率为1，即在期货市场建立的头寸市值与现货市场需要保值的组合价值相等。这种方法的基础是期货市场与现货市场涨跌幅保持一致。

(2)最小方差套期保值比率

为了使现货头寸的风险尽可能被期货头寸完全抵消，就需要比较精确地测量两者涨跌关系。一个证券组合与指数的涨跌关系通常是依据资本资产定价模型予以确定。依据该模型，β 系数的基本含义是指当指数变化1%时证券投资组合变化的百分比。因此，β 系数就被用作股票指数期货的套期保值比率。即：

$$\beta=\frac{期货合约的总价值}{现货总价值}$$

$$=\frac{合约份数\times 单位期货合约值}{现货总价值}$$

上式变换为：

$$合约份数=\frac{现货总价值}{单位期货合约价值}\times\beta$$

$$单位期货合约价值=期货指数点\times 合约乘数$$

显然，如果一个现货组合的 β 值越大，则需要对冲的合约份数就越多。

计算投资组合的 β 系数可以选择两种方法：①回归法，将股票指数与投资组合的收益率进行回归；②先计算出投资组合内每只股票的 β 系数，然后利用每只股票的市值进行加权平均求得组合的 β 系数。

在确定套期保值合约份数后，投资者只要在期货市场卖出相应的期货合约份数(股票现货此时为多头)就可以为投资组合实现套期保值。如果投资者预测股市将大幅下调，投资组合 β 系数将变大，则可根据 β 系数变化的幅度，对套期保值期货合约数量进行相应调整。

第六节　资产配置

【大纲要求】

掌握资产配置的要素；掌握资产配置的过程；掌握资产配置的工具和概念；熟悉资产配置中个人投资者行为特征；掌握资产种类的特征；熟悉客户预期管理、大类资产配置、投资组合管理等资产配置实践；了解个人保险、税收、教育、养老等因素对资产配置的影响。

【要点详解】

一、资产配置的要素

资产配置过程是在投资者的风险承受能力与效用函数的基础上，根据各项资产在持有期间或计划范围内的预期风险收益及相关关系，在可承受的风险水平上构造能够提供最优回报率的资金配置方案的过程。一般而言，进行资产配置主要考虑的要素包括：

(1)影响投资者风险承受能力和收益要求的各项因素

主要包括投资者的年龄或投资周期、资产负债状况、财务变动状况与趋势、财富净值和风险偏好等因素。

(2)影响各类资产的风险收益状况以及相关关系的资本市场环境因素

主要包括国际经济形势、国内经济状况与发展动向、通货膨胀、利率变化、经济周期波动和监管等因素。

(3)资产的流动性特征与投资者的流动性要求相匹配的问题

资产的流动性是指资产以公平价格售出的难易程度，体现投资资产时间尺度和价格尺度之间的关系。投资者应当根据自己短时间内处理资产的可能性，建立投资中流动性资产的最低标准。

(4)投资期限

投资者在有不同到期日的资产(如债券等)之间进行选择时，需要考虑投资期限的安排问题。

(5)税收考虑

税收结果对投资决策意义重大，因为任何一个投资策略的业绩都是由其税后利润的多少来评价的。对面临高税率的个人投资者和机构投资者而言，他们更重视在整个资产配置中合理选择避税或缓税的投资产品。

二、资产配置的过程

本知识点可参考第二章第六节“资产配置的主要流程与步骤”部分，此处不再赘述。

三、资产配置的工具和概念

1. 现代投资组合理论和有效市场理论

现代投资者理论和它的一个主要分支——有效市场理论认为，投资者获取更高收益的唯一方式是承担更高的风险。根据有效市场理论，在一个有效的市场中，资产的价格反映了一切相关的、可以获取到的、已知的信息，以及市场对未知信息的一致预期。

在一个有效的市场中：

(1)资产价格会很快地对新信息做出合理的反应；

(2)机警的投资者会迅速利用任何错误的资产定价，直到这种错误定价被消除；

(3)资产的未来现金流在所有相关信息的基础上得到了合理的预测；

(4)用于贴现未来现金流的理论正确地反映了这些预期的资本流的风险程度。

基于有效市场理论的主要判断，许多市场观察家得出了结论，认为资产价格遵从的是一种随机的模式，也叫作随机漫步。

强式有效市场理论认为，资产价格反映了过去、当前和未来(一种一致的预测)的所有公开和非公开的信息。在强式有效市场理论更为绝对的版本中，一项资产的贴现率是假定不会随时间而改变的，而在这样一个有效市场中，资产价格表现为一种随机漫步。在实践当中，许多观察家认为，对一项给定的资产来说，随着时间的推移，其贴现率是会发生改变的，这样也就否定了资产价格的随机特质。半强式有效市场理论认为，资产价格只反映过去、当前和未来(一种一致的预测)的公开信息，而弱式的有效市场理论则认为其只反映过去的公开信息。

2. 资产和投资组合回报

投资持有资产，希望它们能以以下几种形式产生回报：资本价值的变化，即资本利得或资本损失，也被称作价格回报；收入，主要表现为当前再投资的分红和利息形式；两者都有。

资产配置涉及对每种资产的预期回报的估计和预测。总的来说(但也并非都是如此)，在预测未来的回报时，投资者会在很大程度上依靠过去和历史上的资产算术平均回报，同时再加上适当的调整，这种调整反映了投资者个人对金融市场状况的预期、影响特定资产的供需因素以及其他条件。利用之前的回报来预测未来的回报时，我们采取的是一种叫做定态性质的回报模式。实际上，回报模式确实会随时间的推移而演变，而投资者则需要以谨慎和现实的态度来对待数据和预测。

一个估计预期回报的方法分三步：第一步，投资者选择或计算一种无风险的基准回报率；第二步，投资者为每种资产计算或派生出一个回报的市场风险溢价率；最后一步，投资者用无风险的基准回报率加上风险溢价率，得到的便是该资产的预期回报率。

3. 资产和投资组合风险

风险是围绕资产或投资组合的预期回报，可能出现的投资回报的不确定性。尽管波动性可以被数量化，但投资者对波动性的容忍度是主观的，且通常只能以较高的不确定性衡量。在资本价格风险和波动性风险之外，投资者还面对着其他形式的定量式和定性式风险，如循迹风险和半循迹风险，巨灾风险或最差合理损失风险。其他风险包括通货膨胀或购买力风险、周期风险、货币风险、信用风险或违约风险、事件风险、流动性风险、提前偿还风险、再投资风险，以及系统风险。许多金融市场参与者采取一种被称作风险价值(VaR)的市场风险衡量方法，这种方法使用假定的利润和损失的常态率分布来计算投资组合的整体风险。

投资于一项资产时，市场范围内的、无法通过多元化降低的系统性风险被称作市场风险。投资者试图减到最低或消除的价格风险被称作可以通过多元化降低的风险、剩余风险或非系统性风险。非系统性风险的另外一个叫法是特殊风险。每一种资产都有系统性风险和非系统性风险。

(1)方差和标准差。通过从每一个回报中减去平均回报(平均值)，投资者可以了解到该资产的实际回报与平均值的正负差异，这种差异被称作偏差。将它们平方，以消除正负值之间的区别，然后加在一起，这样得出来的总数的算术平均被称作方差。方差的平方根被称作标准差，是对数据序列在平均值周围表现的离散、差异或波动的重要衡量方法。简单来说，标准差估量的是一个回报靠近预期平均回报的可能性。

(2)协方差。根据现代投资组合理论的原则以及与市场投资组合、市场有效性和其他假设相关的思想，一项资产的预期回报是与该资产的风险相关联的。换言之，一项资产的回报必须与该资产与投资组合中其他部分的协方差相关，而与该资产历史回报或预期回报数据的方差(或其平方根，即标准差)无关。假设投资组合中其他部分是整个市场的资产，一项资产的预期回报以一种线性的方式随该资产与整个市场的资产的协方差而定。

协方差衡量的是两个资产之间的回报变化程度，或者两个资产的回报同时移动的程度。有的投资者用协方差来衡量在一对给定的资产中，其回报是倾向于向同一个方向移动(正值)还是向相反的方向移动(负值)。用统计学的术语来说，协方差是两个变量与其平均值的差异的积。两个资产的协方差是每个资产回报与其预期平均回报的差异的积的平均。根据定义，协方差是在资产对之间进行计算的。因此，增加投资组合中资产数量会使得计算量大大增加。

(3)相关性。互相关系数常常被称为相关系数或相关性，是一种表示两组数据之间关联度的方法。在一定程度上，资产配置的意义之一便是寻找特定的资产和资产对，它们之间要有稳定、较低的(甚至是负的，如果能找到的话)相关系数。

通过计算两组数据之间的相关性，互相关系数衡量的是两个变量之间的线性关系的强弱。一组数据的模式以及这组数据和另外一组数据之间的相关系数决定了第二组数据模式的可预测性。

4. 风险和回报

利用从根本上解释风险和回报的方法和概念，投资者可以把这些思想结合在一起，检验资产配置和投资组合构建中出现的平衡和选择。有的投资者的目标是通过找到彼此之间截然不同的资产，从而实现多元化。这样的投资者应该检验：一个资产或一个资产种类有与之相关联的风险(标准差)，要获得更高的预期回报率，投资者应该额外承担多高的这种风险；要放弃多少预期回报，投资者才能把风险降低到他们愿意接受的水平；主要资产种类的历史风险和回报模式。

(1)贝塔值。标准差可以作为一种衡量方式衡量一项资产与其平均回报率的差异或者风险，除此之外还有另外一种衡量方式可以用来预测一项资产对市场整体波动的反应程度，这种方式被称作该资产的贝塔值。贝塔值可以帮助投资者把一项资产的总风险分为其市场风险和其特有风险，并且代表了该资产对整个投资组合的方差的贡献度。

一项资产的贝塔值被定义为该资产的协方差除以市场作为一个整体的方差。换言之，也就是资产的标准差乘以资产与市场的相关系数，再除以市场的标准差。下面的方程表示出了这样的关系。它们界定了资产的贝塔值与资产的标准差之间的关系和不同。

一项资产的贝塔值 = 该资产的协方差/市场的方差

一项资产的贝塔值 = (该资产的标准差 × 该资产与市场的相关系数)/市场的标准差

资产的贝塔值衡量的是资产在市场范围内无法通过多元化化解的系统性风险。一个大于1的贝塔值表明，当市场出现了一定百分率的价格波动时，该资产的价格将以比市场价格变化更高的百分率波动，因此该资产的风险要大于市场作为一个整体的风险。一个等于1的贝塔值表明，当市场出现了一定百分比的价格波动时，该资产的价格波动的百分比与市场价格波动的百分比相同，因此该资产的风险与市场作为一个整体的风险相同。一个小于1的贝塔值表明，当市场出现了一定百分比的价格波动时，该资产的价格将以比市场价格变化更低的百分比波动，因此该资产的风险要小于市场作为一个整体的风险。

因为贝塔值反映了当某个广泛市场的指数上行或者下行时，该资产上行或下行的百分比，所以许多投资者把贝塔值与决定系数的 R^2（它以具体的比率将一个给定指数的波动在多大程度上是一项资产回报波动的原因表示了出来）关联在一起。贝塔值通常会处在 0 到 2 或 3 之间。

(2)资本资产定价模型。根据资本资产定价模型，一项资产的风险等于其贝塔值，而且不同资产所产生的平均回报率的差异完全可以由它们的贝塔值的不同来解释。一项资产的回报率是由一个合适的无风险的基准回报率加上一个额外回报率，即市场风险溢价而得出的。加上额外回报率是为了抵消该资产高出或低于无风险基准回报率的额外风险。资产特有风险或证券特有风险的程度等于以下等式中 ε 的标准差。在这个等式中，资产的总超额回报率（即高于某一无风险基准比率的回报率）等于资产的贝塔值乘以指数或基准超额回报率，再加上 ε。如下：

资产的总超额回报率 = 阿尔法值 + 贝塔值 × 市场基准超额回报率 + ε

(3)阿尔法值。许多投资者把阿尔法值理解为资产的预期超额回报率与实际回报率之间的差异。照这样来说，阿尔法值表示了资产回报率高于、等于或低于正常的预期回报率的程度。前提是假设该资产的波动性与某个市场基准指数是相关的。从这一特定意义上讲，阿尔法值衡量的是与一项资产的贝塔值所预测的回报率相比，该资产的表现是更好还是更差。如果一项资产的回报率比其贝塔值预测的回报率高，我们认为该资产有一个正的阿尔法值，而如果一项资产的回报率比其贝塔值预测的回报率低，我们认为该资产的阿尔法值为负。有的投资者把阿尔法值称作余值风险或选择风险。

(4)夏普比率。夏普比率的计算是将一项资产的超额回报率（也被称作差异回报率），高出无风险基准回报率（如 90 天美国国债的回报率）的部分除以该资产回报率的标准差：

夏普比率 =（超额风险下的资产回报率 − 无风险基准回报率）/资产回报率的标准差

(5)有效边界。对于一组给定的投资方案来说，如果它们在风险程度一定的情况下产生了最高水平的回报率，或者在回报率水平一定的情况下将风险程度降到了最低，那么这一系列的投资组合生成的曲线就叫做有效边界。

5. 资产的回报和相关性警告

一些关于资产回报和相关性（包括历史上的和预期的）的警告是值得注意的。历史上资产种类和证券在几年内或更多年内的回报实际上是这段时期内多个不同（有时的差异还很大）结果的平均。同样的，未来的回报也不能由一个单点的预测而得出确定、精确的结论。对过去和未来的更为有效的回报率描述应该包含一系列的正负回报率，以及它们在单点预测周围相关联的概率。

6. 资产配置优化模型

资产配置优化指的是甄别投资组合的过程，目的是选出能够在风险一定的前提下产生最高预期回报率的投资组合，或者在回报一定的情况下能够最大化降低风险的投资组合。资产配置优化最常用的技巧被称作均方差优化模型，是由经济学家哈里·马柯威茨在 20 世纪 50 年代研究提出的，最早的时候被应用于权益类的投资组合。

在本质上，这一方法最初寻求将不同群组的股票（这些股票之间不能是高度相关的）进行混合，目的在于降低一系列权益的整体方差（或方差的平方根，即标准差）。同样的思想后来被应用到各种资产种类的投资组合中。马柯威茨有效地证明，对于一项单一的资产而言，投资者可以通过估算以下两点来预测和模拟其未来投资回报率：

(1)该资产的平均回报率；

(2)该资产在平均值周围的标准差。

对于一组资产而言，投资者可以通过估算以下三点来预测和模拟其未来投资回报率：

(1)每一项资产的平均回报率；

(2)每一项资产回报率的标准差；

(3)每一项资产与投资组合中所有其他资产的相关性。

资产组合优化方法被广泛地应用于资产群组，一部分原因是估算整个资产种类的回报要比估算一只单一的证券更容易。此外，可投资的资产种类的范围也在扩大。在传统权益、固定收益工具以及现金之外，可投资的资产种类还包括国际上发达市场和发展中市场的债券和权益投资、商品、私募股权投资、风险投资、房地产以及更新的资产范畴和子范畴，如可转换证券、通货膨胀保值工具、抵押期货、债券化债务、对冲基金以及绝对回报战略，如套利。

四、资产配置中个人投资者行为特征

个人投资者会表现出某些最终影响到目标实现的行为，通常具有以下 14 种行为特征：

(1)错误估计时间周期。

(2)太过看重短期结果。

(3)在波动性风险和购买力风险之间，过分强调前者。

(4)采用的是避损心态，而不是避险心态。

(5)过高估计风险和(或)流动性承受能力。

(6)按名义上的数字而不是实际数字思维。

(7)在收入需求的驱使下，将投资组合向分红和利息收益倾斜。

(8)忽视年投资费用的影响。

(9)希望得到保险的保护，却不愿面对额外的保险费用。

(10)以最佳表现为基准来预测和衡量近期的资产种类回报。

(11)感情、信心和耐心的剧烈波动。

(12)忽视资产配置的特点平衡。

(13)过高估计投资组合的多元化水平。

(14)错误估计税收的重要性和影响。

五、资产种类的特征

主要的资产种类包括：

(1)货币市场工具(通常称为现金)；

(2)固定收益证券(通常称为债券)；

(3)股票；

(4)固定资产；

(5)贵重金属；

(6)其他。

各主要资产种类的特征如表 7-22 所示。

表 7-22　主要资产种类的特征

主要的资产种类	特征	持有原因
货币市场工具（通常称为现金）	①均是债务契约； ②期限在1年以内(含1年)； ③流动性高； ④大宗交易，主要由机构投资者参与，个人投资者很少有机会参与买卖； ⑤本金安全性高，风险较低	安全性、保障性、流动性、收入； 一方面满足了资金需求者的短期资金需要，另一方面也为资金盈余者的暂时性闲置资金提供了盈利机会
固定收益证券（通常称为债券）	①偿还性； ②流动性； ③安全性； ④收益性	收入、可靠性、可预见性、优先权、增长性、已知负债带来的满足感
股票	①收益性(最基本的特征)； ②价格波动性和风险性； ③流动性； ④永久性； ⑤参与性	所有权、参与创造价值、分享经济发展的成果、利润
固定资产	①投资数额大； ②影响时间长(至少1年或一个营业周期以上)； ③发生频率低； ④变现能力差； ⑤投资风险高	有形资产、所有权、自我满足、收益、收入
贵重金属	①投资方式灵活； ②资金投入小； ③保值作用； ④不存在庄家	购买力的保障、持久性、不确定环境下的避难所

六、客户预期管理、大类资产配置、投资组合管理等资产配置实践

1. 客户预期管理

对客户的资产进行配置时，主要步骤如下：

(1)测定投资者的收益率需求，了解客户的风险偏好。风险偏好在一定程度上决定着客户适合的理财产品。

(2)建立有效的投资业绩评定基准，明确理财目标。

(3)明确资产组合中包括的资产类别。

(4)利用历史数据分析各类资产的期望值、标准差和相关系数。

(5)确定资产组合的有效边界。

(6)寻找最佳资产组合，在满足限制因素的条件下，选择最能满足风险/收益目标的资产组合。

(7)定期检测。当市场短期波动时，考虑调整战术，优化资产投资策略。

2. 大类资产配置

马柯威茨均值方差模型根据各类资产的预期收益和方差以及资产之间的相关性，强调了

大类资产配置追求的是在既定风险水平下，收益最大化，或既定收益水平下，风险最小化。这个模型和大类资产配置的第一个本质相符合：目标导向，或者说任何配置策略，都需要以投资者的风险收益目标为目标。在实际投资操作中，投资者首先应明确自己的目标收益和能承受的风险，才能制定出真正与目标相符的资产配置计划。

大名鼎鼎的桥水全天候策略利用了一个历久弥新的大类资产配置理论——风险平价。在这一理论下，投资者可以根据风险预算的设置，对各类资产或策略根据既定风险水平(通常以波动率来衡量)进行配比，追求最大化每单位风险可获得收益。在实操过程中，我们可以根据各个所选产品的历史波动率，以及投资者的波动率目标，在不同的资产类别以及策略中间进行权重配比，最终得出一个策略/产品篮子。该模型对于严格根据波动率来调整仓位的量化策略虽然相对有效，但是对于非量化策略，并不能得到最好的效果，因为策略或产品的波动率会根据市场发生较大变化。虽然这一模型难以直接复制，运用于高净值客户的资产配置中，但是其对风险预算的理念，是可以通过专业机构的模型，来运用于投资者的大类资产配置的。

3. 投资组合管理

投资组合管理是指投资管理人按照资产选择理论与投资组合理论对资产进行多元化管理，以实现分散风险、提高效率的投资目的。

组合管理的目标是实现投资收益的最大化，也就是使组合的风险和收益特征能够给投资者带来最大的满足。具体而言，就是使投资者在获得一定收益水平的同时，承担最低的风险，或在投资者可接受的风险水平之内，使其获得最大的收益。组合管理目标的实现有赖于有效和科学的组合管理的内部控制。从控制过程来看，证券组合管理通常包括以下几个基本步骤：

(1)确定证券投资政策。

(2)进行证券投资分析。

(3)构建证券投资组合。

(4)投资组合的修正。

(5)投资组合业绩评估。

七、个人保险、税收、教育、养老等因素对资产配置的影响

1. 个人保险

保险作为资产配置中“保命的钱”，主要原因有两点：①可以撬动人身风险保障杠杆，提高家庭应对风险的能力，在突发事故到来时，保住人身的“生命线”；②风险很低，经过长时间的复利累积效应，可以帮助家庭财富稳健增值，在市场波动时，保住财富的“生命线”。

保险在资产配置中的作用主要体现在以下三个方面：

(1)保全家庭资产

保险作为资产保全的工具，可以帮助实现家庭资产配置的目标。保险产品有预定利率、保底利率，可以保证本金安全和获得确定的收益。当保险作为底层资产配置时，与银行储蓄和社会保险协同增效，共建家庭财务“安全网”，可实现家庭资产的安全。

(2)转移风险，兜底缓冲

保险作为风险转移的工具，最大的功能就是充分发挥风险杠杆功能，对重大风险事故起

到兜底缓冲的作用。作为中层资产配置，保险的核心功能是预防因重大风险事故造成的现金流中断与终止情形，能够以其特有的产品功能结构来替代稳定持续的现金流，保证家庭的各项重大规划(教育与养老)能顺利进行，同时保证生活品质维持在一定标准之上，不至于滑落太多。即使是被保险人去世，理赔金也可以作为一种安慰给予至亲。

(3)助力财务自由

财富具有流动性，因此需要锁定未来的财富。而保险产品具备长周期的特性，从投保，到保额确定、返还确定、每期投保保费确定等，投资者都可以进行长远的安排。保险作为顶层资产配置时，其核心功能是发挥保险作为特殊金融工具本身特有的法律逻辑设计，更加侧重于资产保全与代际之间安全传承问题。

通过保险特殊的流程设计，在实现创富一代财务自由的同时，也为后代打造一个源源不断的现金流管道，同时可以保证家族资产流动路径的相对封闭循环，在一定程度上未雨绸缪，以防家族后代因婚姻风险、债务风险、税务风险等不利因素导致家庭资产外流、分割，或者稀释。

2. 税收

为了在投资和资产配置中获得成功，投资者需要密切关注各种可能的税收形式和税后的投资回报，从而估算出一项资产或投资工具对整体税收情况的影响。

税收结果对投资决策意义重大，因为任何一个投资策略的业绩都是由其税后利润的多少来评价的。相较于没有税收优惠的投资产品，免税或具有优惠税率的投资产品对投资者具有更大的吸引力。对于面临高税率的个人投资者和机构投资者而言，他们更重视在整个资产配置中合理选择避税或缓税的投资产品。

3. 教育和养老

个人投资者对投资的三大主要需求包括住房、孩子教育和退休养老。在一定程度上，个人投资者的投资策略将取决于这些支出的急需程度。机构投资者同样会面临独特需求。还有些投资者的投资范围受到社会、信仰、伦理等各种独特因素影响。个人投资者的家庭状况(如婚姻状况、子女的数量与年龄、需赡养老人的数量和健康状况)会影响其投资需求。家庭负担越重，则可投资的资源越少，投资者就会越偏向于稳健的投资策略和产品。

第七节　证券组合的业绩评价

【大纲要求】

熟悉证券组合的业绩评价原则；掌握证券组合的业绩评价指标。

掌握证券投资基金评价的规定；掌握证券投资基金评价结果的使用要求。

【要点详解】

一、证券组合的业绩评价原则

证券组合的业绩评价原则是：既要考虑组合收益的高低，也要考虑组合所承担风险的大小。而资本资产定价模型为组合业绩评估者提供了实现这一基本原则的多种途径。

二、证券组合的业绩评价指标

1. 证券组合的业绩评估指数

(1)Jensen(詹森)指数

詹森指数是1969年由詹森提出的，它以证券市场线为基准，以证券组合的实际平均收益率与由证券市场线所给出的该证券组合的期望收益率之间的差为指数值。即：

$$J_P = r_P - \{r_F + [E(r_M) - r_F]\beta_P\}$$

式中：J_P——Jensen 指数；r_P——证券组合 P 的实际平均收益率；r_F——考察期内无风险收益率；β_P——组合的系统风险。

詹森指数就是证券组合所获得的高于市场的那部分风险溢价，风险由 β 系数测定。詹森指数值代表证券组合与证券市场线之间的落差，又称为α或超额收益率。如果证券组合的詹森指数为正，则其位于证券市场线的上方，绩效好；如果组合的詹森指数为负，则其位于证券市场线的下方，绩效不好。

(2) Treynor(特雷诺)指数

特雷诺指数是 1965 年由特雷诺提出的，它用获利机会来评价绩效。该指数值由每单位风险获取的风险溢价来计算，风险仍然由 β 系数来测定，即：

$$T_P = \frac{r_P - r_F}{\beta_P}$$

式中：T_P——Treynor 指数；r_P——证券组合 P 的实际平均收益率；r_F——无风险收益率；β_P——组合的系统风险。

特雷诺指数是连接证券组合与无风险证券直线的斜率。当这一斜率大于证券市场线的斜率($T_P > T_M$)时，组合的绩效好于市场绩效，此时组合位于证券市场线上方；相反，斜率小于证券市场线的斜率($T_P < T_M$)时，组合的绩效不如市场绩效好，此时组合位于证券市场线下方。

(3) Sharpe(夏普)指数

夏普指数(又称夏普比率)是 1966 年由夏普提出的，它以资本市场线为基准，指数值等于证券组合的风险溢价除以标准差，即：

$$S_P = \frac{r_P - r_F}{\sigma_P}$$

式中：S_P——Sharpe 指数；r_P——证券组合 P 的实际平均收益率；r_F——考察期内无风险收益率；σ_P——组合的标准差。

夏普指数是连接证券组合与无风险资产的直线的斜率。一个高的夏普指数表明该管理者比市场经营得好，而一个低的夏普指数表明经营得比市场差。前者的组合位于资本市场线上方，后者的组合则位于资本市场线下方。位于资本市场线上的组合的夏普指数与市场组合的夏普指数均相等，表明管理具有中等绩效。

夏普比率在计算上尽管非常简单，但在具体运用中仍需要对夏普比率的适用性加以注意：

①用标准差对收益进行风险调整，其隐含的假设就是所考察的组合构成了投资者投资的全部；

②使用标准差作为风险指标也被人们认为不很合适的；

③夏普比率的有效性还依赖于可以以相同的无风险利率借贷的假设；

④夏普比率没有基准点，因此其大小本身没有意义，只有在与其他组合的比较中才有价值；

⑤夏普比率是线性的，但在有效前沿上，风险与收益之间的变换并不是线性的；

⑥夏普比率未考虑组合之间的相关性，因此纯粹依据夏普值的大小构建组合存在很大

问题；

⑦夏普比率与其他很多指标一样，衡量的是基金的历史表现，因此并不能简单地依据基金的历史表现进行未来操作；

⑧在计算方面，夏普指数同样存在一个稳定性问题即夏普指数的计算结果与时间跨度和收益计算的时间间隔的选取有关。

2. 业绩评估应注意的问题

使用詹森指数、特雷诺指数以及夏普指数评价组合业绩存在不足，主要表现在三个方面：

(1)三种指数均以资本资产定价模型为基础，后者隐含与现实环境相差较大的理论假设，可能导致评价结果失真。

(2)三种指数中都含有用于测度风险的指标，而计算这些风险指标有赖于样本的选择。这可能导致基于不同的样本选择所得到的评估结果不同，也不具有可比性。

(3)三种指数的计算均与市场组合发生直接或间接关系，而现实中用于替代市场组合的证券价格指数具有多样性。这同样会导致基于不同市场指数所得到的评估结果不同，也不具有可比性。

三、证券投资基金评价的规定

《证券投资基金评价业务管理暂行办法》对证券投资基金的评价作出如下规定：

第三条　本办法所称基金评价业务，包括基金评价机构及其评价人员对基金的投资收益和风险或基金管理人的管理能力开展评级、评奖、单一指标排名或中国证监会认定的其他评价活动。评级是指基金评价机构及其评价人员运用特定的方法对基金的投资收益和风险或基金管理人的管理能力进行综合性分析，并使用具有特定含义的符号、数字或文字展示分析结果的活动。公开形式指通过报刊、电台、电视台、互联网等公众传播媒体形式或讲座、报告会、分析会、电脑终端、电话、传真、电子邮件、短信等形式，向非特定对象发布基金评价结果。

第四条　从事基金评价业务，应当遵循下列原则：

(1)长期性原则，即注重对基金的长期评价，培育和引导投资人的长期投资理念，不得以短期、频繁的基金评价结果误导投资人；

(2)公正性原则，即保持中立地位，公平对待所有评价对象，不得歪曲、诋毁评价对象，防范可能发生的利益冲突；

(3)全面性原则，即全面综合评价基金的投资收益和风险或基金管理人的管理能力，不得将单一指标作为基金评级的唯一标准；

(4)客观性原则，即基金评价过程和结果客观准确，不得使用虚假信息作为基金评价的依据，不得发布虚假的基金评价结果；

(5)一致性原则，即基金评价标准、方法和程序保持一致，不得使用未经公开披露的评价标准、方法和程序；

(6)公开性原则，即使用市场公开披露的信息，不得使用公开披露信息以外的数据。

第五条　中国证监会及其派出机构依法对基金评价业务活动进行监督管理。中国证券投资基金业协会依法对基金评价业务活动进行自律管理。

第六条　基金评价机构应当加入中国证券投资基金业协会。中国证券投资基金业协会应当制定严格的基金评价机构自律规则、执业规范、入会标准和入会程序。基金评价机构应当在本办法施行后30个工作日内或开始从事基金评价业务后30个工作日内按照协会公示的要求向协会提请办理入会手续。

第七条　基金评价机构应当在加入中国证券投资基金业协会后15个工作日内向中国证监会报送书面材料进行备案，材料应当包括下列文件：

（1）基金评价机构基本情况；

（2）企业法人营业执照复印件；

（3）从事基金评价业务人员和业务主要负责人的名单、简历、身份证件及基金从业资格证明复印件；

（4）完整的基金评价理论基础、标准、方法的说明；

（5）内部控制制度和业务流程；

（6）诚信承诺书；

（7）中国证监会要求提供的其他文件。

第八条　基金评价机构应当具有健全的组织架构和完善的内部控制制度；有足够熟悉基金及其评价业务的专业人员；有完善、系统的评价标准、方法以及严谨的业务规范。

第九条　基金评价机构的内部控制应当促进基金评价业务的有效开展和规范运作：

（1）具有可靠的基金信息采集制度，并对信息数据库进行严格的管理，保证信息数据的安全、真实和完整；

（2）具有确定的基金评价标准、方法和作业程序，并据此建立和维护信息分析处理系统；

（3）建立和执行严格的校正和复核程序，保证评价结果的客观准确；

（4）建立基金评价标准、方法和程序的公开披露制度，并真实、准确、完整、及时地进行披露；

（5）建立和执行严格规范的文档制度，妥善保留业务数据、工作底稿和相关文件；

（6）建立基金评价标准、方法和作业程序的检讨评估制度，保证基金评价业务的一致性；

（7）建立基金评价结果发布制度和程序，保证发布的基金评价结果符合相关业务规范的要求。

第十条　基金评价人员应当具备基金从业资格。基金评价人员是指从事基金评价业务的人员。基金评价人员只有被一家基金评价机构聘用后，方可从事基金评价业务，且基金评价人员不得同时在两个以上的基金评价机构执业。基金评价机构不得聘用有违法、违规记录的人员从事基金评价业务。

第十一条　从事基金评价业务应当有完善、系统的理论基础、标准和方法。基金评价方法应当基于机构自己的研究成果，不得侵犯其他基金评价机构的有关知识产权。

对基金进行评价应当至少考虑下列内容：

（1）基金招募说明书和基金合同约定的投资方向、投资范围、投资方法和业绩比较基准等；

（2）基金的风险收益特征；

（3）基金投资决策系统及交易系统的有效性和一贯性。

对基金管理人进行评价应当至少考虑下列内容：

（1）基金管理公司及其人员的合规性；

(2)基金管理公司的治理结构；

(3)股东、高级管理人员、基金经理的稳定性；

(4)投资管理和研究能力；

(5)信息披露和风险控制能力。

第十二条　对基金的分类应当以相关法律、行政法规和中国证监会的规定为标准，可以在法律、行政法规和中国证监会对基金分类规定的基础上进行细分；对法律、行政法规和中国证监会未做规定的分类方法，应当明确标注并说明理由。

第十三条　基金评价机构应当将基金评价标准、评价方法和程序报中国证监会、中国证券投资基金业协会备案，并通过中国证券投资基金业协会网站、本机构网站及至少一家符合中国证监会规定条件的媒体向社会公告。基金评价机构修改上述内容时，应当及时备案、公告。

第十四条　任何机构从事基金评价业务并以公开形式发布评价结果的，不得有下列行为：

(1)对不同分类的基金进行合并评价；

(2)对同一分类中包含基金少于 10 只的基金进行评级或单一指标排名；

(3)对基金合同生效不足 6 个月的基金(货币市场基金除外)进行评奖或单一指标排名；

(4)对基金(货币市场基金除外)、基金管理人评级的评级期间少于 36 个月；

(5)对基金、基金管理人评级的更新间隔少于 3 个月；

(6)对基金、基金管理人评奖的评奖期间少于 12 个月；

(7)对基金、基金管理人单一指标排名(包括具有点击排序功能的网站或咨询系统数据列示)的排名期间少于 3 个月；

(8)对基金、基金管理人单一指标排名的更新间隔少于 1 个月；

(9)对特定客户资产管理计划进行评价。

第十五条　基金评价机构与评价对象存在当前或潜在利益冲突时，应当在评级报告、评价报告中声明该机构与评价对象之间的关系，同时说明该机构在评价过程中为规避利益冲突影响而采取的措施。

第十六条　基金评价机构应当避免使用与评价对象存在当前或潜在利益冲突的人员对该对象进行评价。

第十七条　基金评价报告等文件应当声明评价结果并不是对未来表现的预测，也不应视作投资基金的建议。

第十八条　基金评价结果应当以基金评价机构的名义而并非基金评价人员的个人名义发布。

第十九条　基金评价机构应当将其向基金投资人或者社会公众提供的基金评价数据和资料，自提供之日起保存 15 年。

四、证券投资基金评价结果的使用要求

《证券投资基金评价业务管理暂行办法》中，对证券投资基金评价结果的使用作出以下要求：

第二十条　基金管理人、基金销售机构及符合中国证监会规定条件的媒体不得引用不具备中国证券投资基金业协会会员资格的机构提供的基金评价结果。

第二十一条　基金管理人、基金销售机构及符合中国证监会规定条件的媒体决定与基金评价机构合作并引用基金评价结果的，应当事先根据本办法第九条的要求对拟合作的基金评价机构进行审慎调查，核查其内部控制是否能够保障基金评价业务的有效开展和规范运作。基金管理人、基金销售机构及符合中国证监会规定条件的媒体应当避免引用违反本办法第九条内部控制规范要求的基金评价机构提供的基金评价结果。

第二十二条　基金管理人、基金销售机构及符合中国证监会规定条件的媒体决定引用基金评价结果的，应当事先根据本办法第十四条要求的业务规范对基金评价结果做出审查，发现有违反业务规范情形的，应当提请基金评价机构做出调整或拒绝进行引用。